Jänicke / Paul-Siewert (Hrsg.)
30 Jahre Antifa in Ostdeutschland

Christin Jänicke, Sozialwissenschaftlerin, M.A., forscht und arbeitet zu den Themen politische Jugend- und Erwachsenenbildung, Extreme Rechte sowie zivilgesellschaftliche und antifaschistische Interventionen.

Benjamin Paul-Siewert, Soziologe B.A. und Erziehungswissenschaftler M.A., Arbeitsschwerpunkte: Analysen zur extremen Rechten in der Bundesrepublik, Entwicklung antifaschistischer Gegenstrategien und Stärkung der Zivilgesellschaft in Ostdeutschland sowie kritische politische Erwachsenenbildung.

Christin Jänicke / Benjamin Paul-Siewert (Hrsg.)

30 Jahre Antifa in Ostdeutschland

Perspektiven auf eine eigenständige Bewegung

Mit einem Vorwort von Manja Präkels

WESTFÄLISCHES DAMPFBOOT

Bibliografische Information der Deutschen Nationalbibliothek
Die Deutsche Nationalbibliothek verzeichnet diese Publikation in der Deutschen Nationalbibliografie; detaillierte bibliografische Daten sind im Internet über http://dnb.d-nb.de abrufbar.

7., erweiterte Auflage Münster 2025
© 2017 Verlag Westfälisches Dampfboot
Alle Rechte vorbehalten
Umschlag: Lütke Fahle Seifert AGD, Münster
Druck: Druckhaus Bechstein GmbH, Wetzlar
Gedruckt auf FSC-zertifiziertem Papier
ISBN 978-3-89691-102-5

Inhalt

Manja Präkels
Vorwort zur Fünften Auflage – 2022 — 7

Christin Jänicke / Benjamin Paul-Siewert
Einleitung: Historische Ausgangspunkte und Verortung einer Bewegung — 9

Teil I – Anfänge der Bewegung

Dietmar Wolf
Feindlich-Negative Antifa? Oder: Vom Missverhältnis des staatsoffiziellen Antifaschismus der DDR zum unabhängigen Antifaschismus ihrer letzten Generation — 24

Jakob Warnecke
„Nazifreie Zone" – Hausbesetzungen und antifaschistische Praxis in Potsdam um 1990 — 50

Yves Müller
„VertreterInnen aus der DDR trotz Einladung nicht anwesend" – Über das ambivalente Verhältnis west- und ostdeutscher Antifa-Gruppen am Beispiel der AA/BO 1992 bis 1994 — 63

Teil II – Subjektive Perspektiven im gesellschaftspolitischen Kontext

Nils Schuhmacher
„Dass es nicht nur in deiner Stadt, sondern woanders auch so ist" – Biografische Aspekte des selbstorganisierten Antifaschismus in Ostdeutschland — 82

Benjamin Paul-Siewert / Christin Jänicke
Von der aufgezwungenen Selbstverteidigung zur Gegenmacht
Subjektive Militanzverständnisse in Zeiten des Umbruchs — 98

Thomas Bürk
„Wem gehört die Stadt?" – Nicht-rechte Jugendliche und Antifas in ostdeutschen Kleinstädten seit 1990 — 117

Teil III – Themen- und Handlungsbereiche

Christin Jänicke / Anne Hunger
„Es wurde halt gemacht" – Politische Bildung als gelebte Praxis der
ostdeutschen Antifabewegung   136

Alexandra Klei
Erinnern, Fordern, Demonstrieren. Antifaschistische Gedenkpolitik und
der Tod von Farid Guendoul in Guben   152

Hilde Sanft
Girls don't cry – Antifa und feministische Politik im Osten   167

Marek Winter
Antideutsch in Ostdeutschland – Versuch einer Rekonstruktion   179

Benjamin Winkler
Gemeinsam gegen Rechts? Das komplizierte Agieren von Antifa-
Gruppen und Zivilgesellschaft am Beispiel der Stadt und Region Leipzig   194

Christin Jänicke / Benjamin Paul-Siewert
Nachwort zur dritten Auflage. Nicht abgeschlossen – Geschichte für die
Zukunft. Von 1989 ins Jahr 2019   210

Christin Jänicke / Benjamin Paul-Siewert / Dietmar Wolf
Nachwort zur Fünften Auflage – 2022   214

Christin Jänicke / Benjamin Paul-Siewert
Nachwort zur Siebten Auflage   217

Autor_innenverzeichnis   223

Manja Präkels
Vorwort zur Fünften Auflage – 2022

Flimmerlicht. Düstere Klangwolken. Etwas geschieht. Es bemächtigt sich der Menschen im Schlaf, indem es sie einspinnt, ihre Träume verschlingt und durch nichts ersetzt. Kein Entrinnen. Oder doch? Ein paar versuchen es. Sind zu wenige, müssen listig, mutig sein. Und immer wach bleiben. Sonst wird man einer von denen. Kurz bevor der Abspann das Ende des Films markiert, zeigt der ausgestreckte Zeigefinger des Denunzianten direkt in die Kamera …

Ich weiß nicht mehr, was zuerst da war: meine Leidenschaft für Horrorstreifen oder der Horror auf den Straßen. Zu den eklatanten Unterschieden zwischen Fakten und Fiktion, zwischen latenter, die eigene körperliche und psychische Unversehrtheit negierender Aggression und inszenierten Bedrohungen für weiche Kinosessel, gehörte die Tatsache, dass ich den jagenden Zombies nicht allein begegnen musste. Mein Vater leistete mir Gesellschaft vor dem Bildschirm, und so teilten wir das Entsetzen, die Angst, die Anspannung. Doch wenn es um das reale Grauen ging, die rasend um sich greifende Popularität von Neonazis und die damit einhergehenden Gewaltexzesse, war ich auf mich gestellt. Als die Fernsehnachrichten Bilder von brennenden Häusern und darin eingeschlossenen Menschen zeigten, gab es keine Gemeinsamkeit mehr zwischen uns. Vater kommentierte mit kaltem Blick und scheinbar ungerührt. Dabei brachen Worte, Parolen und Begriffe aus ihm heraus, die doch längst mit den Urgroßeltern in ihren Gräbern hätten vergangen sein sollen. Verrottet. Auf dem Müllhaufen der Geschichte.

Nun aber war das alles wieder da, und war wohl auch nie weg gewesen. Der verhasste „Wehrunterricht" der DDR-Schule waren eben erst vom Lehrplan gestrichen worden, da trafen sich die ersten Mitschüler schon freiwillig im Wald, um für den nächsten Krieg zu üben. Mädchen durften auch. Aber nur gucken. Unheimlich. Ich verweigerte mich, suchte auf Friedhöfen und in Dorfdiskos nach anderen wie mir. Sie waren viele, wir waren wenige, und wo wir auch hinkamen, zeigten die Finger auf uns. Waren in Wirklichkeit wir die Untoten? In jedem Fall waren wir lebendig genug, um durch die Straßen gejagt zu werden.

Dennoch: Es gab Widerstand, selbst aus der Vereinzelung heraus. Darüber legt dieses Buch Zeugnis ab und kann daher allen, denen die Neunzigerjahre in den Knochen stecken, Trost sein: Wir waren nicht allein, auch wenn es jedem von uns in seiner Kleinstadt oder seinem Dorf so erschien. Aufbäumen, Anrennen, Verweigerung gab es überall. Was meist fehlte, waren funktionierende Netzwerke. Die mussten wir, die Gejagten, erst selber knüpfen, aufbauen, am Leben erhalten. Es ging um Angst, um Gegenwehr, ums Überleben. Davon, wie sich das anfühlt, berichten inzwischen mehrere Romane, die mit ihren subjektiven Mikroperspektiven dazu beigetragen haben, die Neunzigerjahre unter dem Hashtag „Baseballschlägerjahre" zu historisieren.

Mit der hier vorliegenden Rationalisierung, den rückblickenden Analysen der damaligen Ereignisse hingegen wird erklärt, was Romane nur bedingt erklären können. Damit ist dieses Buch ein wichtiger Beitrag zur Selbstermächtigung jener, die sich heute in einer ähnlichen Situation befinden, wie wir damals.

Lange Zeit war es Status quo der öffentlichen Wahrnehmung, die spezifischen Formen und Auswirkungen des Rechtsextremismus in den „neuen Bundesländern" wahlweise zu negieren oder plump zu dämonisieren, um von dessen gesamtgesellschaftlicher Dimension abzulenken. Die Perspektive der Opfer wurde komplett ausgeblendet und der antifaschistische Widerstand kriminalisiert. Polizei und Verfassungsschutz traten als Freunde und Helfer der Neonazis in Erscheinung. Politik und Presse pflegten Euphemismen wie den Begriff vom „besorgten Bürger". All das gibt es weiterhin, aber die Stimme des Antifaschismus ist im selben Maße lauter geworden, wie sich der Faschismus neue Wege gesucht hat: parlamentarisch als AfD, über Pegida oder die Proteste gegen eine halluzinierte „Corona-Diktatur".

Am Schlimmsten ist die Gewöhnung. Nichts ist unsichtbarer als das Alltägliche. Deswegen wurde unsere Stimme in den Neunzigern kaum gehört, nicht einmal von den eigenen Eltern. Deswegen ist heute die Agitation der AfD in Kommunalparlamenten kaum noch eine Schlagzeile wert. Dieses Buch ist eine Handreichung an alle, die sich der Gewöhnung verweigern, aufmerksam bleiben – „inattackable", wie es die Schriftstellerin Susanne Kerckhoff nannte.

Das Richtige zu tun, bleibt richtig. Erinnern, stören, wehrhaft sein und solidarisch bleiben. Das Schließen von Bündnissen und – damit einhergehend – das Erkämpfen sicherer Orte ist und bleibt die Grundlage für jeden Widerstand. Was bisher scheiterte, kann immer noch gelingen: Stabile Netzwerke zwischen Provinzen und Metropolen. Lebendige, offene Verbindungen der Menschlichkeit. Die Zombies nämlich haben Schiss vor der Lebendigkeit der Welt.

Christin Jänicke / Benjamin Paul-Siewert

Einleitung: Historische Ausgangspunkte und Verortung einer Bewegung

„Warnung Neonazis auch in der DDR" titelte ein Flugblatt, das in der Nacht vom 5. zum 6. November 1987 von Potsdamer Antifa-Aktivist_innen an Häuserwänden in der Stadt verklebt wurde. Heute, 30 Jahre nachdem sich die Potsdamer Antifa als eine der ersten Gruppen in der ausgehenden DDR gründete, erinnert noch der schwarze Plakatrahmen an der Rückseite des Potsdamer Filmmuseums[1] an diese Anfänge einer sich in Ostdeutschland eigenständig entwickelten Antifa-Bewegung.

Die Antifa gibt es nicht. Auch *die* Antifa-Bewegung ist schwer auszumachen. Ausdifferenziert in verschiedene Szenen und Subkulturen gibt es in vielen Städten politische Gruppen, deren verbindendes Element oftmals nur das Symbol der „Antifaschistischen Aktion" ist. Darüber hinaus wird es deutlich heterogener: Organisationsform, politische Ausrichtung und thematischer Schwerpunkt des Engagements variieren. Manche Gruppen existieren über Jahre, andere sind anlassbezogen entstanden und lösen sich später wieder auf.

Mit den Jahrzehnten hat sich die Bewegung stark gewandelt und reagierte immer wieder auf Veränderungen des gesellschaftlichen Klimas und der extremen Rechten. Als sich Ende der Siebziger/Anfang der Achtzigerjahre Teile der radikalen Linken – insbesondere die autonome Bewegung – in der alten Bundesrepublik stärker dem Antifaschismus widmeten und Neonazis auch militant ins Visier nahmen, konnte von einer eigenständigen Bewegung noch keine Rede sein. Zwar bildeten sich erste Gruppen und überregionale Zusammenschlüsse wie das Norddeutsche Antifa-Treffen heraus. Doch erst der staatliche und gesellschaftliche Umbruch 1989/90 bildete einen Markstein für die heutige Antifa-Bewegung – für Antifa in Ostdeutschland war es sogar die 'Geburtsstunde'.

Antifaschismus steht in der Selbstbeschreibung für eine politische Grundhaltung, für unterschiedliche theoretische und praktische Ansätze, Zugänge und Perspektiven, aber auch als abwertende Zuschreibung für den 'Staatsmythos' oder die 'Staatsdoktrin' der ehemaligen Deutschen Demokratischen Republik (DDR).

---

1 Siehe Originalfoto auf dem Bucheinband.

Grundlegend bezeichnet Antifaschismus Haltungen und Handlungen, die sich in Deutschland historisch in Ablehnung des Faschismus, bzw. dessen deutsche Sonderform Nationalsozialismus, seit den Zwanzigerjahren entwickelten. Die Historikerin Claudia Keller[2] nannte den Antifaschismus nicht nur eine politische Kategorie, „sondern einen der wichtigsten *Kultur*begriffe unseres Jahrhunderts" (Herv. i.O.). Als eine Art Selbstverpflichtung gilt der Schwur von Buchenwald, in dem die Überlebenden des Konzentrationslagers am 19. April 1945 schworen: „Wir stellen den Kampf erst ein, wenn auch der letzte Schuldige vor den Richtern der Völker steht. Die Vernichtung des Nazismus mit seinen Wurzeln ist unsere Losung. Der Aufbau einer neuen Welt des Friedens und der Freiheit ist unser Ziel. Das sind wir unseren gemordeten Kameraden und ihren Angehörigen schuldig."[3] Ulrich Schneider, Bundessprecher der „Vereinigung der Verfolgten des Naziregimes – Bund der Antifaschistinnen und Antifaschisten" (VVN-BdA), beschreibt Antifaschismus als „eine Bewegung, die sich praktisch einsetzt gegen gesellschaftliche und soziale Ausgrenzungen und Ungleichheiten, gegen Aggression auf zwischenstaatlicher und gesellschaftlicher Ebene, für demokratische und soziale Rechte und Freiheiten für alle Menschen eines Landes, um deren gesellschaftliche Partizipation nicht nur formal, sondern auch real zu ermöglichen."[4]

In Deutschland hatte sich die „Antifaschistische Aktion" in den Zwanziger- und Dreißigerjahren aus kommunistischen und sozialistischen Gruppierungen, insbesondere der Arbeiterbewegung entwickelt, in Ablehnung von und im Kampf gegen faschistische bzw. nationalsozialistische Bestrebungen in der Weimarer Republik. Nach Ende des Nationalsozialismus entstanden in Ost- und Westdeutschland unterschiedliche Zuschreibungen. In der BRD wurde Antifaschismus zunächst negativ belegt, da er im antikommunistischen Duktus als Bezeichnung für DDR und sowjetischen Block genutzt wurde.[5] Ab den Siebzigerjahren erhielt er eine zunehmend „breitere gesellschaftliche Resonanz".[6] So

---

2 Keller, C. & literaturWERKstatt Berlin (Hrsg.) (1996): Die Nacht hat zwölf Stunden, dann kommt schon der Tag. Berlin: Aufbau TB.

3 Schneider, U. (2014): Antifaschismus. Köln: PapyRossa, S. 132.

4 Schneider, 2014, S. 9. Darin wird „Antifaschismus" als Klammer der Bewegung deutlich, jedoch zeigt das Buch zwei Defizite: Zum einen ist die DDR nur ein „Exkurs", zum anderen steht die VVN-BdA und weniger unabhängige Antifa-Gruppen im Mittelpunkt, auch wenn dieselben Wegmarken und inhaltlichen Einstiche nachgezeichnet werden.

5 Grunenberg, A. (1996): Anti-Faschismus und politische Gegenwelt. In: C. Keller & LiteraturWERKstatt Berlin.

6 Schneider, 2014, S. 11.

griffen linke Gruppen in Westdeutschland den ursprünglichen Namen und das Symbol – zwei nach links wehende rote Fahnen in einem Kreis, umschrieben mit „Antifaschistische Aktion" – auf und modifizierten es in den Folgejahren.[7] In Ostdeutschland wurde er zum Leitmotiv des Staates und begrifflich in Abgrenzung zur BRD lanciert.

Gegenwärtig ist Antifaschismus ein abstrakt-verbindendes Element von linken Strömungen, Initiativen, Nichtregierungsorganisationen, Parteien und Gewerkschaften. Inzwischen wird er begrifflich mitunter aber von weiteren Akteur_innen in allgemeiner Abgrenzung zur politischen Rechten genutzt oder als demokratischer Konsens kolportiert.

Das Schlagwort Antifa meint hingegen konkretere Standpunkte und ist nicht nur die Kurzform von Antifaschismus. Antifas[8] beschreiben sich oftmals als Teil einer radikalen Linken, die sich durch eine kritische Haltung zu Politik und Gesellschaft, die Ablehnung von Ungleichwertigkeitsvorstellungen sowie einer humanistische Grundhaltung mit Werten wie Gleichheit, Gleichwertigkeit und Gerechtigkeit auszeichnet.[9] Ihr Aktivismus kann verstanden werden als politische Teilhabe und Handlungsfähigkeit, als Selbstverteidigung und -behauptung, als Gegenmacht und Gegenkultur; oder als ein alternatives Angebot sowie Lern-, Erlebnis- und Politisierungsort. Nach dem Politikwissenschaftler Nils Schuhmacher ist Antifa zudem ein

„Sammelbegriff für unterschiedliche Strömungen, politische Ansätze und Handlungsstrukturen [...]. Das Spektrum wird zeichenhaft zusammengehalten durch ein System von einschlägigen Symbolen und Ereignissen. Es erhält seine praktische Konsistenz durch die Auseinandersetzung mit Rechten bzw. 'Nazis'. Es besitzt eine inhaltliche Klammer in der Annahme (oder Hoffnung), dass sich in dieser Auseinandersetzung größere gesellschaftspolitische Bezüge herstellen oder herstellen lassen."[10]

---

7 Langer, B. (2014): Antifaschistische Aktion. Geschichte einer linksradikalen Bewegung. Münster: Unrast, S. 176.
8 Der Begriff „Antifa" wird hier für die Bewegung benutzt. „Antifas" bezeichnet die Aktivist_innen.
9 Schuhmacher, N. (2013): Sich wehren, etwas machen. Antifa-Gruppen und -Szenen als Einstiegs- und Lernfeld im Prozess der Politisierung. In: R. Schultens und M. Glaser (Hrsg.): „Linke" Militanz im Jugendalter. Befunde zu einem umstrittenen Phänomen (S. 47-70). Halle: DJI. Siehe außerdem Schuhmacher, N. (2015): Die Antifa im Umbruch. Neuformierung und aktuelle Diskurse über Konzepte politischer Intervention. In: Forschungsjournal Soziale Bewegung, 28, 2, S. 5-16.
10 Schuhmacher, 2013, S. 51f.

Den kollektiven Zugehörigkeitsrahmen bildet für die Aktivist_innen zwar die Antifaszene.[11] Doch diese zeichnet sich aus durch „informelle cliquenhafte Gruppen, (Antifa-)Gruppen mit unterschiedlichem Grad an Formalisierung, situative Zusammenschlüsse, (Semi-)Professionelle Bildungs- und Beratungsarbeit, Journalismus, etc.".[12] Auch wenn Treffpunkte wie Jugendzentren, 'Infoläden', Veranstaltungsorte und gemeinsam erlebte bzw. erfahrene Ereignisse eine begrenzt teilbare Alltagswelt schaffen: die subkulturellen und politischen Schattierungen variieren. So bilden sich aus den konkreten sozialen Interaktionen einzelne *Szenen* heraus.

Dieser Facettenreichtum kann auf die Antifa-Bewegungen in Ost- und Westdeutschland abstrahiert werden. Beide bezogen sich auf unterschiedliche alltagsweltliche und gesellschaftspolitische Kontexte und entwickelten darin eigene individuelle, soziale und politische Handlungsweisen und Standpunkte. Für die DDR werden die historischen Ausgangspunkte der Antifa im Weiteren beschrieben.

Neonazis und unabhängige Antifas in der DDR

In den Achtzigerjahren setzte eine Ausdifferenzierung und Politisierung der Jugendkulturen ein. Während sich Teile der Skinheadszene politisch eher rechts organisierten und auf neonazistische Ideen rekurrierten[13], wurden Punks zu ihren Gegner_innen. Der DDR-Geheimdienst, das Ministerium für Staatssicherheit (MfS), erfasste diese als „Jugendliche, die sich auf der Grundlage der faschistischen Gesinnung rowdyhaft verhalten"[14] und sich u.a. mit folgenden Themen

---

11 Nach Sebastian Haunss können Szenen verstanden werden als Netzwerk von Personen, die eine gemeinsame (Gruppen-)Identität und ein gemeinsames Set sub- und gegenkultureller Überzeugungen, Werte und Normen teilen, und als ein Netzwerk von Orten, an denen sich die Personen treffen. Siehe Haunss, S. (2011): Kollektive Identität, soziale Bewegungen und Szenen. In: Forschungsjournal Soziale Bewegung. 24, 4, S. 41-53.
12 Schuhmacher, 2013, S. 54.
13 Laut dem Politikwissenschaftler Gideon Botsch gibt es drei Erklärungsansätze für den Neonazismus in der DDR: Erstens sei Neonazismus Folge der Bedingungen der DDR-Gesellschaft. Zweitens sei Neonazismus das Ergebnis der Wende und drittens sei Neonazismus die Folge des Einigungsprozesses. Siehe Botsch, G. (2014): From Skinhead-Subculture to Radical Right Movement: The Development of a 'National Opposition' in East Germany. In: Contemporary European History, 21, S. 553-573.
14 MfS HA X BstU 000095. Zitiert nach Engelbrecht, J. (2008): Rechtsextremismus bei ostdeutschen Jugendlichen vor und nach der Wende. Reihe Res Humanae. Arbeiten für die Pädagogik. Band 10. Frankfurt/M.: Peter Lang, S. 65.

Einleitung: Historische Ausgangspunkte und Verortung einer Bewegung 13

auseinandersetzten: „Ausländer in der DDR, Rassenideologie und -theorie", Geschichte des Nationalsozialismus und der Teilung Deutschlands 1945, dem „Alleinvertretungsanspruch der BRD", „Arbeitsdisziplin und Arbeitsorganisation in unserem Alltag" sowie „Sozialpsychologische Aspekte der Manipulation".[15] Viele Jugendliche, die sich Skinhead-Gruppierungen anschlossen, standen in Opposition zum DDR-System.

Seit etwa 1982/83, so stellen es Antifa-Gruppen später fest, sei die Organisierung von Neonazis in der DDR[16] vorangeschritten, was sie u.a. an der Zunahme rassistischer und neonazistischer Gewalt festmachten.[17] Insgesamt soll es in der DDR über 700 rassistische Vorfälle und Angriffe gegeben haben, davon 200 pogromartige Krawalle wie teils mehrtägige Hetzjagden. Dabei starben wohl mindestens zwölf Menschen.[18] Eine juristische Verfolgung der Neonazi-Skinheads blieb weitestgehend aus. Dagegen waren die vor allem linken Punks – vom MfS zu „negativ-dekadenten" Jugendlichen degradiert – staatlicher Verfolgung und Kriminalisierung ausgesetzt. Mitunter wurden sie sogar als Neonazis bezeichnet. Um diesem Vorwurf etwas entgegenzusetzen, legten 1983 etwa 30 Punks an der Ostberliner „Neuen Wache" – in der DDR „Mahnmal für die Opfer des Faschismus und Militarismus" – einen Kranz mit der Aufschrift „Nie wieder Faschismus – Punks aus Berlin" nieder.[19]

Eines der entscheidensten Ereignisse war der Überfall auf die Zionskirche im Ostberliner Bezirk Prenzlauer Berg am 17. Oktober 1987. Zum Ende eines Konzerts der Westberliner Punkband „Element of Crime" stürmte eine Gruppe von 30 bis 40 Skinheads die Veranstaltung, brüllte Neonaziparolen, griff Besucher_innen an und verletzten diese teilweise schwer. Zunächst verharmloste

---

15 MfS HA XX 13508 BstU 000075. Zitiert nach Engelbrecht, 2008, S. 65.
16 Antifa-Nazis-DDR (o.J.). Antifa in den 1980er Jahren. Dokumentensammlung auf http://www.antifa-nazis-ddr.de (abgerufen am 31.10.2016).
17 Wolf, D. (1992): Gründung der Autonomen Antifa Ostberlin. In: W. Rüddenklau: Störenfried. DDR-Opposition 1986–1989, mit Texten aus den „Umweltblättern" (2., überarb. Aufl., S. 262-265) Berlin: Basis-Druck. Sowie Weiß, P. U. (2015): Civil Society from the Underground. The Alternative Antifa Network in the GDR. In: Journal of Urban History, S. 647- 664.
18 MDR (2016): Rassismus in der DDR weiter verbreitet als bisher angenommen. Online unter https://www.mdr.de/unternehmen/kommunikation/presseinformation-rassismus-ddr-100.html (abgerufen am 01.06.2022).
19 Weiß, 2015 sowie Klein, T. (2007): „Frieden und Gerechtigkeit!": Die Politisierung der unabhängigen Friedensbewegung in Ost-Berlin während der 80er Jahre. Zeithistorische Studien. Köln: Böhlau.

der Staat die Tat. Doch die geringen Strafen für die angeblichen 'Rowdys' wurden von Prozessbeobachter_innen und Medien scharf kritisiert, sodass in der Berufungsverhandlung härtere Urteile zwischen 18 Monaten und vier Jahren verhängt wurden.[20] Im Nachhinein veränderte dieser Angriff die staatliche und öffentliche Aufmerksamkeit gegenüber neonazistischen Straf- und Gewalttaten. Zwischen Ende November 1987 bis Anfang Juli 1988 fanden mindestens neun Prozesse statt, wobei 49 Personen im Alter von 16 bis 25 Jahren angeklagt waren.[21] Vor dem Angriff auf die Zionskirche gab es offiziell noch keine Hinweise auf neonazistische Hintergründe bei Straftaten von „Rowdys".[22] Auch folgten 1988 erstmals wissenschaftliche Untersuchungen durch das Leipziger Zentralinstitut für Jugendforschung. Deren Befragung von 3000 Jugendlichen zwischen 14 und 25 Jahren ergab, dass Skinheads bei vielen 'Normaljugendlichen' als brutal und gewalttätig wahrgenommen wurden;[23] 64 Prozent äußerten Ablehnung, 30 Prozent Verständnis, vier Prozent Sympathie und zwei Prozent zählten sich zur Szene.[24]

Die Ereignisse um den 17. Oktober 1987 waren innerhalb der linken (Punk-)Szene Anlass für Diskussionen um Selbstverteidigung und für eine öffentliche Problematisierung von Neonazismus und Rassismus.[25] Es folgte die Gründung der ersten staatlich unabhängigen Antifa-Gruppen in der DDR. In Halle an der Saale entstand daneben 1988 eine ausschließlich militant agierende Gruppe, die in mehreren Quellen als „Skinhead Vernichtungskommando" (SVK) bezeichnet wurde. Sie suchte die gewalttätige und bewaffnete Auseinandersetzung mit Neonazis. Andere Aktivist_innen, die am 1. November 1989 die Antifaschistische Aktion Halle gründeten, beschrieben das SVK hingegen als ein unbedeutendes Phantom. Sie grenzten sich von der Gruppe ab: „Gewalt gegen Menschen, militantes Vorgehen gegen Nazis fanden wir damals ganz, ganz schlimm. Wir waren

---

20 Lohmann, J. (1988): Verharmlost und verdrängt. Zu den „Skinhead-Prozessen" in Ost-Berlin. In: Kirche im Sozialismus. Zeitschrift zur Entwicklung in der DDR. 14, 1, S. 16f. – Allerdings wurden vier der Angeklagten verurteilt.

21 Ammer, T. (1988): Prozesse gegen Skinheads in der DDR. In: Deutschland-Archiv, 21, 8, S. 804-807.

22 Ebd., S. 805.

23 Brück, W. (1992): Skinheads als Vorboten der Systemkrise. Die Entwicklung des Skinhead Phänomens bis zum Untergang der DDR. In: K.-H. Heinemann & W. Schubarth (Hrsg.): Der antifaschistische Staat entlässt seine Kinder. Jugend und Rechtsextremismus in Ostdeutschland (S. 37-46). Köln: PapyRossa. S. 39.

24 Ebd., S. 41.

25 Wolf, D. (2005): Enough is enough – Autonome Antifa in Deutschland nach 1945. Antifaschistische Selbstorganisation in der DDR. In: telegraph 112, S. 20-33.

in der Anfangszeit ziemlich blauäugig. Wir wollten ganz klar nur politische Arbeit machen, so mit all den Idealen, die man damals hatte."[26] Die anfängliche Ablehnung wich jedoch dem Standpunkt, „daß wir die Faschos einfach militant bekämpfen müssen, weil es anders wahrscheinlich nicht möglich ist".[27]

Die erste, länger bestehende unabhängige Antifa-Gruppe gründete sich im November 1987 in Potsdam. Ihre Mitglieder wollten kontinuierlich über Neonazis und Rassismus aufklären und kritisierten die staatliche Ignoranz. Es wurden Flugblätter verteilt mit der Botschaft „Warnung Neonazis auch in der DDR" um das Problem publik zu machen und Druck auf den Staat aufzubauen.[28] Der Historiker Peter Ulrich Weiß beschreibt, dass die gewaltsamen Angriffe der Potsdamer Skinheadszene auf Punks und Antifaschist_innen seit 1988 massiv zunahmen und zur Entstehung einer „äußerst aktiven Antifa-Bewegung führten, die dann auch im Verlauf der Potsdamer Revolution politisch aktiv wurde".[29] Dieser Aktivismus entwickelte sich aus einer umtriebigen Punkszene heraus, denn schon 1986 sollen in der damaligen Bezirkshauptstadt 110 Punks gelebt haben.[30] Demgegenüber zählte die Polizei im Jahr darauf insgesamt 120 Skinheads in Potsdam, Oranienburg und Königs Wusterhausen (Gesamt-DDR: ca. 800).[31] Potsdam war das „widerständige Zentrum" Brandenburgs.[32] Die Antifa-Gruppe bildete sich in der „Hochburg oppositioneller Aktivitäten in Brandenburg" her-

---

26 Projektgruppe (Hrsg.) (1994): Diskussionen und Tips aus der antifaschistischen Praxis. Berlin/Amsterdam: Edition ID-Archiv, S. 128.
27 Projektgruppe, 1994, S. 129.
28 Antifa-Nazis-DDR, o.J.
29 Weiß, P. U. (2012): Protest in der Stillhalte-Region. Widerständiges Engagement in Brandenburg am Ende der DDR. In: ZeitRäume (Hrsg.): Potsdamer Almanach des Zentrums für Zeithistorische Forschung 2011 (S. 201-214). Göttingen: Wallstein, S. 207. Zur Kontroverse des Revolutionsbegriffs und anderer Termini um 1989/1990: Lindner, B. (2014): Begriffsgeschichte der Friedlichen Revolution. Eine Spurensuche. In: Aus Politik und Zeitgeschichte S. 33-39. Kritisch zum Beitritt bzw. Anschluss der DDR zur BRD: Bollinger, S. (2009): Der Missglückte Neuanfang. Die DDR zwischen antistalinistischer Revolution und kapitalistischer Vereinnahmung. In: Kontrovers. Blätter zur politischen Bildung 3/2009; Albrecht, U. (1992): Die Abwicklung der DDR. „Die 2+4-Verhandlungen" – Ein Insiderbericht. Opladen: Westdeutscher, S. 162ff. Decker, P. & Held, K. (1990): DDR kaputt – Deutschland ganz 2. Der Anschluß. Eine Abrechnung mit der neuen Nation und ihrem Nationalismus. Reihe Abweichende Meinungen zur deutschen Einheit. München: Resultate.
30 Weiß, 2015, S. 650 mit Rückgriff auf MfS Akten.
31 Ebd.
32 Weiß, 2012, S. 205.

aus, auch wenn sie im Schatten einer „um ein vielfaches größeren und aktiveren Szene Ost-Berlins" stand.[33] Dort wurde in den Räumen der „Kirche von Unten" am 19. April 1989 die „Autonome Antifa Ostberlin" gegründet.[34] Im April des folgenden Jahres lud die Gruppe „alle AntifaschistInnen der DDR! Angesichts der sich mehr und mehr verschärfenden Situation in unserem Land" zu einem DDR-weiten Antifa-Treffen ein.

Die Antifa-Bewegung der DDR unterschied sich von anderen oppositionellen Gruppen durch ihren Kampf an zwei Fronten:[35] Zum einen gegen die Regierungsobrigkeit und den autoritären Staat und zum anderen gegen die sich gesellschaftlich ausbreitende Neonaziideologie. Ihre Kritik richtete sich zwar an den Staat, aber sie forderte nicht dessen Abschaffung, sondern politische Debatten und eine öffentliche Thematisierung des Neonaziproblems. Somit hatte die unabhängige Antifa ihren eigenen Platz in der sozialistisch-demokratischen DDR-Oppositionsbewegung.

Mit den Wendejahren, so beschrieben es die Aktivist_innen aus Halle, veränderte sich die staatliche Situation gleich zweimal:

> „Zunächst nach dem Ende der DDR, gab es diese offene Zeit, wo jeder alles machen konnte, die aber viel zu wenig genutzt wurde. Da sind die Menschen endlich aufgewacht – es wurden beispielsweise die ersten Häuser besetzt. Das war auch eine völlig witzige Zeit, '89, weil man die Bullen bei überhaupt nichts einplanen mußte, weil sie einfach nicht da waren. Ich denke, bis Mitte/Ende '90 war das so, daß die Bullen einfach nicht reagiert haben. Die nächste Veränderung kam dann Ende 1990, als die westdeutschen Verhältnisse hier eingeführt wurden. Ab da war natürlich auch die Bullensituation kraß verändert."[36]

Von Seiten der Antifa-Bewegung in Westdeutschland gab es ab 1989 vorrangig in Berlin Interesse an den Aktivist_innen auf der anderen Seite der Mauer. In ihrer Oktober/November-Ausgabe widmete sich das *Antifaschistische Infoblatt (West)* mit einem Schwerpunkt dem Neonazismus und den unabhängigen Antifas in der DDR. Darin wurde konstatiert, dass das in der westdeutschen Szene dominierende Faschismusverständnis, das von einer „Herrschaft des Monopolkapitals und [der] Profitwirtschaft" ausgeht, für die Entwicklungen in der DDR nicht zutreffend wäre. Diese seien eben „in der DDR nicht an der Macht".[37]

---

33 Ebd., S. 207.
34 Wolf, 1992, S. 262.
35 Weiß, 2015, S. 658f.
36 Projektgruppe, 1994, S. 133.
37 Antifaschistisches Info-Blatt, Nr. 9, Ausgabe Oktober/November 1989, S. 53.

Nicht nur die theoretische Analyse, sondern auch das praktische Agieren unterschied sich in beiden Bewegungen vor und während der 'Wendejahre' zunächst deutlich. Als im Juni 1990 – die Mauer war bereits geöffnet – eine Großdemonstration mit 5000 Menschen durch den Ostberliner Stadtteil Lichtenberg zog, um gegen ein damals von Neonazis besetztes Haus in der Weitlingstraße 122 zu protestieren, kamen die Militanzerfahrungen der Ostberliner und der „Schwarze Block" aus dem Westteil zusammen. 400 militante Antifas[38] versuchten 200 Neonazis anzugreifen, die sich bewaffnet um das Haus in der Weitlingstraße gesammelt hatten.[39] Es kam zu massiven Ausschreitungen mit der Polizei, die sich zwischen Neonazis und Demonstrant_innen stellte. Die westdeutsche *TAZ* titelte „Ost-Premiere für den 'Schwarzen Block'"[40] und das *Neue Deutschland* schob die Verantwortung für die Ausschreitungen gen Westberlin: „Die Kreuzberger Gewalttäter-Szene setzte sich in den Westen ab."

Auf die ersten Aktionen von Ost- und Westantifas folgten Treffen, auf denen sich die Aktivist_innen vernetzen wollten. Doch trotz gemeinsamer Hausbesetzungen in Berlin, schrieb „ein älterer Autonomer" 2014 rückblickend:[41] „Die kulturelle Mauer blieb jedoch höher als gedacht, viele politische Auseinandersetzungen und militante Demoerfahrungen auf autonomer Seite und der Alltag der Ostberliner ließen sich nicht so einfach gegenseitig vermitteln." Um dies zu überwinden fand 1991 ein Kongress der „Berliner Antifa – Ost und West" statt. Trotzdem wurde die Annäherung als Überhelfen von Theorien und Konzepten aus Westdeutschland empfunden, wie ein Teilnehmer beschreibt:

> „Es gab mehrere Arbeitsgruppen, die sich mit Strategie und Perspektive, Stadtteilarbeit, Rassismus, Nationalismus und militantem Widerstand der Antifa befaßten. Die Gespräche in allen Gruppen waren von kritischen Einschätzungen, aufrechtem Wollen, jedoch mehrheitlich vom Denken in alten Schablonen geprägt und brachten nicht den von vielen TeilnehmerInnen erhofften Durchbruch. Allein die Selbstanalyse lohnte jedoch schon das Dabeisein. So wurde klar, daß viele Fehler gemacht wurden. Daß die Antifa nicht in der Lage war, ihre Aktionen verständlich

---

38 Berliner Zeitung (1990): Extremistische Krawalle nach antifaschistischer Demonstration. 16 verletzte Polizisten/Neonazis jubelten/Politische Entscheidung überfällig. 25.06.1990.
39 Nolte, K. (1990): Der Straßenschlacht folgte die Ernüchterung. Neues Deutschland vom 25.06.1990.
40 TAZ (1990): Ost-Premiere für den „Schwarzen Block". Antifa-Demo in Lichtenberg: West-Hardliner schockierten Ost-Berliner Demonstranten/21 verletzte Polizisten. 25.06.1990.
41 Benner, H. (2014): Autonome zu Zeiten der Wende. In: telegraph 129/130. S. 115-122.

zu vermitteln, daß sie sich zumacht und es für Außenstehende fast unmöglich ist in Gruppen einzusteigen und mitzumachen."

Schließlich hieß es, dass die „alten, allgemeinen, typischen Positionen westeuropäischer Großstadtlinker"[42] dominierten. „Als Quintessenz der Tage kam heraus, daß eine kontinuierliche Diskussion nötiger denn je ist. Bessere Strukturen müssen her, verbindliche, arbeitsfähige."[43]

Erweiterung um eine Bewegungsperspektive

Als 2017 dieser Sammelband erstmals erschien, wuchs der fachspezifische Büchermarkt gerade erst. Rückblickend auf fast 40 Jahre Antifa in der Bundesrepublik war es an der Zeit, sich eingehend mit dieser Geschichte zu befassen. Nach und nach entstanden Publikationen zur linken und antifaschistischen Bewegung; manche widmen sich einer Gesamtgeschichte, andere betrachten einzelne Aspekte und Strömungen.[44] Gemein ist ihnen, dass sie die Jahre 1989/90 als Wendepunkt der Antifa beschreiben.

Bisher nur wenig Beachtung fand jedoch, dass sich in Ostdeutschland eine Bewegung bildete, die bereits in der niedergehenden DDR ihren Anfang nahm. Dass sie sich auch eigenständig weiterentwickelte, geriet unter der Annahme einer gemeinsamen Bewegungsgeschichte, die ihren Ursprung in Westdeutschland genommen habe, allzu sehr aus dem Blick. Bestandsaufnahmen und Analysen zu ostdeutschen Antifa-Perspektiven und -Spezifika waren damit deutlich unterrepräsentiert. Eine Schieflage, die in wissenschaftlichen Arbeiten vorherrschte und auch in der Bewegung selbst dominierte, wie Aktivist_innen beschrieben:[45]

---

42 Geröllheimer, B. (1991): Die Antifa in Nöten? Bericht über einen Kongress der Berliner Antifa. In: telegraph 3, S. 19.

43 Ebd, S. 21.

44 Grundlegend neben Langer, 2014: Keller, M., Kögler, L., Krawinkel, M. & Schlemermeyer, J. (2011): Antifa. Geschichte und Organisierung, Stuttgart: Schmetterlings Verlag; Peters, U. (2014): Unbeugsam und widerständig. Die radikale Linke in Deutschland seit 1989/90, Münster: Unrast. Zu einzelnen Aspekten der Bewegung: ak wantok (Hrsg.). (2010): Perspektiven autonomer Politik. Münster: Unrast. ak wantok (Hrsg.). (2014): Antifa Gençlik. Eine Dokumentation (1988-1994), Münster: Unrast. Herausgeber_innenkollektiv (Hrsg.). (2013): Fantifa. Feministische Perspektiven antifaschistischer Politik. Reihe Antifaschistische Politik. Münster: Edition Assemblage. Schöppner, H. (2015): Antifa heißt Angriff. Militanter Antifaschismus in den 80er Jahren, Hamburg/Münster: Unrast.

45 Einer der wenigen Texte, der auf die ostdeutsche Besonderheit eingeht, widmet sich einer Leipziger Antifa-Gruppe im bundesweiten Bündnis „... ums Ganze!". Schweiger,

"Ich erinnere mich an eine Situation am Mehringhof, die erste große Party nach dem Mauerfall. Ich bin mit Westberliner_innen ins Gespräch gekommen und fragte sie, ob sie sich für die DDR oder Ostberlin interessierten, als die Mauer noch stand. Die Antwort: 'Gar nicht Kuba war uns näher'. Da bin ich völlig aus allen Wolken gefallen."[46]

Ein anderer Aktivist zeigt sich verwundert über die positive Bezugnahme der Westberliner Antifas zur DDR-Regierung. Zum Parteitag der SED habe aus einem besetzten Haus in West-Berlin ein Transparent mit der Aufschrift „Wir grüßen den 8. Parteitag der DDR"[47] in Richtung der Ostberliner Neubauten gehangen.

Die Charakteristika der ostdeutschen Bewegung schienen in den bisherigen Veröffentlichungen nur randläufig, fragmentiert und nicht systematisiert auf.[48] Sei es, dass sich die Antifas von einem antifaschistischen Staat abgrenzten oder die unmittelbare körperliche Bedrohung durch Neonazis und die damit verbundene Selbstverteidigung, die allgegenwärtig und für viele ein Schlüsselereignis ihrer Politisierung war. Auch die eigene Diskussionskultur und politischen Ausrichtungen waren bisher nur wenig oder vorrangig aus einer westdeutschen Bewegungsperspektive beleuchtet.

Fünf Jahre nach der Erstveröffentlichung von „30 Jahre Antifa in Ostdeutschland" sind mehrere Neuveröffentlichungen dazugekommen, die auch die Antifa-Bewegung im Osten thematisieren[49]. Sie haben dazu beigetragen, die Forschungslücke zu füllen, und somit die bisherigen Beiträge um ostdeutsche

---

D. (2014): Vorwärts und nicht vergessen. Eine kleine Geschichte der ostdeutschen Linken anhand der Auseinandersetzung mit der Leipziger Gruppe the future is unwritten im Bündnis … ums Ganze! In: Phase 2, 48, S. 49-50.
46 Aktivist Paul im Gespräch mit den Herausgeber_innen für den Beitrag von Paul-Siewert & Jänicke in diesem Band.
47 Aktivist Max, ebd.
48 Keller et al., 2011, S. 75ff., Langer, 2014, S. 212, Schuhmacher, 2013, S. 51f.
49 Jänicke, C. (2021): Trotz Angstzonen, Terrortowns und Baseballschlägerjahren. Antifaschistische Antworten auf Angriffe gegen Linke und Alternative in Ostdeutschland. In: H. K. Cholia & C. Jänicke (Hrsg.): Unentbehrlich – Solidarität mit Betroffenen rechter, rassistischer und antisemitischer Gewalt (S. 123-129). Münster: Edition Assemblage. Lühmann, M. (2021): Antifaschismus in Ostdeutschland. Eine (noch immer) eigene Geschichte. In: A. Deycke, J. Gmeiner, J. Schenke, M. Micus (Hrsg.) (2021): Von der KPD zu den Post-Autonomen. Orientierungen im Feld der radikalen Linken (S. 361-382). Göttingen: Vandenhoeck & Ruprecht Verlag. Rohrmoser, R. (2022). Antifa. Porträt einer linksradikalen Bewegung. Von den 1920er Jahren bis heute. München: C.H.Beck.

Perspektiven in Wissenschaft und Bewegung zu erweitern. Das Interesse an und die Notwendigkeit von Antifa in Ostdeutschland zeigt sich aktueller denn je in den Debatten um den 'Braunen Osten' und einer innerlinken Selbstverständigung über die hiesige Gegenwehr zur extremen Rechte[50]. Aufschwung bekam das Thema zudem durch die dreißigsten Jahrestage von Mauerfall 2019 und Deutscher Einheit 2020. In dem Rahmen erzählten Betroffene und Engagierten der Umbruchszeit in Dokumentationen unter dem Schlagwort 'Baseballschlägerjahre' von ihren Erfahrungen mit rechter und rassistischer Gewalt sowie antifaschistischem Engagement gegen diese Hegemonie.

Anlässlich des 2022 hundertjährigen Bestehens der Antifa-Bewegung sind darüber hinaus Publikationen mit historischen Zugängen hinzugekommen[51] und auch international wird sich vermehrt mit Antifaschismus befasst[52].

Dem vorliegenden Sammelband geht es auch in der nun fünften Auflage weder um die nachträgliche politische Bewertung von Entwicklungen innerhalb der Bewegung, noch um einen dezidierten Ost-West-Vergleich, oder die einfache Chronologie einer aktionistischen Ereignisgeschichte, die sich um die Pogrome von Hoyerswerda 1991 und Rostock-Lichtenhagen 1992 gruppiert.

Stattdessen werden interdisziplinär Einblicke gesucht, die zum einen wissenschaftlichen Aufschluss und Deutungsangebote liefern und zum anderen in Anlehnung an die „Public Sociology"[53] bzw. öffentlich engagierte Sozialforschung auch politische Verständigungen innerhalb der Bewegung begleiten und Anlass

---

50 U.a. Begrich, D. (2018): Liebe Westdeutsche, https://www.freitag.de/autoren/derfreitag/liebe-westdeutsche (abgerufen am 01.06.2022).
51 Staid, A. (2020). Arditi del popolo. Der erste bewaffnete Widerstand gegen den Faschismus in Italien 1921–1922. Boldenburg: Edition AV. Radical history Review, Volume 2020, Issue 138: Fascism and Anti-fascism since 1945. Der Rechte Rand, Ausgabe 190 Mai/Juni 2021: Antifa. Widerstand und Bewegung seit 100 Jahren. Arbeit-Bewegung-Geschichte, Ausgabe 2/2022: Der ursprüngliche Antifaschismus.
52 Bray, M. (2017): Antifa: The Anti-Fascist Handbook, New York: Melville House. Braskén, K., Copsey, N. & Lundin, J.A. (Hrsg.). (2019): Anti-fascism in the Nordic Countries. New Perspectives, Comparisons and Transnational Connections. London: Routledge.Braskén, K., Copsey, N. & Featherstone, D.J. (Hrsg.). (2021): Anti-Fascism in a Global Perspective. Transnational Networks, Exile Communities, and Radical Internationalism. London: Routledge.
53 Burawoy, M. (2012): Öffentliche Soziologien: Widersprüche, Dilemmata und Möglichkeiten. In: K. Unzicker & G. Hessler (Hrsg.): Öffentliche Sozialforschung und Verantwortung für die Praxis (S. 19-39). Wiesbaden: Springer VS; Quent, M. (2015): Der Public Sociology-Ansatz. In: M. Quent & P. Schulz (Hrsg.): Rechtsextremismus in lokalen Kontexten (S. 13-19). Wiesbaden: Springer VS.

Einleitung: Historische Ausgangspunkte und Verortung einer Bewegung 21

für individuelle Rückblicke auf das persönliche Engagement sein können. Dafür bündelte dieser Band 30 Jahre – bzw. nun 35 Jahre – nach der Gründung von unabhängigen Antifa-Gruppen in der DDR erstmals sozial-, kultur- und geschichtswissenschaftliche Analysen und Zeitzeugenperspektiven. Forscher_innen und damalige Aktivist_innen rekonstruieren persönliche Handlungsanlässe, -gründe und Reflexionen; sie widmen sich den kollektiven Praxen und Debatten innerhalb der Bewegung und beleuchten deren gesellschaftspolitische Rahmungen und Referenzpunkte.

Den Auftakt des ersten Teils „Anfänge der Bewegung" bildet Dietmar Wolfs Beitrag „Feindlich-Negative Antifa? Oder: Vom Missverhältnis des staatsoffiziellen Antifaschismus der DDR zum unabhängigen Antifaschismus ihrer letzten Generation". Darin zeichnet er die Aktionen der Antifa-Gruppen in der DDR nach und wie der Staat mit Ablehnung und Überwachung durch das MfS reagierte. Jakob Warnecke untersucht unter dem Titel „Nazifreie Zone – Hausbesetzungen und antifaschistische Praxis in Potsdam um 1990" daran anknüpfend Raumaneignungen und deren Bedeutung für die Antifa in der „Hauptstadt der Hausbesetzer". Yves Müller geht schließlich anhand von internen Bewegungsdiskursen auf „das ambivalente Verhältnis west- und ostdeutscher Antifa-Gruppen am Beispiel der AA/BO 1992 bis 1994" ein.

Im zweiten Teil werden „subjektive Perspektiven im gesellschaftspolitischen Kontext" vorgestellt. Zunächst sucht Nils Schuhmacher „Biografische Aspekte des selbstorganisierten Antifaschismus in Ostdeutschland" und daran entlang Politisierungspfade heraus. Benjamin Paul-Siewert und Christin Jänicke rekonstruieren in ihrem Beitrag „Von der aufgezwungenen Selbstverteidigung zur Gegenmacht. Subjektive Militanzverständnisse in Zeiten des Umbruchs" das Erleben von rechter Gewalt und die Herausbildung militanter Handlungsweisen. Eine raumtheoretische Perspektive stellt Thomas Bürk unter der Leitfrage „Wem gehört die Stadt? – Nicht-rechte Jugendliche und Antifas in ostdeutschen Kleinstädten seit 1990" vor.

Der dritte Teil nimmt exemplarische „Themen- und Handlungsbereiche" in den Blick. Christin Jänicke und Anne Hunger charakterisieren in „Es wurde halt gemacht – Politische Bildung als gelebte Praxis", die Gemeinsamkeiten und Unterschiede selbstorganisierter, antifaschistischer Bildungsarbeit in mehreren Bundesländern. Anschließend blickt Alexandra Klei auf „Antifaschistische Gedenkpolitik" und den „Tod von Farid Guendoul in Guben" 1999 zurück, wobei sie die Rolle und Gestalt eines Gedenkortes fokussiert. Hilde Sanft lässt in „Girls don't cry" Aktivist_innen zu Wort kommen, die über existierende wie fehlende Gleichberechtigung und über ihre feministischen Positionen sprechen.

Der Aufstieg und Niedergang der antideutschen Szene in der ostdeutschen Antifa-Bewegung ist Gegenstand der Retrospektive von Marek Winter. Abschließend werden von Benjamin Winkler anhand von Fallbeispielen aus Leipzig Dissens und Chancen von Kooperationen zwischen Antifa und Zivilgesellschaft aufgezeigt.

Diese Beitrags- und Perspektivensammlung liefert einen ersten zusammenfassenden und gleichzeitig heterogenen Überblick. Dass dieser zustande gekommen ist, verdanken wir in erster Linie den Autor_innen und Interviewpartner_innen, insbesondere Yves Müllers initiierenden Ideen. Bei Ihnen allen bedanken wir uns für die bereichernden Analysen, Erzählungen und eine intensive Mitarbeit. Ganz besonders bedanken möchten wir uns bei Dietmar Wolf für die gemeinsamen Diskussionen und die Freundschaft, mit der er uns seit dem ersten Erscheinen begegnete. Mit seiner Unterstützung ist die Überarbeitung dieser fünften Auflage entstanden. Auch freuen wir uns, Manja Präkels für das neu aufgenommene, eindrückliche Vorwort gewonnen zu haben.

Ebenso unersetzlich war die journalistisch überaus erfahrene, detaillierte und geduldige Lektorats- und Korrekturarbeit von Haidy Damm. Hierfür unseren herzlichen Dank. Das umfangreiche Material des antifaschistischen pressearchiv und bildungszentrum (apabiz) in Berlin lieferte eine wichtige Grundlage für die Recherche und inspirierte uns zu der einen oder anderen Idee. Nicht zuletzt gilt unser Dank der Rosa-Luxemburg-Stiftung für die finanzielle Unterstützung und Günter Thien vom Verlag Westfälisches Dampfboot für das große Interesse am Thema und die immer konstruktive Zusammenarbeit bei der der Umsetzung des Vorhabens.

Teil I – Anfänge der Bewegung

Dietmar Wolf

Feindlich-Negative Antifa? Oder: Vom Missverhältnis des staatsoffiziellen Antifaschismus der DDR zum unabhängigen Antifaschismus ihrer letzten Generation

Zum Ende der DDR, die sich als erster „antifaschistischer Staat auf deutschem Boden" verstand, kam es zu einer eigentümlichen Konstellation im Verhältnis zwischen Staat und Jugend. In der heterogenen jugendlichen Subkultur des kriselnden Landes fanden sich Jugendliche zusammen, die den linken, antifaschistischen Anspruch der DDR beim Wort nahmen und aktiv in die Tat umsetzen wollten. Dass der Staat darauf mit Unverständnis bis Repression reagierte, gehört zur Schizophrenie jener Jahre, die in den Herbst 1989 führten. Zum Umbruch, zur Wiedervereinigung, zur Restauration.

Von der Staatsgründung zum Naziproblem

Als am 7. Oktober 1949 die DDR aus der Taufe gehoben wurde, lag das Ende der selbstorganisierten Antifa-Ausschüsse bereits ein Jahr zurück. Die endgültige Zerschlagung der vielen, bereits 1945 entstandenen, oftmals anarchistischen Strukturen, die nicht selten ganze Regionen kontrollierten, war die logische Konsequenz des alleinigen Machtanspruchs der Kommunistischen Partei Deutschlands (KPD) bzw. ab 1946 der Sozialistischen Einheitspartei Deutschlands (SED).[1] Diejenigen, die sich nicht in die neuen Strukturen fügen wollten, wurden eingesperrt, in anderen Fällen auch liquidiert.

1948 hatte die Sowjetische Militäradministration in Deutschland (SMAD) mit dem Befehl Nr. 35 das Ende der Entnazifizierung verkündet. Bereits 1947 hatten einfache NSDAP-Mitglieder in der Sowjetischen Besatzungszone (SBZ) das aktive Wahlrecht zurück erhalten. Viele von ihnen traten in die SED ein oder in die eigens für sie gegründete National-Demokratische Partei Deutsch-

---

1 „Antifa-Ausschüsse und ihre Zerschlagung in der SBZ/DDR". In: telegraph Nr. 3/4 1998, S. 86ff., sowie: J. Michelmann (2002): Aktivisten der ersten Stunde: Die Antifa in der Sowjetischen Besatzungszone, Köln/Weimar/Wien: Böhlau Verlag.

Feindlich-Negative Antifa?

lands (NDPD). Bereits 1965 waren viele ehemalige Nazis in alle Bereiche der Wirtschaft, Politik, Medien und des Sicherheitsapparates zurückgekehrt. Einige von ihnen auch in höchste Staatspositionen.

Schon in den Siebzigerjahren mussten sich die Herrschenden in der DDR mit der Situation auseinandersetzen, dass faschistisches und rassistisches Gedankengut in großen Teilen der Bevölkerung weiter und wieder tief verwurzelt war. Ab Anfang der Achtzigerjahre sorgten auch hier Naziskinheads und rechtsextreme Fußballfans vielerorts für negative Schlagzeilen und störten das saubere Selbstbild des antifaschistischen Staates. Spätestens seit dem Naziüberfall auf ein linkes Rockkonzert in der Ostberliner Zionskirche am 17. Oktober 1987 – das Datum markiert eine Zäsur in der späten DDR – war dieser Sachverhalt auch für die Herrschenden nicht länger zu leugnen. Mit bewusst öffentlichen Gerichtsprozessen versuchten sie, den Geist zurück in die Flasche zu bekommen. Ein, wie sich herausstellen sollte, erfolgloses Unterfangen.

Aber genauso nervös reagierten Partei und Staat auf Antifa-Gruppen, die sich im politischen Umfeld der DDR-Opposition bildeten; die versuchten, auf das Naziproblem aufmerksam zu machen und dies auch öffentlich thematisierten. Diese Gruppen bedrohten den Alleinvertretungsanspruch von SED und der Jugendorganisation Freie Deutsche Jugend (FDJ) über die Jugend. Anstatt diese Gruppen zu unterstützen, begann der DDR-Geheimdienst, das Ministerium für Staatssicherheit (MfS), Antifa-Gruppen gezielt durch Spitzel, sogenannte Inoffizielle Mitarbeiter (IM), auszuspähen, zu unterwandern und zu zersetzen.

Antifa-Gruppen in der DDR

Unter dem Eindruck des oben genannten Neonaziüberfalls auf das Konzert in der Ostberliner Zionskirche, gründeten sich im Umfeld der linken DDR-Opposition und der DDR-Punkszene vier unabhängige Antifa-Gruppen.

Anti-Nazi-Liga Berlin & Autonome Antifa Berlin (Ost) in der Kirche von Unten[2]

In Berlin fanden sich unmittelbar nach dem Angriff 1987 Betroffene zusammen, um eine Anti-Nazi-Liga zu gründen. Jedoch kamen sie nie aus der Anfangsphase heraus; zu heterogen waren die Vorstellungen, zu diffus die Zielsetzung.

---

2 Die Basisgruppe Kirche von Unten (KvU) entstand als oppositionelle evangelische Gruppierung in der DDR, im Zusammenhang mit dem evangelischen Kirchentag 1987 in Ost-Berlin anlässlich der 750-Jahr-Feier der Stadt. Die evangelische Kirche

Im März 1989 gab es, ausgehend von der „Kirche von Unten" (KvU), erneut Bestrebungen, eine Antifa-Gruppe zu gründen. Konkreter Anlass war das Antifaschistische Infoblatt Nr. 6/7 aus Westberlin, das ihnen in die Hände fiel. Darin wurde über Vorbereitungen internationaler Neofaschisten zum 100. Geburtstag von Adolf Hitler berichtet. Außerdem gab es in Ostberlin Hinweise, dass die DDR-Faschisten am 20. April 1989 ein großes Treffen in Potsdam planten. Daraufhin organisierten einige MitarbeiterInnen der KvU eine Kulturveranstaltung am 18. April 1989 und für den darauffolgenden Tag ein Podium zum Thema: Nazis in der DDR. Diese Veranstaltungen waren für die DDR etwas sehr gelungenes und die Räume der KvU waren mit mehr als 300 Menschen überfüllt. Diese Tage gelten als Geburtsstunde der Autonomen Antifa Berlin (Ost). In den Folgemonaten entwickelte sich eine thematisch strukturierte Arbeit in Untergruppen. Eine Zeitungsredaktion produzierte die drei Ausgaben des Antifa-Infoblatt Ostberlin. Es bildeten sich eine Jugendarbeits-, eine Ausländer- und eine Theatergruppe sowie eine Gruppe, die sich mit der Aufarbeitung faschistischer Materialien und Vereinigungen befasste. Es wurden Veranstaltungen organisiert zu Themen wie Vertragsarbeiter, Rassismus und Nazis in der DDR. Es gab zwei Begegnungs- und Kennenlernen-Feste mit VertragsarbeiterInnen aus Mozambique und Angola. Eins fand im Wohnheim der VertragsarbeiterInnen

---

in der DDR war einer der wenigen Orte, in der alternatives, politisches und künstlerisches Leben, Handeln und Schaffen möglich war. Unter dem Dach der evangelischen Kirche trafen und organisierten sich mehrheitlich die Gruppen der Umwelt-, Friedens- und Menschenrechtsbewegung der DDR, zu der auch die unabhängigen Antifa-Gruppen gehörten. Das komplizierte Verhältnis der Evangelischen Kirche in Berlin-Brandenburg zu Basisgruppen in ihren Gemeinden, die der Kirchenleitung unter anderem zu große Staatsnähe vorwarfen, führte im Zusammenhang mit kirchenleitenden Entscheidungen wie der Absage der traditionellen Friedenswerkstatt für 1987 im Vorfeld des Kirchentages um die Jahreswende 1986/87 zur Idee, parallel zum Kirchentag einen „Kirchentag von Unten" zu veranstalten. Dieser fand vom 24. bis 26. Juni 1987 in zwei Berliner Kirchengemeinden statt und hatte mehr als 6000 BesucherInnen. Aufgrund des großen Interesses und um die Kirche zu stärkerem politischen Engagement zu drängen, gründeten die InitiatorInnen im September 1987 bei einer Werkstatt der „Offenen Arbeit" die überregionale Basisgruppe „Kirche von Unten" (KvU), die sich fortan nicht nur als innerkirchliche Opposition zu kirchlichen und theologischen Themen, sondern vor allem zu vielen gesellschaftspolitischen Konflikten äußerte. In den Neunzigerjahren zog die KvU in neue, nichtkirchliche Räume um. 2011 konnte die KvU dem Gentrifizierungsdruck ihres privaten Vermieters nicht mehr standhalten und musste abermals umziehen. Quelle: http://www.kvu-berlin. de (abgerufen am 25.10.2016) und Neubert, E. (2000): Geschichte der Opposition in der DDR 1949–1989. Bonn: BPB, S. 686ff.

in Marzahn statt und eins in der KvU. Zum Antifa-Tag am 10. Oktober 1989 in der Ostberliner Auferstehungskirche kamen mehr als 1000 Menschen. Auf der Massendemonstration am 4. November 1989 in Ostberlin[3] bildete die Antifa zusammen mit anarchistischen Gruppen einen eigenen Schwarz-Roten Block, an dem sich wiederum rund 1000 Menschen beteiligten. Auch an der Mitorganisierung und Durchführung der Anti-Kohl-Demo[4] vom 19. Dezember 1989 in Berlin war die Antifa Ostberlin aktiv beteiligt.

Im Januar/Februar 1990 besetzten AktivistInnen der Antifa Ostberlin mehrere leerstehende Häuser, unter anderem das Haus Lottumstraße 10a im Stadtbezirk Prenzlauer Berg und das Haus Kreuziger Str. 21 in Friedrichshain. Während des Wahlkampfes zur letzten Volkskammerwahl am 18. März 1990 unterstützte die Antifa Ostberlin den Wahlkampf der Initiative für eine Vereinigte Linke. Sie übernahm verschiedene Aufgaben wie plakatieren oder Schutz und Einlass bei Wahlkampfveranstaltungen. Im Sommer 1990 löste sich die Gruppe auf. Doch viele ehemalige MitstreiterInnen betätigten sich weiter in anderen Antifa-Gruppen bzw. anderen politischen Zusammenhängen.

Antifa Potsdam

In Potsdam hatte sich in den Achtzigerjahren eine heterogene Szene etabliert. Die Cliquen von Naziskins, Fußballfans in deren Umfeld sowie unpolitische Skinheads begannen ab 1987 vermehrt ihre Platzansprüche in Klubs und Kneipen durch Übergriffe bspw. auf Punks 'anzumelden' und durchzusetzen. Zudem zeichnete sich eine räumliche Aufteilung des Stadtgebietes durch die verschiedenen Szenen ab. Nach dem Überfall auf die Berliner Zionskirche kam es auch im benachbarten Potsdam vermehrt zu Aktivitäten von Naziskins. Aufgrund

---

3   Am 4. November 1989 demonstrierten in Berlin rund 500.000 Menschen. Die Demonstration und die Abschlusskundgebung auf dem Alexanderplatz richteten sich gegen Gewalt und für verfassungsmäßige Rechte, Presse-, Meinungs- und Versammlungsfreiheit. Als offizielle Veranstalter fungierten die Künstler der Berliner Theater, der Verband der Bildenden Künstler, der Verband der Film- und Fernsehschaffenden und das Komitee für Unterhaltungskunst.
4   Am 19. Dezember 1989 fand in Ost-Berlin die „Anti-Kohl-Demo" statt. An der Demonstration gegen Wiedervereinigung und Ausverkauf der DDR versammelten sich anlässlich eines Treffens Kohl – Modrow in Dresden mehr als 10.000 Menschen auf dem Berliner Alexanderplatz. In einem Demonstrationszug zog die Menge zum Platz der Akademie, wo um 18.00 Uhr eine Großkundgebung stattfand. Zitiert nach: telegraph (1989), Nr. 10.

von Gerüchten, dass diese in Jugendklubs 'einfallen' würden, entschlossen sich AktivistInnen gegen die größer werdende Szene zu mobilisieren.

Den Anfang machte eine Plakataktion. Mit dem Flugblatt „Warnung Neonazis auch in der DDR" sollte die Öffentlichkeit wachgerüttelt und informiert werden, um so auch Druck bspw. auf den Jugendklub „Spartacus" auszuüben, damit dieser den Nazis den Zutritt verwehrt. Allerdings wurden im Laufe des folgenden Morgens alle Flugblätter entfernt. Eine nächtliche Aktion genügte den AktivistInnen aber nicht und so gründete sich Ende November 1987 die Antifa Potsdam mit dem Ziel, dass nicht nur eine klandestine Kleingruppe, sondern mehr Menschen organisieren und handeln konnten.[5] Als schnelle Erfolge ausblieben, wurde die Gruppe wieder kleiner, besonders den von Aktionismus Getriebenen wurde zu wenig gehandelt und zu viel geredet. Dennoch organisierte die Antifa Potsdam im Januar 1988 in der Städtischen Ausbildungsstätte eine Informationsveranstaltung über Nazis in der DDR und im Herbst desselben Jahres eine weitere beim evangelischen Landesjugendkonvent in Sachsen-Anhalt. Mit der Zeit gelang es den verbliebenen AktivistInnen, Informationen über Neonazis und Übergriffe zu sammeln sowie Kontakt zur Kreisleitung der Potsdamer FDJ herzustellen. Außerdem wurden Überlebende der Shoah ermittelt und Arbeitseinsätze auf dem jüdischen Friedhof organisiert. Im Sommer 1988 initiierten sie zudem ein eigenes Filmprojekt. Mit diesem sollte über Angriffe und Selbstorganisation als Gegenwehr aufgeklärt werden, wobei die eigenen Schritte auch selbstironisch beleuchtet wurden. Obwohl ein Teil des Materials während der Entwicklung verloren gegangen war, konnte der Film im Herbst 1988 bei einer Veranstaltung über die oppositionellen Gruppen der Umwelt- Friedens- und Menschenrechtsbewegung der DDR, sowie im Rahmen der evangelischen Friedensdekade gezeigt werden. Die Antifa-Gruppe, die außerdem Aufkleber und Postkarten produzierte und in Umlauf brachte, wurde zunehmend bekannter und bekam wieder Zulauf.[6]

Im Jahr darauf, am 29. Juli 1989 fand in der Potsdamer Erlöserkirche dann der „1. Potsdamer Antifa-Tag" statt, an dem Menschen aus der ganzen DDR und einige wenige aus West-Berlin teilnahmen und über Neofaschismus in der DDR diskutierten.[7] Anlässlich des Gedenkens an die Reichspogromnacht am 9. November 1989 gelang es der Gruppe, mehrere hundert Menschen zu mobili-

---

5   Erinnerungen Potsdamer AntifaschistInnen (2016), unveröffentlicht.
6   Ebd.
7   Weiteres zum 1. Potsdamer Antifatag" unten sowie Weiß, P. U. (2016): Außenseiter der Opposition. Alternative Antifa-Szene und ostdeutsche Demokratiebewegung. In:

sieren und im Anschluss an einen Schweigemarsch eine Podiumsdiskussion mit NS-Überlebenden und WissenschaftlerInnen zu organisieren. Zudem initiierte sie am 2. Dezember 1989 eine Demonstration unter dem Motto „1933–1945 – Nie wieder Deutschland". Diese richtete sich gegen eine Veranstaltung der Sozialdemokratischen Partei in der DDR (SDP) und des Neuen Forums, die für eine schnelle Wiedervereinigung warben.

Wie in Berlin löste sich die Potsdamer Antifa im Frühjahr 1990 auf, jedoch kam es in der Folgezeit weiterhin zu Aktionen aus ihren Zusammenhängen, bspw. zur Verteidigung besetzter Häuser gegen Naziangriffe (siehe Beitrag von Warnecke in diesem Band).

Skinhead-Vernichtungs-Kommandos (SVK)

In Halle arbeitete die Punkszene hingegen nicht inhaltlich, sondern begann sich 1988 ausschließlich mit militantem Straßenwiderstand gegen Neonazis zu wehren. Sie trainierte Kampfsport, bewaffnete sich und machte Jagd auf alle, die wie Neonazis oder Skinheads aussahen. Dafür gaben sie sich den Namen Skinhead-Vernichtungs-Kommandos (SVK), die aber nur kurze Zeit existierten.

Anti-Nazi-Liga Dresden

In Dresden war der Überfall in Berlin 1987 ebenfalls Anlass für die Gründung einer Anti-Nazi-Liga. Ihre Mitglieder kamen aus der anarchistischen „Oppositionsgruppe Wolfspelz". Letztendlich gab es hier nur wenige Aktivitäten. Mit einem Flugblatt und mehreren Veranstaltungen in Kirchgemeinden informierten sie über den Überfall auf die Ostberliner Zionskirche und über Nazis in der DDR. Ging es diesen Gruppen hauptsächlich darum, der zunehmenden Bedrohung durch rechtsradikale Skinheads zu begegnen und die DDR-Bevölkerung über die Existenz von Neonazis in der DDR aufzuklären, so waren sie auch prinzipiell zu einer Zusammenarbeit mit der SED-Jugendorganisation FDJ bereit und machten entsprechende Angebote. Doch die FDJ als von SED und Staatsführung gelenkte sowie selbsterklärte alleinige Jugendorganisation der DDR, schlug alle Angebote zur Zusammenarbeit mit den unabhängigen Antifa-Gruppen nicht nur aus – sie leugnete bis zum Schluss deren Existenz.

Zentrum für Zeithistorische Forschung (Hrsg.): ZeitRäume. Potsdamer Almanach des Zentrums für Zeithistorische Forschung, S. 111, 120f.

Überwachung und Unterwanderung der Antifa

Fallbeispiel: Der DDR-weite „1. Potsdamer Antifa-Tag" im Fokus des MfS

Gegen Ende des Jahres 1988 begannen örtliche Neonazis mit organisierten Überfällen auf Antifas. Meist wurde ihnen einzeln aufgelauert, um sie zu verprügeln. Im November kam es dann zu einer spontanen Gegenaktion mit Folgen. Etwa 50 Punks verübten einen Überfall auf die vermeintlich bei rechten Skinheads beliebte Kneipe „Broilertreff" in der Straße Am Kanal. Vier der angetroffenen Skinheads wurden teilweise brutal zusammengeschlagen und die Kneipe verwüstet. Daraufhin wurden einige Punks verhaftet und verurteilt, die Potsdamer Antifa organisierte am 22. März 1989 eine Kundgebung vor Gericht und forderten die Freilassung der AntifaschistInnen.

Durch die Aktion aufmerksam geworden, bemühte sich die FDJ zunächst um Kontakte zur Potsdamer Antifa. Es kam zu einem Treffen mit dem 1. Sekretär der Kreisleitung und Funktionär für Jugend, Sport und Kultur. Doch wurde schnell klar, dass es der FDJ in erster Linie darum ging, zu wissen, „was hier läuft" und wie sie Einfluss nehmen kann. Als „Zeichen guten Willens" ermöglichte die FDJ im Sommer 1989 eine einzige Veranstaltung der Antifa in einer Potsdamer Schule. Jedoch geriet die Gruppe durch die FDJ-Kontakte in einen Zwiespalt. Man wollte sich nicht anbiedern, sah aber die Möglichkeiten, die sich bei einer intensiveren Zusammenarbeit eröffnen könnten. Letztendlich aber kam es zu keiner weiteren Zusammenarbeit – im Gegenteil.

Die staatlichen Organe und vor allem das MfS sahen die Sache mit Argwohn und glaubten hier besonders clevere Provokateure ausfindig gemacht zu haben:

> „In diesem Zusammenhang organisierten sie Eingaben an die Synode der Evangelischen Kirche und provozieren Auseinandersetzungen mit Skinheads. Es werden Formen gefunden, die rowdyhaft-kriminell sind und Cliquencharakter tragen. Sie schüren damit ständig Auseinandersetzungen und nutzen dies erneut zur Diskreditierung der Staatsmacht aus."[8]

Folglich bemühte man sich intensiv, die Aktivitäten der Potsdamer Antifa einzudämmen, ohne dass die AktivistInnen davon viel spürten. Im Sommer 1989 waren Volkspolizei (VP) und MfS-Bezirksverwaltung alarmiert. War doch die

---

8   HA XX, Berlin, 23. März 1989: Einschätzung aktueller Erscheinungsformen gesellschaftswidrigen Auftretens und Verhaltens negativ-dekadenter Jugendlicher sowie Ergebnisse und Wirksamkeit der politisch-operativen Arbeit zu ihrer Unterbindung und Zurückdrängung, zitiert aus: Antifaschistisches Infoblatt (2007): „Antifa? Kein Thema!", Nr. 75, 2/2007.

Feindlich-Negative Antifa?

im Frühjahr des Jahres entstandene Idee eines „1. Potsdamer Antifa-Tages" nach langwierigen Verhandlungen mit der Potsdamer Erlöserkirche und dem evangelischen Superintendenten sowie der Kontaktaufnahme mit anderen Gruppen in der DDR und Aktiven aus West-Berlin umgesetzt und für den 29. Juli 1989 angekündigt. In verschiedenen Besprechungen mit kirchlichen Amts- und Verantwortungsträgern wurde vom MfS Druck ausgeübt und die „staatliche Erwartungshaltung, insbesondere die Orientierung auf einen Dialog mit Potsdamer Teilnehmern ausgesprochen".[9] Jedoch bemängelte die Staatssicherheit, dass dieser „bei den Veranstaltern nicht zu den erwarteten Handlungen geführt" habe.[10]

Gleichzeitig leiteten MfS und VP „abgestimmte Maßnahmen" ein. Damit wurde versucht, den „Zulauf" so zu minimieren, „daß die Anreise mehrerer Gruppen aus anderen Bezirken durch vor Ort realisierte vorbeugende Maßnahmen verhindert wurde".[11]

Wie diese Maßnahmen konkret aussahen, wird unter anderem in einer internen Information des MfS erläutert:

> „Die abgestimmten und im Zusammenwirken mit der DVP[12] eingeleiteten und durchgesetzten Maßnahmen haben sich bewährt und gewährleisten, daß jederzeit die Lage sachlich beurteilt und die staatliche Ordnung und Sicherheit garantiert wurde. Vorbeugende disziplinierende Wirkung zeigten eine angemessene Präsenz der Schutz- und Sicherheitsorgane sowie die Zuführung von 6 Personen durch die DVP. Erneut hat sich bestätigt, daß durch die differenzierte Einflussnahme auf Mitglieder des Gemeindekirchenrates und Amtsträger (geschäftsführender Pfarrer) eine schadensbegrenzende Wirkung erreicht werden konnte. Deutlich wurde aber auch, daß die staatlichen Erwartungshaltungen verbindlicher vorzutragen und ihre Durchsetzung zu fordern sind.
> Es wird empfohlen, die Stellvertreter für Inneres zu beauftragen, mit den verantwortlichen Amtsträgern auf Kreis- und Bezirksebene den '1. Potsdamer Antifa-Tag' auszuwerten und unter Hinzuziehung weiterer Beispiele zu fordern, daß zukünftig das Auftreten oppositioneller Kräfte mit gesellschaftsfeindlichen Aussagen unterbunden wird."[13]

---

9 MfS Bezirksverwaltung Potsdam, Information über den Verlauf und wesentliche inhaltliche Aspekte des am 29. Juli 1989 in den Gemeinderäumen der „Erlöserkirchgemeinde" Potsdam durchgeführten „1. Potsdamer Antifa-Tages", MfS Bezirksverwaltung Potsdam, 30. Juli 1989, zitiert nach: Meinel, R. & Wernicke, T. (1990): Mit tschekistischem Gruß – Berichte der Bezirksverwaltung für Staatssicherheit, Potsdam: Verlag Edition Babelturm, S. 108.
10 Ebd.
11 Ebd.
12 Deutsche Volkspolizei, offizielle Bezeichnung.
13 MfS Bezirksverwaltung Potsdam. In: Meinel & Wernicke, 1990, S. 115.

In diesem Papier wird deutlich, dass die Bezirksverwaltung des MfS zu diesem Zeitpunkt bereits ausführliche Informationen über die Potsdamer AktivistInnen gesammelt hatte. So werden die verantwortlichen OrganisatorInnen des Antifa-Tages mit Namen benannt und es wird versucht, diese zu diffamieren und ihnen „antisozialistische Zielsetzungen" zu unterstellen:

> „Vorliegende Erkenntnisse zu den identifizierten Teilnehmern aus Potsdam bestätigen, daß es sich bei diesen um Personen handelt, die regelmäßig an Aktivitäten und Aktionen mit antisozialistischer Zielsetzung teilnehmen, u.a. 'Kontrolle' und weitergehende Handlungen zur Diffamierung der Wahlergebnisse in Potsdam, Proteste gegen die Maßnahmen der KP Chinas zur Niederschlagung des konterrevolutionären Putsches sowie Proteste gegen die Rekonstruktionsmaßnahmen in der Potsdamer Innenstadt."[14]

Fallbeispiel: Kundgebung zum Tag der Opfer des Faschismus in Potsdam am 10. September 1989

Seit dem 9. September 1945, initiiert durch den Hauptausschuss der Opfer des Faschismus, fand alljährlich am zweiten Sonntag im September in vielen DDR-Städten eine Mahn- und Gedenkkundgebung statt für die Opfer des Faschismus (OdF). Im Zentrum der Ehrung standen die „Toten Helden des antifaschistischen Kampfes". Nach der vollständigen Zwangsauflösung aller Organisationsstrukturen der OdF/VVN in der DDR[15] im Februar 1953, übernahm die SED-Führung selbst die Organisations- und Deutungshoheit des „Kampftages der Opfer des Faschismus" (OdF-Tag). Er wurde ab diesem Zeitpunkt hauptsächlich zur Selbstlegitimierung des Herrschaftsanspruchs der SED und zur Popularisierung aktuell politischer Ziele der Partei genutzt.

Am 10. September 1989 wollten Mitglieder der Potsdamer Antifa-Gruppe an der Potsdamer Kundgebung „Für die Opfer des Faschismus" teilnehmen. Ein Mitglied der FDJ-Kreisleitung hatte sie im Vorfeld eingeladen. Insgesamt 20 Jugendliche versuchten mit eigenen, selbst gefertigten Transparenten auf das Thema Nazis in der DDR hinzuweisen. Dass dies dem MfS und anderen Sicherheitskräften nicht entgehen würde, davon musste selbstverständlich ausgegangen werden. Dass die Behörden diese Aktion dann aber – an diesem Tag und an diesem Ort – mit kompromissloser Härte unterbinden würden, hätte die Gruppe nicht für möglich gehalten. Schon auf dem Weg zur Kundgebung

---

14 MfS Bezirksverwaltung Potsdam. In: Meinel & Wernicke, 1990.
15 Dieser Schritt wurde damit begründet, dass das Vermächtnis der antifaschistischen Widerstandskämpfer in der DDR erfüllt sei.

wurden einzelne Personen der Antifa-Gruppe von der Volkspolizei aufgehalten, durchsucht, „zur Klärung des Sachverhaltes" verhaftet und ins Volkspolizeikreisamt (VPKA) Potsdam gebracht.

Der Leiter der MfS-Kreisdienststelle, Oberst Puchert, berichtet am 10. September 1989, die eingesetzten Sicherungskräfte hätten um 09.50 Uhr festgestellt,

„daß sich unter den Aufstellung nehmenden Kundgebungsteilnehmern eine Gruppe von Jungerwachsenen mit z.T. dekadentem Äußeren aus verschiedenen Richtungen kommend, ansammelte. Diese Personengruppe hielt sich zu diesem Zeitpunkt etwa 50 m von der Rednertribüne entfernt auf und bewegte sich in diese Richtung. [...] Durch die eingesetzten Sicherungskräfte wurde diese Personengruppe, die sich bis zum Beginn der Kundgebung um 10.00 Uhr bis auf 15 m der Rednertribüne genähert hatte, unter Kontrolle genommen. Ordner der Partei und weitere gesellschaftliche Kräfte waren aufmerksam geworden und unterstützten die Genossen der Schutz- und Sicherungsorgane in ihrem Bemühen, die Personengruppe unter Kontrolle zu halten und zu umstellen. [...] Gegen 10.30 Uhr [unternahm] ein bisher nicht identifizierter Jungerwachsener aus dieser Gruppe den Versuch, ein [...] Transparent [..] mit der Aufschrift 'Warnung! Neonazis auch in der DDR' zu entfalten und öffentlich zu zeigen. Gleichzeitig traten Einzelpersonen aus dieser Gruppe mit unverständlichen Zwischenrufen störend in Erscheinung. Durch einheitliches entschlossenes und sofortiges Handeln der Sicherungskräfte und gesellschaftlicher Kräfte konnte das vollständige Entfalten und öffentliche Zeigen des Transparents unterbunden werden. Dabei wurde das Transparent in drei Teile zerrissen. Einheitlich handelnd gingen die Sicherungskräfte, die Ordner der Partei sowie weitere gesellschaftliche Kräfte und umstehende Bürger sofort dazu über, die Personengruppe zu isolieren und zum Rand des Kundgebungsplatzes abzudrängen. [...] Durch Kräfte der VP wurden 15 Jungerwachsene (Anlage) in der Friedrich-Ebert-Str. außerhalb des Kundgebungsortes festgestellt und zur Klärung des Sachverhaltes zum VPKA zugeführt."

Diese bürokratisch-emotionslose Schilderung von Oberst Puchert wird durch die Schilderungen beteiligter Antifas vom Kopf auf die Füße gestellt. Und man versteht schnell, was sich hinter Formulierungen wie „unter Kontrolle halten" oder „einheitliches entschlossenes und sofortiges Handeln" verbirgt.

„Ich saß auf dem Boden. Es entstand Getümmel. Sicherheitskräfte und Kundgebungsteilnehmer sprangen auf uns drauf. Ich kullerte zur Seite. Als ich aufstehen wollte, bekam ich einen Tritt in den Magen. Ich sah, wie andere mit Knüppeln geschlagen wurden. Hilferufe wurden laut. Ein großes Durcheinander, viele wurden umgestoßen. Unter Tritten und Hieben wurden die Beteiligten hochgezogen und durch die Menschenmenge vom Platz gezerrt. Es war wie ein Spießrutenlauf. Die Menschen am Rande schlugen auf uns, beschimpften uns („Schweine", „Macht, daß ihr wegkommt", „Nazis", „Verbrecher", „Assis", „In den Knast mit euch", „Haut bloß ab", usw.). Ich hatte total weiche Knie und habe geweint. Am Rande des Platzes wurden wir angeschrien. Unser Versuch, unser Anliegen zu erklären, wurde kaum angehört. Wir wurden aufgefordert, falls wir Beschwerden hätten, zu den bereitstehenden Polizeiwagen zu gehen. Ich erlebte diese Aufforderung als sehr zynisch. In einer Nebenstraße wurde ich aufgefordert, zusammen mit anderen Jugendlichen einen W50 zu besteigen. Ca. 15 Jugendliche wurden mit diesem Lkw zur Turnhalle des VPKA gefahren."[16]

Die verhafteten Personen wurden bis in die späten Nachtstunden festgehalten und intensiv verhört. Gleichzeitig wurde versucht, den festgenommenen Personen eine direkte Beteiligung an der Kundgebungs-Aktion nachzuweisen. Auch wurde bemängelt, dass eine „inspirierende Rolle kirchlicher Kräfte [...] bisher nicht nachgewiesen werden"[17] konnte. Außerdem sei es nicht gelungen, einzelne Personen unter den Verhafteten zu RädelsführerInnen zu machen.

Drei Tage später, am 13. September 1989 wird ein Jugendlicher, der bereits bei der Aktion vorläufig festgehalten wurde, erneut verhaftet und in die Potsdamer Dienststelle des MfS in die Otto-Nuschke-Straße gebracht. Gegen ihn wird ein Haftbefehl erlassen und ein Ermittlungsverfahren eingeleitet. Er und ein zweiter Antifa-Aktivist kamen erst durch die Amnestie vom 27. Oktober 1989[18] wieder frei. Darüber hinaus wurden weitere Jugendliche verhaftet und teilweise bis zu 36 Stunden festgehalten und verhört.[19]

Fallbeispiel Potsdam: Unterwanderung durch Inoffizielle Mitarbeiter

Was der Bericht des Leiters der Potsdamer MfS Kreisdienststelle Oberst Puchert über den 10. September noch preis gibt, ist der Sachverhalt, dass das MfS schon im

---

16 Antifa Infoblatt Ostberlin/Umwelt-Blätter (1989): „Bericht über die Ereignisse anläßlich der Kundgebung zum Gedenken an die Opfer des Faschismus am 10.9.1989".
17 MfS Kreisdienststelle Potsdam, Potsdam, 10.09.1989: Information über erfolgte Versuche der Störung der Großkundgebung anläßlich des Internationalen Gedenktages für die Opfer des faschistischen Terrors und Kampftages gegen Faschismus und imperialistischen Krieg in Potsdam, zitiert nach: Meinel & Wernicke, 1990.
18 „Der Staatsrat der DDR fasst den Beschluss, dass Personen amnestiert werden, die vor dem 27. Oktober 1989 Straftaten des ungesetzlichen Grenzübertritts sowie der widerrechtlichen Durchsetzung der Ausreise aus der DDR begangen haben. Das gilt auch für Personen, die vor dem 27. Oktober 1989 Straftaten gegen die öffentliche Ordnung im Zusammenhang mit demonstrativen Ansammlungen begangen haben. Von der Amnestie sind Personen ausgenommen, die bei der Tat Gewalt angewandt oder zu Gewalttätigkeiten aufgefordert, Leben oder Gesundheit von Menschen gefährdet, Waffen mitgeführt oder gefährliche Mittel oder Methoden angewandt haben." Quelle: http://www.ddr89.de/ddr89/chronik/1089/271089.html (abgerufen am 13.1.2017).
19 Erinnerungen Potsdamer AntifaschistInnen (2016), unveröffentlicht.

Feindlich-Negative Antifa?

Vorfeld der OdF-Kundgebung Kenntnisse über die Absichten der Antifa Potsdam und über ein Vorbereitungstreffen im Jugendklubhaus Lindenpark hatte:

> „Die bisher vorliegenden Überprüfung- und Ermittlungsergebnisse bestätigen zu 9 der zugeführten Personen, daß diese teils in abgesprochener Form am 09.09.89 im Jugendklubhaus 'Lindenpark' bzw. in Kenntnis des Vorhabens die Transparente zu entfalten und damit die Veranstaltung zu stören, an dieser Zusammenkunft mitwirkten und somit das sozialistische Zusammenleben im Sinne des § 4 (1) 3 der OWVO störten. Damit liegen die Voraussetzungen zur Einleitung eines Ordnungsstrafverfahrens zu diesen 9 Personen vor. Strafrechtlich relevante Handlungen konnten bisher nicht erarbeitet werden.
> Weiterführende Maßnahmen:
> – Analytische Aufbereitung der durch die Vernehmungen der Abt. 1 des VPKA Potsdam und der Informationen der Abt. 26 mit dem Ziel der Herausarbeitung von Widersprüchen in den einzelnen Aussagen, ihrer Klärung und der weiteren Ermittlung von Organisatoren und Inspiratoren der versuchten Störhandlung,
> – Gezielter IM-Einsatz zur weiteren Präzisierung des Sachverhaltes und weiterer Pläne und Absichten, insbesondere kirchlicher Amtsträger,
> – Vervollkommnung und Qualifizierung der Beweisführung zur konsequenten Rechtsanwendung, insbesondere durch aktive Mitwirkung der Abt. IX."[20]

Dass sich die Antifa Potsdam zu diesem Zeitpunkt bereits im Fokus des MfS befand, ist längst kein Geheimnis mehr. Und mittlerweile ist auch hinlänglich geklärt, dass gleich mehrere Inoffizielle Mitarbeiter des MfS im direkten und weiteren Umfeld der Potsdamer Antifa und der eng mit ihr verbunden Potsdamer Punkszene aktiv waren. Trotz allem ist bemerkenswert, dass das MfS zu diesem Zeitpunkt und trotz des immer wieder befohlenen „gezielten IM-Einsatzes" nicht, oder nicht stärker in der Lage war, intensiver an die Antifa-Gruppe heranzukommen und damit rechtzeitig an Informationen über Aktionen, wie die um die OdF-Kundgebung, zu gelangen, um derartige Aktionen schon im Vorfeld zu verhindern. Grundsätzlich gelang es dem MfS, nach jetzigem Wissenstand, offensichtlich auch nur einmal, einen IM direkt in der Antifa-Gruppe zu platzieren. Das allerdings lag im September 1989 auch schon zwei Jahre zurück.

Etwa Mitte der Neunzigerjahre fanden sich in persönlichen Geheimdienstakten Potsdamer Antifa-AktivistInnen Hinweise, dass ihr jahrelanger Mitstreiter Karsten Heinrich[21] für das MfS tätig war. Während einer Aktenrecherche in der Behörde des Bundesbeauftragten für die Unterlagen des MfS (BStU) im Jahr 1999 wurde dann auch dessen Akte IM Hansi[22] gefunden.

---

20 Ebd.
21 Der Name Karsten Heinrich ist ein Pseudonym.
22 Registrierung-Nummer IV 423/86.

Demnach traf sich Karsten Heinrich, alias IM Hansi, regelmäßig mit seinem Führungsoffizier Oberleutnant Falk[23] und berichtete über die Punkszene, Aktionen und Veranstaltungen der DDR-Opposition und letztendlich auch über Aktionen der Antifa-Gruppe; denunzierte FreundInnen und MitstreiterInnen. Dafür wurde IM Hansi schon früh angeworben. Bereits 1985 war das MfS, „im Rahmen der Bearbeitung negativ-dekadenter Jugendgruppierungen im Bereich Potsdam/Stadt (1985 OPK[24] Igel)" auf ihn aufmerksam geworden.[25] Zu der Zeit gehörte er bereits zum festen Kern der örtlichen Punkszene. 1987 unterzeichnete er eine Verpflichtungserklärung. Mit Gründung der Antifa-Gruppe saß das MfS sogleich unmittelbar mit im Boot und konnte aus erster Hand Informationen abschöpfen. Als Gegenleistungen für seine Spitzeltätigkeit erhielt er Vergünstigungen und regelmäßige Geldzahlungen.

Fallbeispiel Potsdam: Verhinderte Flugblattaktion

In den Nachtstunden vom 5. auf den 6. November 1987 brachten AktivistInnen der Potsdamer Antifa, wie oben erwähnt, an diversen Stellen der Stadt selbst gefertigte Flugblätter mit antifaschistischen Parolen an Häuserwänden an. Initiator der Aktion und aktiv beteiligt war auch IM Hansi. Die Idee entstand bereits um den 25. Oktober. Auslöser war der Naziüberfall auf das Konzert in der Berliner Zionskirche. Bemerkenswert ist, dass IM-Hansi seinen Führungsoffizier über diese Aktion, die eine längere Vorbereitungszeit beanspruchte, nicht informierte. Hier wird ein gewisser Zwiespalt in seinen Handlungen deutlich, die das MfS in seiner IM-Akte immer wieder als „Unehrlichkeit" und „Unzuverlässigkeit" erwähnt und die letztendlich auch als Grund für seine „Abschaltung" genannt wird. Zum einen informierte IM-Hansi seinen Führungsoffizier vorher nicht über die Aktion, um seine an der Aktion beteiligten „Kumpels" nicht zu verpfeifen. Gleichzeitig berichtete er kurz darauf dem MfS in mehreren Befragungen ausführlich, minutiös und detailreich, über Vorbereitung und Durchführung der Aktion und nannte die Namen aller beteiligten Personen.

---

23 Falk war der Deckname des Stasi-Offiziers.
24 Als Operative Personenkontrolle (OPK) wurden vom MfS Überprüfungen von Personen und die damit verbundene Informationsbeschaffung bezeichnet. Ziel war es, so genannte feindlich-negative Handlungen frühzeitig zu erkennen und zu verhindern.
25 KD Potsdam, 26.05.1987: Vorschlag zur Umregistrierung des IM-Vorlaufes Hansi zum IMS-Vorgang, aus IM-Vorgang IV 423/86 „Hansi", BStU 000129.

Doch zurück zur Aktion. Die Antifas trafen sich am Abend des 5. November im Potsdamer „Kaffee Heider" zu letzten Absprachen. Auch darüber informierte der IM seinen Führungsoffizier nicht. Am 6. November, gegen zwei Uhr in der Nacht, begann die kleine Gruppe Antifa-AktivistInnen 50 mit Schreibmaschine geschriebene Flugblätter im Potsdamer Stadtgebiet zu verkleben. Zum Teil übermalten sie Naziparolen mit Farbe und brachten eigene Farbparolen an. Während der Aktion wurde eine Nachtstreife der Potsdamer Volkspolizei auf die Antifas und die verklebten Flugblätter aufmerksam: „Plötzlich sahen wir in der Gutenbergstraße, in Höhe Otto-Nuschke-Straße, [...] eine VP-Streife. Meiner Meinung nach hat sie uns beim Ankleben des Plakates gesehen und kam langsam uns entgegen. Wir ergriffen die Flucht und rannten, die Dortustraße benutzend zur Wilhelm-Pieck-Straße. [...] Der Streifenpolizist lief weiter in unsere Richtung. Unserer Meinung nach verfolgte er uns." Die Antifas bogen daraufhin in eine Querstraße und versteckten sich in einem unverschlossenen Hausflur. „Da nach zehn Minuten kein Polizist mehr zu sehen war, liefen wir die Yorkstraße in umgekehrter Richtung."[26] Danach wurde noch eine Weile weiter plakatiert. Insgesamt wurden 35 der 50 Flugblätter angebracht und alle beteiligten AktivistInnen konnten die Aktion ohne weitere Zwischenfälle zu Ende bringen. Allerdings stellte Karsten Heinrich, alias IM Hansi, schon kurze Zeit später fest: „Diese Aktion brachte jedoch nicht den von mir und den andern Beteiligen Personen erhofften Erfolg".[27] Stattdessen wurden in der Gruppe intensive Überlegungen angestellt, wie die Bevölkerung mit „legalen Mitteln" über die Existenz und das brutale Auftreten von Skinheads informiert werden könnte. Zudem beschloss die Gruppe nach einer Zusammenkunft am 26. November 1987 im Potsdamer Civilweisenhaus, einer Einrichtung der evangelischen Kirche, auf dringendes Anraten des dortigen Pfarrers, dass man derartige „illegale Aktionen" bei „Nacht und Nebel" zukünftig sein lassen werde. Stattdessen wolle man „in Zukunft mit legalen Mitteln vorgehen". Und es wurde dort beschlossen, sich offiziell an die FDJ-Kreisleitung Potsdam und an die Tageszeitungen zu wenden, um diese für ihr Anliegen zu gewinnen.[28] Demgegenüber bewertet ein Antifa-Aktivist aus heutiger Sicht die Flugblatt-Aktion als Erfolg: „Wir konnten drei Stunden lang

---

26 Befragungsprotokoll des Karsten Heinrich durch ein Untersuchungsorgan der DDR, gem. §95 StPO vom 10.11.1987/BstU.
27 Befragungsprotokoll des DDR-Bürger Heinrich, Karsten, Potsdam, den 8.12.1987/ BstU.
28 Ebd.

unbehelligt durch die halbe Innenstadt ziehen und die Aktion eigenständig beenden, ohne dass wir aufs Polizeirevier geführt wurden."[29]

In Folge der Flugblattaktion fanden am 6., 10. und 12. November Treffen zwischen IM Hansi und seinem Führungsoffizier Falk statt. Bei den letzten beiden Besprechungen war außerdem ein Hauptmann Herold von der Abteilung IX des MfS anwesend, die für Strafverfolgung zuständig war. Hierbei wurde der IM ausführlich zu der Aktion vom 5. und 6. November befragt.[30] Vom letzten Treffen wurde ein ausführliches Protokoll angefertigt. Auf 13 Schreibmaschinen-Seiten schilderte IM Hansi bereitwillig und detailliert Beweggründe, Organisation und Ablauf der Aktion. Zudem denunzierte er alle beteiligten Personen, indem er ihre Namen nannte und über ihre Handlungen vor, während und nach der Aktion berichtete.[31]

Allerdings hatte sich die Gruppe vor der Aktion darauf geeinigt, bei Polizeiverhören alles auszusagen, um niemanden zum Rädelsführer zu machen und der Gefahr einer besonders hohen Strafe auszusetzen.[32] Zudem gibt Karsten Heinrich in einem Brief aus dem Jahr 2016 an diejenigen, „die durch mich verletzt worden sind", rückblickend Aufschluss darüber, wie er das MfS und seinen Führungsoffizier Falk kennenlernte:

> „In meinem engsten Familienkreis arbeiteten u.a. zwei nahe Verwandte bei der Volkspolizei, ein anderer war Politoffizier bei der NVA. Meine ersten Lebensjahre verbrachte ich in einer Siedlung, in der viele Funktionäre einer Bezirksparteischule der SED lebten. [...] Als mir das erste Mal die Stasi als Person begegnete, war das für mich kein Fremder, nichts Monströses. Alles an ihm kam mir vertraut vor. Die Sprache, Habitus und Gestik. Genau wie die Männer aus der Nachbarschaft, die ich kannte. Nur freundlicher, netter, zugewandter, attraktiver."[33]

Er beschreibt aber auch seine Beweggründe, die Flugblattaktion nicht verraten zu wollen und warum es Überwindung kostete, sich vom MfS loszusagen:

> „So naiv konnte nicht mal ich sein, dass ich nicht mitbekommen hätte, was da läuft. Es entstand natürlich ein Konflikt, zwischen meinem Leben und der Stasischeiße. Und trotzdem hatte ich nicht einfach so die Kraft zu sagen: 'So Falks heute ist's ge-

---

29 Zitiert nach: Erinnerungen Potsdamer AntifaschistInnen (2016), unveröffentlicht.
30 KD Potsdam, 12.11.1987, Treffbericht, IMS Hansi, abgelegt in der Akte IMS Hansi, Band 2, Reg.-Nr. IV 423/86, BStU 000095 bis 000099.
31 Befragungsprotokoll des H., Kai, abgelegt in der Akte IMS Hansi, Band 1, IM-Vorgang, Reg.-Nr. IV 423/86, BStU 000134 bis 000146.
32 Erinnerungen Potsdamer AntifaschistInnen (2016), unveröffentlicht.
33 Brief von Karsten Heinrich, alias IM Hansi, an seine ehemaligen MitstreiterInnen von der Antifa Potsdam, 2016, unveröffentlicht.

nug. Ich treffe mich nicht mehr mit dir, rede nicht mehr mit dir.' [...] Die perverseste Drohung war tatsächlich die, wenn ich nicht mehr mitmachen würde, würden sie es durchsickern lassen, dass ich IM bin. Ein sich selbst ernährendes Ungeheuer. Ich habe dann versucht nur 'harmlose Sachen' zu berichten. Eine Selbsttäuschung. Dann kam es zu unserer ersten Flugaktion in Potsdam. Natürlich habe ich davon nichts im Vorfeld berichtet, sonst wäre sie einfach nicht zu Stande gekommen. Ab diesem Moment hat sich ein Teil meines Lebens geändert. Durch die Stärke und Kraft, die ich in dieser Zeit durch uns kennengelernt habe und auch durch die Liebe habe ich die Kraft und den Mut gefunden Nein zu Falk zu sagen, zur Stasi zu sagen. Was bleibt? Die Scham, der Selbstekel, die Schuldgefühle, die Wut darüber missbraucht und ausgenutzt zu sein."[34]

Fallbeispiel Dresden: Flugblätter

Ähnlichen Bespitzelungen waren auch andere Antifa-Gruppen ausgesetzt, wie aus Funden im Aktenbestand der BStU hervorgeht. Diese spiegeln auch das Ausmaß der staatlichen Paranoia wider. Am 4. November 1987 berichtete der Leiter der Abteilung XX[35] des MfS im Bezirk Dresden, Oberst Tzscheutsch-

---

34 Ebd.
35 Hauptabteilung XX (HA XX) des Ministerium für Staatssicherheit: Die wesentlichen Aufgabenbereiche der Abteilung XX umfassten: Aufdeckung und Bekämpfung „politisch-ideologischer Diversion und politischer Untergrundtätigkeit"; Sicherung zentraler Organe und Einrichtungen des Staatsapparates; Sicherung der Führungsgremien der Parteien (ohne SED) und Massenorganisationen; Mitwirkung an der Durchsetzung der offiziellen Jugendpolitik; Aufklärung und Bearbeitung von Vorkommnissen „staatsfeindlicher Hetze"; Sicherung zentraler Sporteinrichtungen und Abwehrarbeit im Leistungssport; Aufklärung, Bearbeitung, Sicherung der Kirchen und Religionsgemeinschaften [im Sprachgebrauch des MfS auch häufig als „Verhinderung des Mißbrauchs der Kirchen" gekennzeichnet]; Sicherung der zentralen Massenmedien (Fernsehen, Rundfunk, Presse, Verlage); Mitwirkung an der Durchsetzung der Kulturpolitik der SED und Sicherung zentraler Einrichtungen und Objekte auf dem Gebiet der Kultur; Sicherung zentraler Einrichtungen des Bildungswesens (Ministerium für Volksbildung bzw. für Hoch- und Fachschulwesen); abwehrmäßige Arbeit im und nach dem Operationsgebiet (vor allem Bundesrepublik und Berlin-West) gegen „Zentren der PUT" und unter Anhängern „alternativer Gruppierungen"; Sicherung von Einrichtungen und Betrieben der SED Führung von IM und Einsatz von OibE, zitiert nach: Wiedmann, R. (2012): „Die Diensteinheiten des Ministeriums für Staatssicherheit (MfS) 1950–1989", Eine organisatorische Übersicht, Anatomie der Staatssicherheit (MfS-Handbuch), Berlin: BStU.

ler[36], dem Leiter der Bezirksverwaltung, Generalmajor Böhm[37], über eine Flugblattaktion. Darin wird berichtet, dass es im Stadtgebiet Dresden „seit dem 30.10.1987 zur Verteilung von Flugblättern einer 'Antinaziliga'"[38] gekommen sei. Danach werden minutiös die Inhalte sowie Orte und Zeiten aufgeführt, an denen die Flugblätter aufgefunden wurden; weiter heißt es in dem Bericht, dass eine Rücksprache mit der Abteilung XX der Bezirksverwaltung Berlin ergeben hätte, wonach in Berlin gleiche Flugblätter aufgetaucht seien: „ca. 35 Exemplare am 03.11.87 in Hausbriefkästen im Bereich Schönhauser Allee eingeworfen".[39] Auch in Berlin habe es keine Erkenntnisse über die Hersteller und über eine Anti-Nazi-Liga gegeben. Allerdings wurde bestätigt, „daß es am 17.10.1987 tatsächlich im Zusammenhang mit einem Konzert in der Berliner Zionskirche zu diesen [...] Vorkommnissen kam"[40], die im besagten Flugblatt beschrieben waren.

Das MfS reagierte mit Überwachung: „Aufklärung der Hersteller und Verbreiter dieses Flugblattes" sowie die „vorbeugende Verhinderung der weiteren Verbreitung". Um das zu erreichen, wurde der Einsatz von zwei IM „zur Klärung des Verdachts, daß Mitglieder der Gruppe Wolfspelz (OV Werkstatt) an der Herstellung und Verbreitung beteiligt waren", vorgeschlagen.[41] Außerdem sollte das Referat Schriftenfahndung der Abt. XX prüfen, ob das Schriftbild dem eines Flugblattes der Gruppe zum Olof-Palme-Friedensmarsch[42] ähnele. Weiterhin sollten die Personalien einer namentlich bekannten Person besorgt werden, die in Berlin Flugblätter verteilt hatte. In Dresden sollte die „Identifizierung der

---

36 Oberst Ernst Tzscheutschler (geb. 1929) war seit 1952 Mitarbeiter des MfS. Zwischen 1957 und 1986 war er stellv. Leiter bzw. Leiter der MfS-Kreisdienststellen von Görlitz, Sebnitz und Bautzen. Ab 1968 bis zu seiner Invalidisierung im Jahr 1990 war er Leiter der Hauptabteilung XX der Bezirksverwaltung des MfS in Dresden. Quelle: Auerbach, T. & Weber, G. (2014): Genossen, wir müssen alles wissen! DDR-Alltag im Spiegel der Stasi-Akten. Ein Lesebuch. Berlin: Lukas Verlag.

37 1981 bis 1989 bis zur Auflösung des MfS und seiner Entlassung war Horst Böhm im Range eines Generalmajors der letzte Leiter der Bezirksverwaltung des MfS in Dresden. Zitiert nach: Giesecke, J. (2012): Wer war wer im Ministerium für Staatssicherheit" (MfS-Handbuch), Berlin: BStU.

38 Bericht des Leiters der Abt. XX Dresden an den Leiter der BV Dresden über „Verteilung von Flugblättern der Antinaziliga", Dresden, den 4.11.1987.

39 Ebd.

40 Ebd.

41 Ebd., OV (Operativer Vorgang).

42 Der Olof-Palme-Friedensmarsch war eine drei Länder übergreifende Friedens-Demonstration. Siehe dazu Neubert, 2000, S. 690ff.

Verteiler (Gruppe der Jugendlichen an der Rankestr. und weibliche Person in Dresden-Nord)" erreicht werden, unter anderem „durch Erarbeiten eines Bildprotokolls mit den Bürgern, die das Flugblatt direkt ausgehändigt erhielten".[43] Letztendlich sollten alle Informationen an die Hauptabteilung XX und die Bezirksverwaltung Berlin, Abt. XX über die Verbreitung des Flugblattes in Dresden gegeben werden, gebündelt in einer „Operativinformation an alle operativen Diensteinheiten und Kreisdienststellen des Bezirkes Dresden zur Information und zur aktiven Mitarbeit bei der Identifizierung weiterer Verbreiter und damit im Zusammenhang der Hersteller des Flugblattes".[44]

Fallbeispiel Ostberlin: Anwerbeversuch

Auch aus Berlin gibt es Berichte von IM, die Antifas ausleuchteten. Am 15. August 1989 wurde ein Bericht in die Zentrale Materialablage des MfS aufgenommen.[45] Darin wird über eine „interne Zusammenkunft der Mitglieder der antifaschistischen Gruppe der Kirche von Unten" berichtet. Diese „Zusammenkunft" fand laut MfS-Bericht am 9. August 1989 von 20.00 bis 22.35 Uhr statt. Anwesend waren ca. 25 Personen, unter denen sich auch operativ bekannte Personen befanden, zeitweise auch der Konsistorialpräsident der Berlin/Brandenburgischen Kirche, Manfred Stolpe. Der Verfasser des Berichtes stellt fest, dass während der Zusammenkunft „keine vorbereiteten Predigten, Reden bzw. Vorträge gehalten und keine thematische Arbeit geleistet" wurde:

> „Die Teilnehmer, zum überwiegenden Teil Punks, saßen zwanglos zusammen und nahmen alkoholische Getränke zu sich. [...] Zum käuflichen Erwerb (Preis 2,- M) lag das erstmals erscheinende 'Antifablatt' der Gruppe, das sich mit angeblichen faschistischen Tendenzen in der DDR befaßt, aus. [...] Von der Zusammenkunft ging keine Öffentlichkeitswirksamkeit aus. Journalisten wurden nicht festgestellt."[46]

---

43 Bericht des Leiters der Abt. XX Dresden an den Leiter der BV Dresden, über „Verteilung von Flugblättern der Antinaziliga", Dresden den 4.11.1987.
44 Ebd.
45 Registrierung-Nummer ZMA 2039.
46 Bericht MfS (gez. 10.8.89/15.8.89) über Zusammenkunft der Mitglieder der „antifaschistischen Gruppe der Kirche von Unten, am 9.8.1989 in den Räumen der Elisabeth-Gemeinde", ZMA 2039, Kopie BStU.

Abschließend wird die „Beschaffung des 'Antifainfoblattes' und eine „politisch-operative sowie rechtliche Wertung des Inhalts" angeordnet sowie die Einleitung weiterer Ermittlungen, „in Abhängigkeit vom Ergebnis"[47].

Wie diese aussahen, erfuhren die Ostberliner Antifas wenig später. So kam es, neben der Bespitzelung durch bereits aktive IM, nun zu direkten Anwerbeversuchen durch das MfS innerhalb der Gruppe. Das Ministerium versuchte gleichzeitig die Aktivitäten einzudämmen, unter anderem mit disziplinarischen Maßnahmen gegen Mitglieder, die in ihren Betrieben bzw. ihrer Berufsschule über Naziaktivitäten und über die Antifa informieren wollten.

Ein Beispiel: Im Juli 1989 war die erste Ausgabe des Antifa-Infoblatt Ost erschienen. Der damals 17-jährige Clemens Fischer[48], Mitbegründer der Antifa-Gruppe Ostberlin, hängte einen darin abgedruckten Artikel des DDR-Publizisten Konrad Weiß zu neofaschistischen Tendenzen in der DDR an die Wandzeitung[49] seiner Ausbildungsstätte im Kombinat NARVA. Dies rief sofort die Betriebsleitung und das MfS auf den Plan. Die aufgehängten Blätter wurden unverzüglich entfernt und Clemens Fischer schon einen Monat später zu einer Aussprache bestellt, an der neben dem Leiter der Ausbildungsstätte und seinem Lehrmeister auch der „Leiter der Betriebssicherheit" teilnahm.

In einem Protokoll[50] vom 15. August 1989, das auch Eingang in die Stasiakte von Clemens Fischer (OPK „Werkzeug"[51]) fand, berichtete der Leiter der Betriebssicherheit, Dieter L., ausführlich über die Beweggründe des Lehrlings. Er hätte „an seinem Arbeitsplatz in der Abt. Werkzeugbau des Betriebes [...] die anderen Kollegen zum Nachdenken anregen und wachrütteln" wollen, „da er der Meinung ist, daß sich in dieser Abteilung über derartige Probleme, wie die Existenz der

---

47 Ebd.
48 Der Name wurde vom Autor geändert.
49 Eine Wandzeitung ist eine zu einem bestimmten Thema zusammengestellte Informationsquelle in Form von Zeitungsausschnitten und Artikeln, die an einer Wand angebracht werden. Wandzeitungen wurden zunächst in der noch jungen Sowjetunion genutzt und verbreiteten sich schnell auf alle sozialistischen Länder. In der DDR befanden sich Wandzeitungen vor allem in Schulen und Universitäten, meist an zentraler Stelle und in allen Klassenräumen. Wandzeitungen hingen aber auch in vielen Betrieben und öffentlichen Einrichtungen.
50 VEB NARVA „Rosa Luxemburg", Leuchtenbau Berlin, den 15.8.1989, Abt. Betriebssicherheit, Protokoll über eine Aussprache mit dem Lehrling Fischer, Clemens, OPK „Werkzeug".
51 Am 21. September 1989 legte die MfS Kreisdienststelle Berlin-Friedrichshain die Operative Personenkontrolle (OPK) „Werkzeug" gegen Clemens Fischer an.

Skinheads und rechtsradikaler Kräfte niemand Gedanken macht". Dieter L. protokollierte ausführlich dessen kritische und ablehnende politische Einstellung gegenüber der FDJ/SED, DDR-Wehrpflicht und dem DDR-Bildungssystem. Er stellte fest, dass Clemens Fischer die „Ursachen für die Existenz von Skinheads und anderen rechtsradikalen Kräften in unserem unzureichenden Bildungssystem begründet" sehe: „Die Ausbildung zielt darauf ab, daß die Menschen alles glauben, was Partei und Regierung in den Medien veröffentlichen, obwohl es unwahr ist." An anderer Stelle protokollierte er dessen Überzeugung, „daß 80 Prozent aller DDR-Bürger ausländerfeindlich eingestellt" seien. „Er [Clemens Fischer] hätte im eigenen Bekanntenkreis Fälle von Ausländerdiffamierung erlebt. Auch die würde unser Staat dulden." Für Clemens Fischer bestehe eine „besondere Notwendigkeit" zur „Bildung von Antifa-Gruppen, da der Staat und seine Organe nicht in der Lage oder nicht bestrebt sind, mit der notwendigen Konsequenz gegen neofaschistische Gruppierungen aufzutreten". Mehrfach betonte er, dass Clemens Fischer offensichtlich „stark konfessionell gebunden" sei und „sehr engagiert für die Interessen der Kirche" eintrete.

Zu diesem Zeitpunkt war der Lehrling dem MfS schon bekannt. Bereits am 6. April 1989 hatte der Gesellschaftliche Mitarbeiter Sicherheit (GMS)[52] „Brigitte" berichtet, dass Clemens Fischer der Schulleitung der Ausbildungsstätte von NARVA einen Vorschlag „zum Anfertigen einer öffentlichen Wandzeitung zum Thema Skinheads in der DDR" unterbreitet habe.[53]

Kurz danach erschien das MfS im Betrieb und Clemens Fischer wurde zu einer zweiten Aussprache vorgeladen, diesmal in Anwesenheit der Kaderleiterin. Dieses Treffen dokumentierte das MfS in einem handschriftlichen „Vermerk zum geführten Gespräch mit dem Jugendlichen Fischer"[54]. Darin boten die Mitarbeiter des MfS die Zusammenarbeit gegen „jegliche fasch., rass. u. nationalistische

---

52 Gesellschaftlicher Mitarbeiter für Sicherheit (GMS) bezeichnete im Ministerium für Staatssicherheit diejenigen inoffiziellen Mitarbeiter, die offen staatsloyal auftretend Informationen sammelten. Siehe Suckut, S. (1996): Das Wörterbuch der Staatssicherheit. Definitionen zur „politisch-operativen Arbeit". Berlin: Ch. Links, S. 145. Müller-Enbergs, H. (2016): Gesellschaftlicher Mitarbeiter für Sicherheit. In: R. Engelmann, B. Florath, H. Heidemeyer, D. Münkel, A. Polzin & W. Süß (Hrsg.): Das MfS-Lexikon. Begriffe, Personen und Strukturen der Staatssicherheit der DDR. Berlin: Ch. Links, S. 108.

53 KD Friedrichshain, Berlin 11.05.1989, Information des GMS „Brigitte" zu einem Lehrling der BBS NARVA, Fischer, Clemens.

54 KD Prenzlauer Berg, Referat 4, Berlin, 31.08.1989 „Vermerk zum geführten Gespräch mit dem Jugendlichen Fischer, Clemens."

Tendenzen unter Personengruppen in der DDR"⁵⁵ an – ein Anwerbeversuch. Ein weiterer Gesprächstermin wurde vereinbart, doch zu diesem kam es nicht. Clemens Fischer offenbarte sich umgehend seiner Antifa-Gruppe. Und so musste das MfS in einem Vermerk festhalten, dass „zum vereinbarten Gesprächstermin am 02.10.89, 15.00 [...] der Jugendliche Fischer nicht erschienen"⁵⁶ war.

Bereits am 6. September 1989 war vom MfS gegen Clemens Fischer die OPK „Werkzeug" eingeleitet worden. Zuständig war die Kreisdienststelle Berlin-Friedrichshain. Als verantwortlicher „Operativer Mitarbeiter" fungierte ein Unterleutnant M. In der Begründung für die Maßnahme heißt es:

> „OPK-Person versucht, mittels negativer Handlungen Lehrlinge aus seiner BBS zur Wehrdienstverweigerung mit Waffe zu bewegen. Ist Mitunterzeichner einer an die chinesische Botschaft übergebenen Protestresolution in der man die 'Angriffe auf die Studenten durch den chinesischen Staat' verurteilt. Verleumdet öffentlich die DVP vor Lehrlingen seiner BBS. Lehnt selber den Wehrdienst mit der Waffe aus Glaubensgründen ab."⁵⁷

Zielstellung der OPK war die „Aufklärung des Zieles und der Gründe sowie des Erkennens des Motivs, von welcher sich die OPK-Person zu seinen Handlungen leiten läßt, sowie die vorbeugende Verhinderung von möglichen feindlich-negativen Handlungen."⁵⁸ Eingesetzt wurden die GMS „Walther", „Bauer", „Brigitte" und ein IM der HVA, letzterer hauptsächlich aufgrund von Kontakten zu einem Bruder der Mutter in der BRD.⁵⁹

Im Einleitungsbericht der OPK heißt es: „Die Kontrollperson verfügt über Ansatzpunkte, die die Gefahr des Mißbrauchs durch den Gegner bieten."⁶⁰

Zu den „Maßnahmen", die das MfS einleitete, gehörten u.a. die (1.) „Prüfung welchen Umgangskreis die Kontrollperson in der BBS hat und ob die Möglichkeit der Schaffung einer Kontaktperson aus diesem Umfeld möglich ist."; (2.) „Prüfung von operativen Informationen und Möglichkeiten des Ref. TS/KD, BO/KD und Abteilung XX über Ref. AI/KD, ob inoffizielle Möglichkeiten bestehen oder Personen vorhanden sind, die im Arbeits- oder Freizeitbereich Kontakte zur Kontrollperson aufnehmen können."; (3.) „Wohngebietsermittlung mit dem Ziel,

---

55 Ebd.
56 Ebd.
57 BV Berlin, KD Friedrichshain, 06.09.1989, OPK „Werkzeug", Reg.-Nr. XX 1916/89.
58 Ebd.
59 Die Hauptverwaltung Aufklärung (HVA) war der Auslandsnachrichtendienst der DDR und gehörte zum MfS.
60 BV Berlin, KD Friedrichshain, 06.09.1989, OPK „Werkzeug", Reg.-Nr. XX 1916/89.

Hinweise auf das Freizeitverhalten sowie zum Umkreis und Familienverhältnissen zu erhalten"; (4.) „M-Fahndung[61] zur Feststellung operativ-interessanter Verbindungen"; (5.) „Prüfung der Möglichkeit konspirativ Handschriftenmaterial der Kontrollperson zu beschaffen und Einspeichern in den Schriftspeicher der Abteilung XX" und (6.) „Postüberwachung".

Dadurch gelangte das MfS an einen Brief, den Fischer am 30. August 1989 im Auftrag der Antifa-Gruppe Ostberlin an das Westberliner Antifaschistische Infoblatt schrieb. Das MfS kopierte den Brief und sendete das Original anschließend weiter. Es war einer der ersten Versuche, direkten Kontakt zur Westberliner Antifa herzustellen. Ein zuvor zugespieltes Exemplar des Antifa-Infoblatt (Ost) wurde im Antifaschistischen Infoblatt (West, Nr. 9/1989) teilweise nachgedruckt. In diesem Brief bat die Ostberliner Antifa um persönliche Kontakte und nannte mögliche Treffpunkte und Termine in der Ostberliner KvU und der Umweltbibliothek. Das MfS vermerkte dies mit einer knappen Notiz auf der Karteikarte: „Kirche von Unten Verb. Aufn."[62]

Am 25. September 1989 gab die Bezirksverwaltung Berlin dann eine Arbeitsinformation zur OPK „Werkzeug" heraus. Dass Clemens Fischer ein aktiver Besucher der KvU und zudem Antifa-Mitglied sei, machte ihn sogar für die Berliner Bezirksverwaltung des MfS zu einer wichtigen Zielperson. Außerdem heißt es darin: „Diese Antifa-Gruppe ist nach bisherigen Informationen d. HA XX eine von außen gesteuerte Organisation"[63]; sie sei also von der BRD aus gelenkt.

Neben der beschriebenen und danach fortlaufenden Überwachung sollte der hauptamtliche FDJ-Sekretär im Kombinat NARVA angewiesen werden, „mit Fischer ein vertrauensvolles Gespräch zu führen [...] um ihn von seinem genannten Vorhaben abzubringen als Antifa-Gruppe auftreten zu wollen".

---

61 M-Fahndung: Postkontrolle durch die Abteilung M des MfS. Die Abteilung M unterstand dienstrechtlich der Hauptabteilung II (Spionageabwehr) und war zuständig für die umfassende Kontrolle des gesamten DDR-Postverkehrs (in die DDR, aus der DDR, innerhalb der DDR). Sollte sie ursprünglich zur Entlarvung von westlichen Agenten beitragen und auch der Auslandsaufklärung zuarbeiten, wurde sie nach dem Mauerbau 1961 immer mehr gegen die eigene Bevölkerung eingesetzt, weshalb vor allem auch die Hauptabteilung XX verstärkt auf die Dienste der Abteilung M zurückgriff.

62 BV Berlin, KD Friedrichshain, 06.09.1989, OPK „Werkzeug", Reg.-Nr. XX1916/89.

63 BV Berlin, KD Friedrichshain, Ref. SVW, Bln. 25.09.89, Arbeitsinformation zur OPK „Werkzeug".

Fallbeispiel: Ablehnung durch die FDJ

Während das MfS Maßnahmen gegen die Ostberliner Antifa-Gruppe ergriff, stieß diese bei Versuchen, Kontakt mit hochrangigen FunktionsträgerInnen der FDJ aufzunehmen, ähnlich wie in Potsdam, auf großes Misstrauen und Ablehnung. Mitte August 1989 fassten die Gruppenmitglieder den Entschluss, mit Vertretern der SED-Jugendorganisation FDJ ins Gespräch zu kommen.

Anlass dafür war eine Randnotiz in der Tageszeitung Junge Welt, in dem die FDJ fast nebenbei, ganz vage und unkonkret über Planungen eines „Antifaschistischen Jugendmarsches" informierte. Mit der geplanten Wegstrecke zwischen Oranienburg und Schwerin sollte der Todesmarsch der Häftlinge aus dem KZ-Sachsenhausen von 1945 nachgelaufen werden. Für den „Antifaschistischen Jugendmarsch" war auch die Teilnahme osteuropäischer Jugendorganisationen, sowie VertreterInnen des DKP-Jugendverbandes SDAJ und weiterer westdeutscher AntifaschistInnen angekündigt.

Am 16. August 1989 schrieben die Ostberliner Antifas einen Brief an den 1. Sekretär der FDJ Eberhard Aurich[64]. Darin stellten sie sich der FDJ-Führung als eine „breit gefächerte ANTIFA-Gruppe" vor, die über die Zeitschrift Junge Welt Kenntnis vom geplanten „Antifaschistischen Jugendmarsch unter Teilnahme aller demokratischen Kräfte" erhalten habe. Man sei als Antifa-Gruppe „außerordentlich interessiert an der Vorbereitung und Durchführung des Jugendmarsches" und bitte die FDJ-Leitung um „genauere Informationen", um dann „gemeinsam überlegen" zu können, „wie wir uns am wirkungsvollsten in diese Aktion integrieren können".[65]

Als es bis Anfang September 1989 keinerlei Reaktion gab, wurde telefonisch nachgefragt, doch die FDJ versuchte die unabhängige Konkurrenz zu ignorieren. Zunächst erklärte sich niemand für zuständig. Die Zentrale Arbeitsgruppe (ZAG) der FDJ, die mit der Organisation des Jugendmarsches betraut war, verwies auf das Büro des 1. Sekretärs. Dort wurde ein Vertreter der KvU erst nach drei Versuchen und Tage später gehört. Hier informierte ihn ein Mitarbeiter, dass der Brief zwar angekommen sei, nach eingehender Beratung aber beschlossen wurde, der Antifa der KvU die Teilnahme am geplanten Marsch zu verweigern.

---

64 Eberhard Aurich war u.a. von 1983 bis November 1989 vorletzter Erste Sekretär des Zentralrates der FDJ in der DDR und von 1981 bis 1989 Mitglied im Zentralkomitee der SED. Siehe Müller-Enbergs, H. (2004): Aurich, Eberhard. In: H. Müller-Enbergs, J. Wielgohs & D. Hoffmann (Hrsg.): Wer war wer in der DDR? Berlin: Ch. Links, S. 33.

65 Antifa Infoblatt Ostberlin, Ausgabe 2, September 1989.

Zur Begründung hieß es: „Die FDJ ist die einzige Jugendorganisation der DDR, sie ist von Grund auf antifaschistisch und damit sind bereits alle antifaschistischen Jugendlichen der DDR vertreten." Sollte es weitere Fragen geben, „dann sind diese bitte an das Staatssekretariat für Kirchenfragen zu richten". Somit sei der Brief beantwortet und auf eine schriftliche Antwort brauche man nicht zu warten.[66]

Am 13. September 1989 gingen zwei Mitglieder der Antifa-Gruppe zum FDJ-Zentralrat. Dort gelangten sie als Privatpersonen bis in die Abteilung „Agitation". Letztlich wurde ihnen aber lediglich mitgeteilt, dass der Jungendmarsch vom 11. bis 15. Oktober 1989 stattfinden sollte. Als sie sich als Vertreter der KvU-Antifa zu erkennen gaben und ihr Anliegen vortrugen, wurde aus Freundlichkeit distanzierte Unterkühlung und nochmals der Ausschluss vom Jugendmarsch bekräftigt. Allerdings wurde ein weiteres Treffen vereinbart. Am 18. September 1989 wurde dann jedoch telefonisch mitgeteilt, dass „nach Absprache mit weiteren Zentralratsmitgliedern weitere Gespräche nicht mehr für notwendig erachtet werden".[67] Informationen bekämen sie in Zukunft nur noch über die Tagespresse oder über die ZAG. Dort hielt man sie ebenfalls hin und die KvU-Antifa wandte sich schließlich schriftlich an das Zentralkomitee der SED. Dieser Brief erzeugte offenbar die nötige Wirkung. Denn nun lud der FDJ-Zentralrat die Antifa-Gruppe unverhofft für den 27. September 1989 ein.

Doch es kam wieder anders. Kurz vor dem Besuch teilte der Zentralrat der FDJ mit, dass der geplante Marsch nicht stattfinden werde, da die westdeutschen und polnischen Jugendverbände ihre Beteiligung abgesagt hätten. Trotz allem wurde ein neuer Gesprächstermin für den 10. Oktober 1989 vereinbart. Zu diesem Zeitpunkt war die Bevölkerung der DDR schon längst in Aufruhr: Demonstrationen, Mahnwachen, Polizeigewalt und Verhaftungen sowie massenhafte Flucht. Die Macht des Staatsapparates begann zu bröckeln. Und was machte die FDJ? Der persönliche Referent Aurichs, Michael Walter, empfing die Vertreter der Antifa in der menschenleeren Kantine des FDJ-Zentralrates und erklärte ihnen, dass sie hier nur als „Privatpersonen" sein könnten. Die FDJ sei die einzige Jugendorganisation der DDR und kenne keine anderen Gruppen. Auch mit der Kirche würde sie nicht zusammen arbeiten. Wer sich politisch engagieren wolle, solle sich an den zuständigen FDJ-Jugendklub wenden. Dort könnten sie sich einbringen. Im Übrigen „brauchen wir doch wahrlich keine

---

66 Ebd.
67 Ebd.

extra antifaschistischen Gruppen".[68] Nach nicht einmal 15 Minuten war das Gespräch beendet.

Für Partei, Staat und Sicherheitsorgane stellten jene Antifa-Gruppen, die sich Ende der Achtzigerjahre in der DDR selbstorganisiert gründeten, bis zum Herbst 1989 sehr klare Feindbilder dar. Zumindest waren sie Ärgernisse. Denn sie rührten an einer Wunde, die nicht zur politischen Mär vom ersten antifaschistischen Staat auf deutschen Boden passte und den verantwortlich Zuständigen ordentlich Schmerzen bereitete. Die öffentliche Thematisierung von faschistischen Entwicklungen und rassistischen Tendenzen in der Bevölkerung der DDR passte ganz und gar nicht ins gepflegte und gehütete Propagandabild der Staats- und Parteiführung. Zudem kamen die ProtagonistInnen dieser Antifa-Gruppen, vom MfS meist herabwürdigend als feindlich-negative Kräfte bzw. feindlich-negative Jugendliche bezeichnet, mehrheitlich aus dem sozio-politischen Umfeld der DDR-Oppositionsbewegung und/oder waren selbst aktive AkteurInnen in dieser.

Zusammenfassung: Die Antifa als Gegner

Die politische Führung der DDR sah die Antifa nicht als Partner, sondern als Konkurrenz – als Gegner, der zu bekämpfen, zu zersetzen und wenn möglich auch zu zerschlagen sei. Zusammenfassend zeigen die Aktivitäten des MfS gegen die Antifa-Gruppen in Potsdam, Dresden und Berlin, dass man dazu auch bereit war. Womöglich war es das Glück der unabhängigen Antifas, dass sich die Ereignisse in den Jahren 1988/1989 zunehmend überschlugen und das MfS nicht mehr genug Zeit- und Personalressourcen aufbringen konnte, um diese stärkeren Repressionen auszusetzen.

Denn ab dem Sommer und spätestens ab Oktober 1989 war alles anders. Die Gesellschaft geriet derart in Bewegung, dass alle Versuche der Herrschenden, die politischen Zügel in der Hand zu behalten und die Macht der SED-Eliten zu sichern, zum Scheitern verurteilt waren.

Mit dem, was danach kam, hatten SED, FDJ und auch das MfS recht bald nur noch wenig bis gar nichts mehr zu tun. Auch wenn die ganze Geschichte, trotz hoffnungsvollem Start und aufregender Monate, binnen Jahresfrist eine vollkommen andere Richtung nahm, die sich im Oktober 1989 viele DDR-Oppositionelle und auch die Antifa-AktivistInnen im Traum nicht hatten vorstellen können. Die Richtung dieser Entwicklung war derart anders, dass sich unter vielen von

---

68 Ebd.

ihnen ein Magenkrämpfe verursachendes Gefühl ausbreitete, vom Regen in die Jauche geraten zu sein.

Um den Jahreswechsel 1989/1990, die Mauer war längst offen und das „kurze Jahr der Anarchie"[69] hatte begonnen, gab es seitens SED, FDJ und Volkspolizei reihenweise Angebote zur Zusammenarbeit gegen Neonazis. Bereits im November 1989 versuchte der Sekretär der Berliner Bezirksleitung der FDJ, Rainer Börner, Kontakt zur Autonomen Antifa aufzunehmen und warb für eine gemeinsame Antifa-Arbeit. Im Frühjahr 1990 gab es ein gleiches Angebot vom Leiter der AG „Skinhead" in der Hauptabteilung der Kriminalpolizei, Kriminaloberst der DDR, Bernd Wagner[70]. Angesichts der aktuellen politischen Entwicklungen und der Erfahrungen, die die AntifaschistInnen nur wenige Wochen zuvor mit der FDJ gemacht hatten, ein mehr als durchschaubares Unterfangen. Angesichts ihrer schwindenden und mit der Volkskammerwahl vom 18. März 1990 verlorenen Staatsgewalt, waren diese Angebote verzweifelte Versuche des Machterhalts, die von den Antifa-Gruppen freundlich, aber bestimmt abgelehnt wurden.

---

69 Nach dem vermeintlichen Zusammenbruch der SED-Herrschaft 1989 lag die Macht scheinbar mitten auf der Straße. In der DDR schien nun alles möglich zu sein. Es begann das „kurze Jahr der Anarchie" 1990. Für viele linke AktivistInnen und Oppositionelle, die sich eine wirkliche sozialistische Entwicklung und Reform in der DDR erhofft hatten, war das „kurze Jahr der Anarchie" jedoch schon nach der letzten Volkskammerwahl am 18. März 1990 und dem damit verbundenen Erdrutschsieg der Allianz für Deutschland zu Ende. Die Signale standen spätestens seitdem auf Anschluss an die BRD. Der Traum über die Erschaffung eines freien und demokratischen Sozialismus war für die DDR damit leider bereits ausgeträumt. Doch das Leben war auch in den wenigen Monaten danach bis zum 3. Oktober 1990 für viele weiterhin aufregend und frei. So frei wie nie zuvor und auch nicht danach.

70 Bernd Wagner arbeitete in der DDR und in der Bundesrepublik als Kriminalpolizist, zuletzt im Staatsschutz. Siehe http://www.hayat-deutschland.de/mitarbeiter (abgerufen am 31.10.2016).

Jakob Warnecke

„Nazifreie Zone" – Hausbesetzungen und antifaschistische Praxis in Potsdam um 1990

Potsdam galt in den Neunzigerjahren mit etwa 80 besetzten Häusern als eine Hochburg von Hausbesetzer_innen.[1] Die zunehmenden Besetzungen in der Stadt forcierten jedoch bald den Konflikt zwischen Besetzer_innen und politischen Initiativen auf der einen und staatlichen Institutionen sowie den Interessen von Immobilienbesitzer_innen auf der anderen Seite. Räumungen, Proteste und Aushandlungen von Legalisierungsmöglichkeiten bestimmten diese Entwicklung, bis Anfang 2000 die meisten besetzten Häuser in Potsdam geräumt waren. Schon ab Ende 1989 prägten auch Auseinandersetzungen mit Neonazis, die in einer Art territorialem Raumanspruch agierten, den Alltag der linken Hausbesetzer_innen in Potsdam.

Entstehungskontext der Antifa Ende der Achtzigerjahre

Schon in den Achtzigerjahren besetzten Menschen in der DDR Wohnungen, die wie im damals stark verfallenen „Holländischen Viertel" in Potsdam, zum einen die individuellen Wohnungsprobleme lösen sollten, aber auch als informelle Räume für eine alternative Kunst- und Kulturszene dienten.[2] Statt öffentlicher medialer Resonanz, erhielten diese „stillen" Besetzungen geheimdienstliche

---

1 Zur Geschichte der Hausbesetzungen in Potsdam vgl.: Warnecke, Jakob (2019): „Wir können auch anders". Entstehung, Wandel und Niedergang der Hausbesetzungen in Potsdam in den 1980er und 1990er Jahren. Berlin: Bebra Verlag.
2 Angelehnt an Dieter Rinks Untersuchung zur Entstehung des alternativen Milieus in Leipzig, gehe ich davon aus, dass auch in Potsdam in den Achtzigerjahren ein Alternativmilieu bestand. Dazu gehörten a) die sozialethischen Gruppen unter dem Dach der Kirche b) eine alternative Kulturszene c) die Wohnungsbesetzungen, die sich durch das ganze Potsdamer Altbaugebiet zogen. Letztere konzentrierten und verdichteten sich als lokale Szene mit eigener Wohnkultur, Treffs und Lebensstilen bspw. im Holländischen Viertel. Vgl. Rink, Dieter (1995): Das Leipziger Alternative Milieu. In: Vester, Michael/, Michael/Zierke, Irene (Hrsg.): Soziale Milieus in

Aufmerksamkeit durch das Ministerium für Staatssicherheit (MfS), das in der Alternativszene des Viertels ein Sammelbecken für Gegner_innen des DDR-Systems sah.[3] Schon einige Wochen vor dem Fall der Mauer besetzten Jugendliche in der Dortustraße 65 ein Haus in der Potsdamer Innenstadt und inszenierten diesen Akt im Dezember 1989 erstmals als öffentliche politische Aktion. Dabei forderten sie ein alternatives Jugendzentrum, die Möglichkeit alternativer Wohnformen sowie Mietrecht für die in der Stadt besetzten Wohnungen und Häuser.[4] Die Akteur_innen dieser Initiative waren allerdings keine politischen Neulinge, ihre Protestsozialisation führte einige Jahre zurück. Es handelte sich um die örtliche Antifa-Gruppe, die sich 1987 unter dem Dach der Kirche als Reaktion auf die zunehmenden Aktivitäten von Neonazis und rechtsradikalen Skinheads in der DDR organisierte. Die Motivation für den Beginn beschreibt die Potsdamer Antifa-Gruppe in einer Selbstdarstellung:

> „Das immer stärkere Auftreten von Neonazis, Nationalisten und anderer rechtsextremer Gruppierungen hat uns, einige Potsdamer Jugendliche, stark beunruhigt und beängstigt. Der eigentliche Anlass für unsere Gruppenarbeit war die Wut und die Angst, die sich nach dem Überfall auf die Zionskirche bei uns breitmachte. Dazu kam noch, daß sich ca. 60 Skinheads in Potsdam ansagten, um die Stadt, wie es in ihrem Jargon heißt, zu erobern."[5]

Ab 1988 nahmen neonazistische Aktivitäten in Potsdam zu.[6] Die Hegemonialansprüche rechtsradikaler Jugendlicher hatten sich schon zu DDR-Zeiten auf bestimmte Areale in der Stadt bezogen. Dazu gehörte der Straßenraum ebenso wie einige Kneipen, aber auch Jugendclubs, in denen Neonazis und Skinheads dominierten. Sie inszenierten beispielsweise eine der NS-Sturmabteilung (SA) nachempfundene Marschformation, die in Reih und Glied in einen städtischen

---

Ostdeutschland. Gesellschaftliche Strukturen zwischen Zerfall und Neubildung, Köln: Bund-Verlag, S. 204-213.
3 Vgl. Bundesbehörde für die Stasi-Unterlagen (BStU), MfS HA XX KK ZMA-Nr. 21357, Bl. 19.
4 Vgl. Papiertiger. Archiv und Bibliothek der sozialen Bewegungen, Presse und Dokumentensammlung, Hausbesetzer. Erklärung zur Besetzung der Dortustraße 65 vom Dezember 1989.
5 Vgl. BStU, BVfS Potsdam AKG 2261, „Ursachen für den Beginn unserer Gruppenarbeit", Bl. 95.
6 Johannes, Jan: Mit schwachem Schild und stumpfem Schwert – Staatssicherheit und rechtsextreme Skinheads in Potsdam 1983–1989. In: Deutschland Archiv Online, 20.09.2013, http://www.bpb.de/169248 (abgerufen am 01.06.2022).

Jugendclub einzog.[7] Aus einem polizeilichen Vernehmungsprotokoll geht dazu hervor, dass sich im Herbst 1986 Jugendliche im Potsdamer Neubaugebiet „Am Stern" zu einem „Bund der Neudeutschen" zusammenschlossen. Diese sechsköpfige Gruppe folgte laut einem Bericht der Staatssicherheit einem gewählten Anführer und vermerkte in ihrem Statut, dass sie „für Deutschland ihr Leben lassen" würden. Sie planten einen Parteiraum mit Bildern von Adolf Hitler und orientierten sich an der SA. In der Öffentlichkeit zeigten sie sich mit Braunhemden und schwarzem Lederschlips.[8]

Schon zu DDR-Zeiten bestanden Kontakte zwischen Neonazis aus West-Berlin, West-Deutschland und der DDR.[9] Zu den Opfern rechter Gewalt in der DDR zählten neben Migrant_innen und Homosexuellen auch Punks. Die Melange aus Angriffen und einer massiven staatlichen Repression, gepaart mit alltäglichen Anfeindungen aus der Bevölkerung – die Punks mitunter auch KZ-Haft und sogar Vergasung wünschte[10] – politisierten Teile der ostdeutschen Punks. Dies äußerte sich als antifaschistisches Selbstverständnis, das über das Tragen von Anti-Nazi Symbolen oder der Teilnahme an den Gedenken für die Opfer der NS-Verbrechen nach außen getragen wurde.[11] In der Folge entwickelte sich antifaschistische Gegenwehr in vielen Städten der DDR aus der Punkszene heraus.[12]

Die Potsdamer Antifa-Gruppe versuchte, auf Institutionen wie die Staatspartei SED und die Jugendorganisation FDJ einzuwirken, damit sich diese dem Problem

---

7 Vgl. Ebd.
8 Vgl. Brandenburgisches Landeshauptarchiv (BLHA), VPKA Rep. 471, Nr. 1944, Zeugenaussage vom 5.7.1988, n.p.
9 Vgl. Begrich, David: (2009): Rechtsextremismus in der DDR; Ursachen und Kontinuitäten. In: Umstrittene Kontinuitäten. Miteinander e.V.; in Kooperation mit der BStU Außenstelle Halle (Saale) und der Gedenkstätte ROTER OCHSE Halle (Saale). Halle/Saale, 16.11.2009.
10 Vgl. Wagner, Bernd (2014): Rechtsradikalismus in der Spät-DDR. Zur militantnazistischen Radikalisierung; Wirkungen und Reaktionen in der DDR-Gesellschaft. Berlin: Ed. Widerschein, S. 233.
11 Vgl. Kloth, Hans Michael (2000): Punks. In: Veen, Hans-Joachim/Eisenfeld, Peter/Kloth, Hans Michael/Knabe, Hubertus/Maser, Peter/Neubert, Ehrhart/Wilke, Manfred (Hrsg.): Lexikon Opposition und Widerstand in der SED-Diktatur. Berlin: Propyläen, S. 291.
12 Vgl. Wolf, Dietmar (1999): Die Rückseite des offiziellen Antifaschismus. Neofaschismus und antifaschistische Selbstorganisierung in der DDR. In: Gehrke, Bernd/Rüddenklau, Wolfgang (Hrsg.): Das war doch nicht unsere Alternative. DDR-Oppositionelle zehn Jahre nach der Wende. 1. Aufl. Münster: Westfälisches Dampfboot, S. 194.

stellten. Ziel war es, eine öffentliche Diskussion über die Ursachen neonazistischer Ideologie und Gewalt in der DDR anzustoßen, was aber weitestgehend erfolglos und auf vereinzelte Kontakte mit der FDJ beschränkt blieb. Dieser Wunsch nach Öffentlichkeit stand in Widerspruch zum staatlichen Meinungsmonopol und einer Staatsideologie, die den „Faschismus" schon längst als beseitigt betrachtete. Der Antifaschismus galt als eine der zentralen Legitimationsstützen des Systems.

Die Staatssicherheit betrieb daher die Zersetzung der Antifa-Gruppe und behinderte vor allem deren öffentliches Auftreten: Der Versuch als eigener „Block" an der traditionellen Maidemonstration 1988 teilzunehmen, wurde im Vorfeld durch die Volkspolizei verhindert.[13] Im November 1988 plante die Gruppe einen eigenen Beitrag zum Gedenken an die Reichspogromnacht 1938. An der zerstörten Synagoge in Potsdam wollte sie Blumen niederlegen und eine Mahnwache organisieren. Durch „zielgerichtete konspirative Einflussnahme" wurde auch dies verhindert.[14] Im Juli 1989 organisierte die Gruppe den „1. Potsdamer Antifa-Tag" in den Räumen der Erlöserkirchgemeinde, der zum Ziel hatte, die Arbeit der in der Republik verteilten antifaschistischen „Selbsthilfe-Gruppen" zu vernetzen.[15] Im September 1989 nahm die Gruppe an einer staatlich organisierten antifaschistischen Kundgebung teil und versuchte mit Transparenten auf das Problem „Neonazis" aufmerksam zu machen, was mit der sofortigen Verhaftung endete.[16]

Die politische Arbeit der Potsdamer Antifa beschränkte sich nicht auf die neonazistischen Erscheinungen im Land. Im Frühjahr 1989 beteiligten sich Mitglieder auch an den Aktionen gegen die Kommunalwahlfälschungen. Sie protestierte außerdem gegen das Tian'anmen-Massaker in China im Juni 1989, unterstützte das Engagement gegen geplante Abrisse in der Zweiten Barocken Stadterweiterung[17] und beteiligte sich an der DDR-kritischen Demonstration

---

13 Vgl. BStU, MfS HA XX, Nr. 605, Bericht zum Operativen Vorgang zur Antifa-Gruppe vom 05.09.1988, Bl. 33.
14 Vgl. Tagung in der Fachhochschule Potsdam am 31.01.2008, Thema: „… der Blick auf eine Art stürmische Würde", Bericht von Prof. Frieder Burkhardt, Offene Jugendarbeit im vormundschaftlichen Staat DDR 1970–1983 Dresden/Erzgebirge, S. 14.
15 Vgl. BStU, BVfS Potsdam AKG 916, Information über den Verlauf und wesentliche Aspekte des am 29.7.1989 in den Gemeinderäumen der „Erlöserkirchgemeinde" Potsdam durchgeführten „1. Potsdamer Antifa-Tages" vom 30.07.1989, Bl. 335.
16 Vgl. BStU, BVfS Potsdam AKG 2261, Abschrift einer schriftlichen Erklärung der Potsdamer Antifa-Gruppe vom 16.09.1989, Bl. 102.
17 Vgl. BStU, BVfS Potsdam AKG 916, Information über den Verlauf und wesentliche Aspekte des am 29.07.1989 in den Gemeinderäumen der „Erlöserkirchgemeinde" Potsdam durchgeführten „1.Potsdamer Antifa-Tages" vom 30.07.1989, Bl. 338.

vom 7. Oktober 1989 in Potsdam.[18] Am 9. November 1989 organisierte die Gruppe eine erste Antifa-Demo mit 500 Teilnehmer_innen in Potsdam. In einer verlesenen Resolution forderten sie tiefgreifende Reformen und grundsätzliche Veränderungen in der DDR.[19] Als sich im Dezember 1989 der „Rat der Volkskontrolle"[20] gründete, war auch die Antifa-Gruppe vertreten.[21]

Mit dem *Winkelement* gab die Potsdamer Antifa ab Januar 1990 die erste unabhängige linke Potsdamer Zeitung heraus und mit dem Café „Kanzler" öffnete ein unabhängiger linker Treffpunkt in einem besetzten Haus. Die Besetzung der „Dortu 65" lässt sich als Folge und Ausdruck des gesamtgesellschaftlichen Umbruchs betrachten. Öffentliche Hausbesetzungen waren erst im Machtvakuum ab 1989/90 möglich, als die alten Machtverhältnisse auf sämtlichen Ebenen erodierten und sich noch nicht in das bundesrepublikanische System transformiert hatten. Die Besetzung der „Dortu 65" stand initiierend für einen neuen und sich in der Folge ausbreitenden Aspekt illegaler Raumaneignungsstrategien, der sich von den bislang vorrangig stillen Besetzungen absetzte und nun, wie viele Besetzungen in der Bundesrepublik, einen Teil der neuen politischen Öffentlichkeit beanspruchte.

Zwischen Angriff und Verteidigung

Das Machtvakuum nützte auch den Neonazis, deren Zahl nach dem Mauerfall sprunghaft anstieg. Im Zuge einer umfassenden strafrechtlichen Amnestie vom Dezember 1989 wurden bis zum Februar des Folgejahres 15.586 politische Gefangene der DDR entlassen,[22] unter denen sich auch etliche Neonazis befanden. Deren ideologische Grundhaltung hatte sich während der Haftzeit unter

---

18 Vgl. Oelschläger, Volker: Punks in der DDR-Zeit in Potsdam, http://www.maz-online.de/Lokales/Potsdam/Potsdam-Punks-in-der-DDR, 05.10.2015 (abgerufen am 01.06.2022).
19 Vgl. BStU, BVfS Potsdam AKG 2316, Abschrift der Resolution, Bl. 125.
20 Das Bürgerkomitee „Rat der Volkskontrolle" bestand zwischen Dezember 1989 und April 1990 und stellte sich die Aufgabe, staatliche und gesellschaftliche Prozesse zu kontrollieren. An ihm waren 20 Gruppierungen beteiligt.
21 Vgl. Rüdiger, Gisela/Rogall, Gudrun: Die 111 Tage des Potsdamer Bürgerkommitees „Rat der Volkskontrolle" 1989/90, Potsdam 2009 (= 20 Brandenburgische Historische Hefte), S. 27.
22 Vgl. Änderungen im Strafvollzug | Deutsche Einheit 1990. Online verfügbar unter http://www.deutsche-einheit-1990.de/ministerien/ministerium-des-inneren/aenderungen-im-strafvollzug/, (abgerufen am 01.06.2022).

vielen Gleichgesinnten bewahrt und mitunter verfestigt.[23] Wieder auf freiem Fuß fanden sie Anschluss an Strukturen, die sich unter der Aufbauarbeit von Führungspersonen aus der Bundesrepublik verstetigten und weiter radikalisierten. In Potsdam banden sie sich ab 1990 unter anderem an die „Nationale Offensive", die „Wiking-Jugend" und die „Nationalistische Front" (NF); letztere war bis zu ihrem Verbot 1992 eine der umtriebigsten Neonaziorganisationen in Brandenburg.[24] Die Nachfolgeorganisation „Direkte Aktion/Mitteldeutschland" knüpfte ideologisch und organisatorisch an diese Organisierung an. Andere Neonazis gingen 1991 in die örtliche organisierte Kriminalität. So waren sie als Schläger in Straßenprostitution involviert, in der auch Minderjährige ausgebeutet wurden. Dazu betrieben sie Schutzgelderpressung, Hehlerei und hatten Kontakte zum organisierten Waffenhandel.[25]

Das Erstarken von Neonazis äußerte sich auch in militanten Aktionen. So gab es in dieser Zeit Hunderte Bombendrohungen.[26] Dass solche Ankündigungen nicht nur auf den Aufbau einer Drohkulisse beschränkt blieben, zeigten Sprengstofffunde nebst einer Namensliste möglicher Opfer, die bei einem NF-Anhänger im Jahre 1992 in Potsdam beschlagnahmt wurden.[27]

Die Volkspolizei registrierte schon im Januar 1990, wie sich die Punkszene auf die gewachsene Bedrohung einstellte:

> „Da insbesondere wegen der bekannten Aggressivität von 'Skinheads' die Möglichkeit von tätlichen Auseinandersetzungen gegen die 'Punks' angenommen wird, habe sich die Punkbewegung Potsdam in der Form hierauf vorbereitet, daß diese seit ca. Mitte November 1989 in Berlin (West) verschiedene Waffen u.ä. wie Kleinkaliber-,

---

23 Vgl. Begrich, David (2009): Rechtsextremismus in der DDR; Ursachen und Kontinuitäten. In: Umstrittene Kontinuitäten. Miteinander e.V.; in Kooperation mit der BStU Außenstelle Halle (Saale) und der Gedenkstätte ROTER OCHSE Halle (Saale). Halle/Saale, 16.11.2009.
24 Vgl. Botsch, Gideon (2016): Nationalismus – eine Idee sucht Handelnde. Die Nationalistische Front als Kaderschule für Neonazis. In: Kleffner, Heike/Spangenberg, Anna: Generation Hoyerswerda. Das Netzwerk militanter Neonazis in Brandenburg, Berlin-Brandenburg: bre.ba, S. 45-61.
25 Vgl. Antifaschistisches AutorInnenkollektiv (Hrsg.): Hinter den Kulissen... Faschistische Aktivitäten in Brandenburg" (1/1994), S. 26.
26 Vgl. Gabriel, Ralph (2004): Futur Exakt. Jugendkultur in Oranienburg zwischen rechtsextremer Gewalt und demokratischem Engagement. 1. Aufl. Berlin, Schiler (Schriftenreihe Politik und Kultur, Bd. 6), S. 76.
27 Vgl. Ebd., S. 80.

Gas- und Schreckschußpistolen, Schlagstöcke und -ringe sowie Ketten in die DDR einführten, wobei zum Umfang keine Kenntnisse vorliegen."[28]

Zahlreiche zu dieser Zeit in vielen Städten entstandene linksalternative Projekte und besetzte Häuser wurden massiv, teils kontinuierlich attackiert und dadurch mitunter zur Aufgabe gezwungen.[29] In Potsdam kam es wenige Wochen nach der Besetzung der „Dortu 65" zum ersten Angriff rechter Skinheads auf das Haus, dem im Laufe des Jahres 1990 etliche folgten.[30] Dabei blieben die Hausbesetzer_innen in einigen Fällen auf sich gestellt. In einer Rückschau von 1991 gibt der damalige amtierende Leiter des Volkspolizeikreisamtes Bernhard Adam zu: „Wir als Polizei haben da nicht immer richtig gehandelt, indem Polizisten vor Ort waren und nicht eingriffen, weil es keine klaren Anweisungen gab."[31] Kurz nach der Räumung der Mainzer Straße ging Adam auf die Bewohner_innen der „Dortu 65" zu und bot ihnen eine Sicherheitspartnerschaft an, um einer Eskalation wie in Berlin vorzubeugen. Dieses Angebot der Zusammenarbeit stieß bei den Besetzer_innen jedoch auf Skepsis und Ablehnung. Gegenüber der Presse äußerten sie, dass in die Polizei aufgrund der bisherigen Zurückhaltung bei Überfällen durch Neonazis kein Vertrauen bestünde.[32]

Bei den Angriffen gingen die Neonazis zum Teil mit ausgesprochener Brutalität vor. So überfielen sie 1990 einen Besetzer in einer Parterrewohnung und ritzten ihm mit einer Glasscherbe ein Hakenkreuz in die Bauchdecke.[33]

Die Hausbesetzer_innen waren somit einer besonderen Bedrohungs- und Gefährdungssituation ausgeliefert, die sich in das äußere Erscheinungsbild der Gebäude einschrieb: Verstärkte Türen, vergitterte Fenster, Scheinwerfer an der Fassade. Die Besetzer_innen organisierten „Fahrwachen", um potentiell Angreifende zu identifizieren; einige weiter auseinander liegende Häuser vernetzten sich über Funkgeräte.[34]

---

28 BLHA (Brandenburgisches Landeshauptarchiv), Rep 471, Nr. 1944, Information vom 11.1.1990, n.p.
29 Vgl. Bürk, Thomas (2012): Gefahrenzone, Angstraum, Feindesland: Stadtkulturelle Erkundungen zu Fremdenfeindlichkeit und Rechtsradikalismus in ostdeutschen Kleinstädten. Münster: Verlag Westfälisches Dampfboot (Raumproduktionen, 14), S. 67f.
30 Vgl. BLHA, Rep 472, Nr. 15. Pressmitteilung der Bewohner der Dortustraße 65 an die Brandenburgischen Neuesten Nachrichten (BNN) 1990, n.p.
31 Mechtel, Hartmut (1993): Im Osten nichts Neues. Potsdam: Brandung, S. 94.
32 Vgl. Tagesspiegel vom 16.11.1990.
33 Vgl. Interview mit autonomen Antifas aus der DDR. In: antifa-info 11 Mai–Juni 1990, S. 38.
34 Vgl. Reader zum TAG-Kongress in Potsdam (1998), S. 12.

"Nazifreie Zone"

Abb. 1: *Besetztes Haus in der Gutenbergstraße in Potsdam 1992*
Quelle: Hassan J. Richter

Ein Besetzer beschreibt im Rückblick den Widerspruch, dass der okkupierte „Freiraum" sofort in einen „Käfig" umgebaut wurde, um die eigene Unversehrtheit zu sichern. Dass die Besetzer_innen ihre Fenster teils mit den Metallzaunfeldern der demontierten Grenzanlagen der DDR schützten, ist dabei historisch besonders bemerkenswert.³⁵

Die Anwendung von Gewalt war unter Antifas und Hausbesetzer_innen in Potsdam durchaus umstritten und war auch ein Grund für die Teilung der Gruppe 1990, nach der ein Teil sich in der Häuserszene verortete, ein anderer Teil weiter als Antifa-Gruppe agierte. Ein Mitglied berichtete gegenüber der Zeitschrift *Wildcat*:

> „Im Grunde ist die Gruppe daran auseinandergegangen, weil wir nicht wußten, wie weiter, auch an der Gewaltfrage. Es gab Leute, die überhaupt keine Gewalt wollten, solche die Selbstverteidigung für o.k. hielten, und solche, die einen Fascho, den sie auf der Straße sehen, aufs Maul hauen, die offensiv mit Gewalt umgehen."³⁶

---

35 Vgl. Warnecke, Jakob (2016) Interview mit Hausbesetzer Sören* (mit Sternchen markierte Namen sind geändert).
36 Interview mit Antifas in Potsdam. In: Wildcat Nr. 53, Dezember 1990, S. 17.

Diese Ereignisse stehen beispielhaft für die Lage von etlichen besetzten Häusern in Ostdeutschland Anfang der Neunzigerjahre, ob in Ost-Berlin, Jena oder Leipzig.[37] Teilweise wurden Attacken im Vorfeld angekündigt. Ganz gleich ob diese dann stattfanden oder ausblieben, allein die Gerüchte verstärkten das allgegenwärtige Bedrohungsempfinden und mobilisierten Verteidigungsmaßnahmen unter Hausbesetzer_innen und Antifas. In der Nacht zum „Tag der Deutschen Einheit" 1990 erwarteten Hausbesetzer_innen einen Überfall auf das alternative Potsdamer Kulturzentrum „Fabrik". Ein damals Anwesender beschreibt die Situation:

> „Vor dem Tor Wachtposten. Ich sage ihnen, daß ich unterwegs keine Skinrotte gesehen habe. Auf dem Hof Punks, bewaffnet mit Knüppeln, mit denen sie kampfeslustig oder nervös klappern. In der Fabrik gedämpfte Stimmung. Leise Musik, Gruppen, die beieinander stehen oder sitzen."[38]

Im Jahr 1991 nahmen die Besetzungen ein Ausmaß an, dass einige zeitgenössische Akteur_innen dazu veranlasste, Potsdam zur „Hauptstadt der Hausbesetzer_innen" hochzustilisieren, weil dort im Verhältnis zur Bevölkerung die meisten besetzten Häuser existierten.[39] Grund dafür war unter anderem der verstärkte Zuzug von Aktivist_innen nach der Räumung der Mainzer Straße in Berlin und aus anderen Bundesländern ab Anfang 1991.[40] In der Innenstadt, besonders in der Gutenbergstraße, verdichteten sich die besetzten Häuser zu einer Infrastruktur aus Kneipen, Galerien, Konzertorten und Treffpunkten, in denen sich eine heterogene, aber von teils fließenden Übergängen geprägte Szene aus Alternativen, Autonomen, Antifas, Künstler_innen und Punks etc. bewegte. Als Thema für eine linke politische Gruppenarbeit und lokale Organisierung war Antifa in diesen Zusammenhängen nur ein Aktionsfeld neben anderen und wurde im Laufe der Neunzigerjahre von verschiedenen Antifa-Gruppen betrieben. In den

---

37 Vgl. dazu unter anderem: Richter, Peter (2015): 89/90. Roman. 2. Aufl. München: Luchterhand.
38 Mechtel, Hartmut (1993): Im Osten nichts Neues. Potsdam: Brandung, S. 114.
39 Vgl. Gnaudschun, Göran (2001): Vorher müsst ihr uns erschießen. Hausbesetzer in Potsdam, Hrsg. von Archiv der Jugendkulturen e.V, Berlin: Archiv der Jugendkulturen: Tilsner, S. 9.
40 Im November 1990 wurden zwölf besetzte Häuser in der Ost-Berliner Mainzer Straße durch die Polizei geräumt. Diese gewaltsame Räumung bedeutete das Ende der Besetzungswelle in Berlin nach dem Mauerfall. Dazu auch: Kuhn, Armin (2014a): „Hausbesetzungen". In: Belina, Bernd/Naumann, Matthias/Strüver, Anke (Hrsg.): Handbuch kritische Stadtgeographie, Münster: Westfälisches Dampfboot, S. 206-211; Holm, Andrej/Kuhn, Armin (2010): Häuserkampf und Stadterneuerung, Blätter für deutsche und internationale Politik 3, S. 107-115.

frühen Neunzigerjahren klärten Potsdamer Antifa-Aktivist_innen in Zeitungen und Publikationen wie etwa 1990 dem *Winkelement*, ab 1993 dem von der damaligen Antifa-Gruppe herausgegebenen *Büxenöffna* und ab 1994 mit dem auf ganz Brandenburg ausgerichteten Rechercheprojekt *Hinter den Kulissen* über neonazistische Umtriebe auf. Zudem nahmen Potsdamer Antifas an überregionalen und bundesweiten Demonstrationen und Vernetzungstreffen wie etwa dem Bundesweiten Antifa Treffen (BAT) teil,[41] was auch beim brandenburgischen Verfassungsschutz nicht unbemerkt blieb.[42]

Die praktische Auseinandersetzung mit den Neonazis in Potsdam gehörte unabhängig davon zum Alltag der Hausbesetzer_innenszene. Organisierte Antifas waren dabei in die Protestaktionen der Hausbesetzer_innen genauso involviert wie umgekehrt sich die Hausbesetzungsszene zu Aktionen der Antifa mobilisieren ließ.

Mit dem Anwachsen der Szene veränderten sich auch die Kräfteverhältnisse gegenüber den Neonazis. Eine Auseinandersetzung am „Herrentag" 1992 war für diesen Konflikt entscheidend. Nach Angriffsankündigungen bereiteten die Hausbesetzer_innen mit der Unterstützung von Berliner Autonomen eine militante Abwehraktion vor. Als die Neonazis auftauchten, wurden sie mit Stahlkugeln aus Zwillen und Molotow-Cocktails in die Flucht geschlagen.[43] Im Gegensatz zu diesem Narrativ der Militanz berichtete die Presse am Folgetag:

> „Am gestrigen Nachmittag gegen 14.45 Uhr rannten schreiend und Baseball-Schläger schwingend Anhänger der linken und rechten Szene durch die Brandenburger Straße und versetzten die Passanten in Angst und Schrecken, überrannten eine Passantin, die eine Beinfraktur erlitt und trafen einen anderen Unbeteiligten mit einem Stein am Kopf, Schädelhirntrauma war die Folge."[44]

Politisch hat dieses Ereignis jedoch räumliche Hegemonie in der Innenstadt geschaffen.[45] Ein in den Neunzigerjahren in der Gutenbergstraße aufgestelltes Verkehrsschild mit der Aufschrift „Nazifreie Zone" markierte das erkämpfte Areal symbolisch. Obwohl die Attacken auf Linke ab 1991 abnahmen und sich bundesweit zunehmend gegen Migrant_innen richteten, waren Häuser, die sich

---

41 Vgl. Warnecke, Jakob (2014) Interview mit Hausbesetzer Nils*. Potsdam.
42 Vgl. Ministerium des Innern des Landes Brandenburg (Hrsg.): Verfassungsschutzbericht 1994, S. 70.
43 Vgl. Warnecke, Jakob (2014) Interview mit Hausbesetzer Hans*.
44 Märkische Allgemeine Zeitung (MAZ) vom 29.05.1992.
45 Vgl. Warnecke, Jakob (2014) Interview mit Hausbesetzer Hans*.

nicht wie die „Dortu 65" im Umkreis der Gutenbergstraße in der Innenstadt befanden, weiterhin Angriffen ausgesetzt.

Die Pogrome vom August 1992 in Rostock-Lichtenhagen färbten auf etliche andere Städte der Bundesrepublik ab. Auch in Potsdam verschärfte sich angesichts der geplanten Unterbringung von Asylsuchenden in der Stadt die rassistische Stimmung. Neonazis machten sich diese zu eigen und kündigten im August 1992 Angriffe auf ein, unter anderem von Antifas bewohntes, besetztes Haus in Babelsberg sowie auf eine Geflüchtetenunterkunft in der Nähe an. Nach einem gemeinsamen Treffen beschlossen die Besetzer_innen Vorbereitungen zur Verteidigung zu treffen. Ein ehemaliger Bewohner beschreibt dies rückblickend: „Und das sah dann so aus, dass das Haus wirklich gut verbarrikadiert war, mit Gittern vor den Fenstern und Etagenbarris [Barrikaden, Anm. JW] [...] im Haus gebaut und circa hundert Leuten, die dann parat standen."[46] Daneben plante die sich eingefundene Gruppe aus Besetzer_innen, Antifas und Punks auch den Schutz der Asylunterkunft, doch letztendlich blieb der Angriff aus. Der Polizei war die selbstermächtigte Schutzfunktion der Hausbesetzer_innen für die Asylbewerber_innen offenbar bekannt. Zwei Tage später wird ein Mitarbeiter des Polizei-Lagedienstes zitiert: „Da es aber keine erkennbare Bewegung Rechtsradikaler in Richtung des Asylbewerberheimes gab, wissen wir noch nicht, warum die Barrikade errichtet wurde."[47]

Im April 1994 traf es das unabhängige Kulturzentrum „Archiv", das einige Wochen zuvor besetzt worden war. Hier boten sich Räume für Konzerte, Ateliers, eine Kneipe, Werkstätten und das Metropolis-Archiv, welches als antifaschistisches Pressearchiv Informationen zur extremen Rechten sammelte und Anfang 2000 im heutigen „Antifaschistischen Pressearchiv Potsdam" aufging. Wie andere öffentliche Räume von besetzten Häusern gab es auch dort die Möglichkeit für Versammlungen, Vernetzungen und Kommunikation von lokalen Antifa-Gruppen.

In den frühen Morgenstunden überfiel eine Gruppe Neonazis mit Eisenstangen, Zaunlatten und einer Luftdruckpistole das „Archiv". Einige von ihnen gehörten zur NF, führten den Stützpunkt Beelitz/Michendorf und waren später in der Nachfolgeorganisation „Direkte Aktion/Mitteldeutschland" aktiv.[48] Die Neonazis standen schließlich vor Gericht, doch der politische Hintergrund spielte

---

46 Vgl. Warnecke, Jakob (2014) Interview mit Hausbesetzer Nils*. Potsdam.
47 Potsdamer Neueste Nachrichten (PNN) vom 31.08.1992.
48 Vgl. Antifaschistisches AutorInnenkollektiv (Hrsg.): Hinter den Kulissen, 1995 (4), S. 8.

in der Verhandlung keine Rolle. Beim Verlassen des Gerichtsgebäudes attackierten einige Hausbesetzer_innen die Autos der abziehenden Neonazis.[49]

Während sich die Hausbesetzer_innen in der Innenstadt noch gegen die Neonazis behaupten konnten und die Zahl der Überfälle insgesamt deutlich abnahm, dominierte und gedieh in den Neunzigerjahren besonders in den Neubaugebieten weiterhin eine subkulturelle Neonaziszene. So sprachen Antifaschist_innen 1994 von einer aus der antifaschistischen Gegenwehr resultierenden „Aufteilung" der Stadt und verwiesen auf die gezielte „Übernahme" einiger städtischer Jugendclubs durch Neonazis.[50] Ab Mitte der Neunzigerjahre bildete sich in Potsdam zudem ein wichtiger Knotenpunkt im „Blood&Honour- Netzwerk" heraus, zu dem die neonazistische Band „Proissenheads" gehörte. Im Jahr 2000 erhielt die Polizei Hinweise, dass sich Potsdamer Neonazis aus der „Blood&Honour"-Szene Waffen beschaffen würden. In einem abgehörten Telefongespräch im Juli unterhielten sich zwei Potsdamer Neonazis über den Plan, eine Demonstration von Hausbesetzer_innen mit Waffen anzugreifen. Eine daraufhin durchgeführte polizeiliche Durchsuchungsaktion bei mehreren Neonazis förderte bei dem Sänger der „Proissenheads" unter anderem eine Maschinenpistole und ein Repetiergewehr zu Tage.[51]

Fazit

Die Hausbesetzungen in Potsdam ab Ende 1989 waren Ausgangspunkt und Ergebnis verschiedener sozialer Gruppen, Initiativen und Bewegungen. Zudem finden sich deren Ursprünge mit der Praxis des „Schwarzwohnens", einem damit verbundenen Alternativmilieu und einer mit der Punkszene verflochtenen oppositionellen Antifa-Gruppe schon vor dem Fall der Berliner Mauer. Die Potsdamer Antifa-Gruppe initiierte Ende 1989 die erste öffentliche und politische Besetzung in Potsdam, denen noch etliche andere folgten. Besonders dieses Haus war 1990 den Überfällen militanter Neonazis ausgesetzt. Die Hausbesetzer_innen nahmen den Schutz und die Verteidigung der Häuser selbst in die Hand. 1991 stieg die Anzahl der besetzten Häuser auf 35, von denen sich ein großer Teil in der Potsdamer Innenstadt befand. Hier bildete sich eine heterogene Szene mit einer

---

49 Vgl. Ebd.
50 Vgl. Antifaschistisches AutorInnenkollektiv (Hrsg.): Hinter den Kulissen. Faschistische Aktivitäten in Brandenburg, (1/1994), S. 26.
51 Vgl. Kwiatek, Marie/Weiss, Michael (2016): White Power Skinheads. Das Netzwerk von Blood & Honour Brandenburg. In: Kleffner, Heike/Spangenberg, Anna: Generation Hoyerswerda. Das Netzwerk Militanter Neonazis in Brandenburg, Berlin-Brandenburg: bre.ba, S. 132f.

eigenen Infrastruktur heraus, die die besetzten Räume vor allem für alternative Lebensentwürfe und als Vergemeinschaftungsorte aneignete.

Antifa fand in diesem Zusammenhang auf drei Ebenen statt: 1. als organisierte Gruppenarbeit, was das Sammeln von Informationen und deren Veröffentlichung umfasste; 2. als direkte Aktionen gegen die Versammlungen von Neonazis und 3. als Selbstschutz und Verteidigung gegen neonazistische Angriffe. Vor allem letzteres führte dazu, dass sich die Hausbesetzer_innenszene gegen eine rechtsradikale Dominanz in der Innenstadt durchsetzen konnte. Der gleichzeitigen Hegemonie von Neonazis im öffentlichen Raum der Neubaugebiete konnte die Antifa nicht viel entgegensetzen. Die besetzten Häuser verschwanden im Laufe der Neunzigerjahre weitgehend. Aus den „Häuserkämpfen" sind jedoch einige legale Projekte hervorgegangen, die gemeinschaftliche Wohnformen ermöglichen und mit Einrichtungen wie zum Beispiel Cafés, Kneipen, Antifa-Archiv und einem Buchladen einen Teil einer linken und antifaschistischen Infrastruktur bilden, die zum Teil bis heute existiert.

Die hier dargestellten Zusammenhänge sind exemplarisch, denn sie finden sich trotz der lokalen Spezifität auch in anderen ostdeutschen Städten der Nachwendezeit. Daran wird deutlich, welche Prägekraft die von rechts ausgehende „Vereinigungsgewalt" in der unmittelbaren Nachwendezeit und den Folgejahren hatte. Sie war kein Randphänomen, sondern ein elementarer Bestandteil der deutschen Geschichte. Gleichwohl gab es das Erblühen der von den Zwängen des vormaligen Machtapparats befreiten Subkulturen, was sich eben auch in Hausbesetzungen wiederspiegelte. Sie stellten während der „Baseballschlägerjahre" einige der wenigen Orte der Entfaltung und Sicherheit für nicht-rechte Jugendliche dar – und wurden dadurch wiederum zum Angriffsziel von Neonazis. Die Aufarbeitung dieser ambivalenten Geschichte zwischen Freiräumen und Bedrohung rückt mehr und mehr in den Fokus der Zivilgesellschaft.[52] Und auch die zeitgeschichtliche Forschung beginnt, sich des Themas stärker anzunehmen.[53]

---

52 Vgl. Zweiter Oktober 90. Die Gewalt der Vereinigung. Broschüre Jena 2021. Dokumentation online verfügbar unter https://zweiteroktober90.de (abgerufen 01.06.2022).

53 Vgl. Gab es 1991 einen zweiten „Deutschen Herbst"? Tagung der Uni Halle thematisiert rechte Gewalt der Wendejahre. In: Informationsdienst Wissenschaft, 20.09.2021, https://nachrichten.idw-online.de/2021/09/20/gab-es-1991-einen-zweiten-deutschen-herbst-tagung-der-uni-halle-thematisiert-rechte-gewalt-der-wendejahre (abgerufen 01.06.2022). Vgl. auch Schütz, Johannes: Wenn Heimat Angst macht. In: Zeitgeschichte online, 21.05.2021, https://zeitgeschichte-online.de/themen/wenn-heimat-angst-macht (abgerufen 01.06.2022).

Yves Müller

„VertreterInnen aus der DDR trotz Einladung nicht anwesend" – Über das ambivalente Verhältnis west- und ostdeutscher Antifa-Gruppen am Beispiel der AA/BO 1992 bis 1994

Bereits kurz nach ihrem Eintritt in das linksradikale Bündnis „... ums Ganze!" im Jahr 2013 schoss die Leipziger Gruppe „the future is unwritten" quer: Anlässlich einer Mobilisierung des Blockupy-Netzwerks kritisierten die Leipziger_innen die „Appellpolitik" und den „Interventionismus".[1] Die Autonome Antifa [f] aus Frankfurt am Main konterte und warf der Leipziger Gruppe – ohne diese beim Namen zu nennen – vor, sie würde ihre „eigenen, dramatischen Situationsbeschreibungen" nicht ernst nehmen und halte ein „identitäre[s] Distinktionsbedürfnis offenbar für wichtiger als die gesellschaftliche Wirksamkeit".[2] Anhand dieser Auseinandersetzung machte David Schweiger in der linksradikalen Zeitschrift *Phase 2* Parallelen in der ost-westdeutschen Geschichte der radikalen Linken nach 1990 aus. So habe „der ostdeutsche Erfahrungsraum der neunziger Jahre einen bleibenden Einfluss auf die inhaltliche und formale Konstitution der dortigen Linken ausgeübt" und bewirke noch 25 Jahre nach dem 'Mauerfall', dass Gruppen aus Ost und West aneinander vorbeireden würden. Daher würde das Bündnis „... ums Ganze!" bleiben, was in den Neunzigerjahren

---

1 Gruppe „the future is unwritten": Aufruhr im Gemüsebeet. In: mole – ... ums Ganze! Magazin 1 (2013), S. 11-19. Das Blockupy-Bündnis hatte für den 31. Mai und 1. Juni zu Aktionstagen gegen die Krisenpolitik der Europäischen Zentralbank in Frankfurt am Main aufgerufen. Das Bündnis „... ums Ganze!", dessen maßgebliche Wortführerin die inzwischen aufgelöste Autonome Antifa [f] war, beteiligte sich an den Protesten. Die Gruppe „the future is unwritten" ist bis heute (Stand: 2016) Mitglied des Bündnisses.

2 Autonome Antifa [f]: Auf allen Ebenen, ebenda, S. 6-7. Der Mitschnitt einer Podiumsdiskussion mit Vertretern von „the future is unwritten" und der Autonomen Antifa [f] unter dem Motto „Tragedy Strategy – Kommunismus, Krise und die Frage der Praxis", die am 3.5.2013 in Leipzig stattfand, ist nachzuhören unter: https://www.unwritten-future.org/wp-content/uploads/Media/20130503_tragedy_strategy.mp3 (abgerufen am 13.5.2016).

bereits die Antifaschistische Aktion/Bundesweite Organisation (AA/BO) war: „eine bundesweite Organisation von Westlinken".[3]

Einleitung

Im Deutschland nach der 'Wende' existierten zwei Antifa-Bewegungen, die jeweils eigene kollektive Identitäten und *frames* (Deutungsrahmen) ausbildeten und sich durch verschiedene Alltagspraxen und Dynamiken auszeichneten.[4] Trotzdem ging man in weiten Teilen der westdeutschen Antifa davon aus, dass die ostdeutschen Gruppen Teil derselben 'Bewegung' seien. Der Aufsatz zeigt auf, welche (Vor-)Annahmen in Teilen der westdeutschen Antifa-Bewegung hegemonial waren, wie diese die Beurteilung der Situation in den Neuen Bundesländern leiteten und wie sie das Handeln im Rahmen der Organisierungsdebatte und beim Aufbau der AA/BO zwischen 1992 und 1994 strukturierte. Wenngleich eine bloße Parallelisierung mit den gleichzeitig etablierten medialen 'Ossi'-Diskursen eine unangemessene Vereinfachung darstellen würde, ist eine Verschränkung mit den szeneinternen Debatten doch erhellend. Wie also sah die AA/BO und insbesondere die federführende Autonome Antifa [M] (AAM) aus Göttingen die 'andere' Bewegung 'zwischen Elbe und Oder'? Wie versuchte sie Einfluss zu nehmen? Warum scheiterten die Bemühungen einer Einbindung ostdeutscher Gruppen in die AA/BO? Und wie erklärte man sich dieses Scheitern?

Bereits ein Blick in die Bewegungs- und Forschungsliteratur zur Antifa-Bewegung in Deutschland lässt Rückschlüsse auf die These eines einseitigen westdeutschen Fokus zu und deutet auf das fortwirkende Desiderat hin, sowohl in der eigenen Bewegungsgeschichtsschreibung als auch in der (historischen) Bewegungsforschung. So zeigt sich in den wenigen Veröffentlichungen eine bemerkenswerte Einseitigkeit und Monokausalität, die in einer Tradierung der Antifa-Bewegung kulminiert. Dass die Antifa-Bewegung im 'anderen' Deutschland eine gänzlich andere Entstehungsgeschichte hat, auf andere Erfahrungswerte zurückgreift und durch andere Debatten geprägt ist, fand bisher kaum Berück-

---

3 David Schweiger: Vorwärts und nicht vergessen. Eine kleine Geschichte und Typologie der ostdeutschen Linken anhand der Auseinandersetzungen der Leipziger Gruppe the future is unwritten im Bündnis ...ums Ganze!. In: Phase 2 – Zeitschrift gegen die Realität 48 (2014), S. 49-51, hier: S. 51.

4 Sebastian Haunss bietet methodische Überlegungen an, die auch bei der hier vorliegenden Fragestellung helfen können. Siehe Sebastian Haunss (2011): Kollektive Identität, soziale Bewegungen und Szenen. In: Forschungsjournal Soziale Bewegungen 24 2011-4, S. 41-53.

sichtigung. Dies zeigt sich bei Bernd Langer, der die Bewegungsgeschichte aus der Perspektive der AAM und AA/BO beschreibt.[5] Mirja Keller et al. benennen in einem Abschnitt die ersten Antifa-Gruppen in der DDR, thematisieren aber nicht die Rolle der Bewegung in Ostdeutschland nach 1989/90.[6] Zwar geht Ulrich Peters vom Kristallisations- und Wendepunkt der Jahre 1989/90 aus, mit dem sich die radikale Linke in Deutschland grundlegend verändert habe, doch weicht auch er kaum von einer westdeutschen Diskursreferenz ab.[7] Die bisher einzige umfassende Veröffentlichung zu den Fantifa-Gruppen der Achtziger und Neunzigerjahre, die Antifaschismus und Feminismus verknüpften, dokumentiert zwar ein Interview mit dem Antifaschistischen Frauenblock Leipzig, ohne jedoch mögliche (Diskurs-)Stränge einer ostdeutschen Spezifik weiterzuverfolgen oder der Frage nachzugehen, warum sich Fantifa-Gruppen in den 'neuen' Bundesländern nicht etablieren konnten.[8] Zuletzt hat sich Nils Schuhmacher in einem kurzen Abschnitt seiner historischen Herleitung der Antifa-Bewegung in der DDR und den 'neuen' Bundesländern zugewandt und folgende Einschätzung formuliert:

> „In diesem neu zusammengesetzten Antifa-Spektrum bildeten sich gleichzeitig die zwischen Ost und West stark voneinander abweichenden gesellschaftlichen und politischen Traditionen, lokalen Realitäten, gesellschaftlichen Sensibilitäten und Kräfteverhältnisse ab. [...] Auf dem Gebiet der ehemaligen DDR stellte sich die Situation in nahezu jeder Hinsicht anders dar."[9]

Die Antifa-Bewegung in der späten DDR und den ersten Nachwendejahren zwischen etwa 1987 und 1994 wurde bisher lediglich in einigen wenigen Aufsätzen behandelt.[10]

---

5 Bernd Langer (2014): Antifaschistische Aktion. Geschichte einer linksradikalen Bewegung, Münster: Unrast.
6 Mirja Keller, Lena Kögler, Moritz Krawinkel, Jan Schlemermeyer (2011): Antifa. Geschichte und Organisierung (= Reihe theorie.org), Stuttgart, S. 75-78.
7 Ulrich Peters (2014): Unbeugsam & widerständig. Die radikale Linke in Deutschland seit 1989/90, Münster: Unrast.
8 Interview mit dem Antifaschistischen Frauenblock Leipzig. In: Herausgeber_innenkollektiv (Hrsg.) (2013): Fantifa. Feministische Perspektiven antifaschistischer Politiken, Münster: Edition Assemblage, S. 115-126.
9 Nils Schuhmacher (2014): „Nicht nichts machen"? Selbstdarstellungen politischen Handelns in der Autonomen Antifa, Duisburg, S. 27.
10 Christin Jänicke: Antifabewegung im Land Brandenburg – Impulse für Jugendkultur und politischen Aktivismus. In: Rassistische Diskriminierung und rechte Gewalt. An der Seite der Betroffenen beraten, informieren, intervenieren, Münster: Westf.

Empirische Grundlage dieser Untersuchung bietet der Bestand zur AAM in der Sondersammlung „Protest, Widerstand und Utopie in der Bundesrepublik Deutschland" des Archivs der Stiftung Hamburger Institut für Sozialforschung (HIS). Hierbei handelt es sich neben Plakaten, Broschüren und Flugblättern um interne Protokolle – insbesondere der AA/BO-Treffen – sowie Schriftwechsel der Göttinger Gruppe. Diese wurden im Rahmen eines von der Generalstaatsanwaltschaft Celle gegen 17 mutmaßliche Gruppenmitglieder angestrengten Verfahrens wegen „Bildung einer kriminellen Vereinigung" (§ 129 StGB) bei Haussuchungen am 5. und 6. Juli 1994 beschlagnahmt, in etwa einem Dutzend thematischen Aktenordnern von den Ermittler_innen zusammengestellt und nach Scheitern des Verfahrens im September 1996 auf Betreiben der Angeklagten an das HIS abgegeben.[11] Eine Analyse der Bündnisprotokolle der AA/BO eignet sich für die Fragestellung vor allem deshalb, weil diese Textsammlung stärker noch als veröffentlichte Diskussionspapiere und im Gegensatz zu Demonstrationsaufrufen Auskunft über den Ost-West-Diskurs innerhalb der Antifastrukturen geben.

Die AA/BO entdeckt den Osten

Als sich im Juli 1992 in Wuppertal maßgeblich auf Betreiben der Göttinger AAM die AA/BO gründete, war mit der Antifa Guben nur eine ostdeutsche Gruppe direkt beteiligt. Im Aufbauprozess war seit 1991 außerdem eine Gruppe aus Halle an der Saale beteiligt, doch blieb keine von ihnen der AA/BO länger erhalten.[12] Kurze Zeit nur waren auch die Autonome Antifa/Schwarzer Ast – Südthüringen

---

Dampfboot 2013, S. 319-331; Peter Ulrich Weiß: Civil Society from the Underground: The Alternative Antifa Network in the GDR. In: Journal of Urban History 41 (2015), H. 4, S. 647-664; Dietmar Wolf: Gründung der Autonomen Antifa Ostberlin. In: Rueddenklau, Wolfgang (Hrsg.): Störenfried. DDR-Opposition 1968-1989. Mit Texten aus den „Umweltblättern", Berlin 1992, S. 262-264; ders., Enough is enough – Autonome Antifa in Deutschland nach 1945. Antifaschistische Selbstorganisation in der DDR. In: telegraph 112 (2005), S. 20-33. Außerdem Schwerpunkt „Brauner Osten". In: telegraph 3/4 (1998).

11 1:1 für die Autonome Antifa (M). In: 1:1 für den antifaschistischen Widerstand, hrsg. von Autonome Antifa [M], September 1996, https://www.nadir.org/nadir/initiativ/aam/(abgerufen am 13.5.2016).

12 „Manifest der Organisation 'Antifaschistische Aktion'", verfasst von Autonome Antifa (M), Juli 1992, S. 1; „Gründungstreffen der ANTIFASCHISTISCHEN AKTION am 25. Juli 1992 in Wuppertal.", verfasst von Autonome Antifa (M), August 1992, S. 1; beide: Archiv der Stiftung Hamburger Institut für Sozialforschung

aus Suhl als Mitglied und die Autonome Antifa Plauen (AAP) sowie die Antifa Ilmenau mit „Beobachterstatus" Teil des Zusammenschlusses.[13]

Das Fehlen ostdeutscher Antifa-Gruppen wurde von Beginn an immer wieder bemängelt. Im Protokoll zum bundesweiten Treffen am 26. Oktober 1991 in Frankfurt am Main – das in Vorbereitung des für 1992 geplanten Antifa-Kongresses stattfand, der zur Geburtsstunde der AA/BO werden sollte – wurde fast vorwurfsvoll bemerkt, dass „VertreterInnen aus der DDR [...] trotz Einladung nicht anwesend" gewesen seien. Gleichzeitig war man gewillt, etwas gegen die ostdeutsche Abwesenheit zu unternehmen und bildete im Rahmen des Treffens eine „AG zu Aufbau und Kontakte zu DDR-Antifas".[14] Zwar waren beim nächsten Treffen am 18. und 19. Januar 1992 in Mainz eine Gruppe aus Chemnitz und die „Ostberliner Antifa" anwesend, doch schon am darauffolgenden Treffen vom 27. bis 29. März in Bonn nahmen keine ostdeutschen Gruppen mehr teil.[15]

Die meist nur kurzzeitig involvierten Gruppen aus Ostdeutschland versuchten ihre Position jedoch zu festigen und durch die Mitarbeit im Netzwerk Unterstützung für die Ost-Antifa zu generieren. In der Einladung der Antifa Guben zum ersten AA/BO-Treffen in der Stadt am 23. und 24. Oktober 1992 wird die Tragweite deutlich:

> „[...] denn es ist zum einen das erste bundesweite Antifatreffen in einer Stadt der Ex-DDR[,] zum anderen liegt diese Stadt an der deutsch-polnischen Grenze. Folgerichtig wird es diesmal auch eine Arbeitsgruppe geben, die sich speziell mit Problemen

---

(folgend: HIS-Archiv), Autonome Antifa (M) Göttingen, Beweismittelordner Bd. II, Spur-Nr. 000792-3 u. Spur-Nr. 250792-1.

13 Schwarzer Ast – Südthüringen trat zuvor unter dem Namen Antifa Südthüringen auf. Die AAP (auch Autonome Antifa Si! Plauen) nahm am 7./8.8. in Bonn sowie 9./10.10.1993 in Mainz lediglich an zwei AA/BO-Delegiertentreffen teil. Die Gruppe aus Ilmenau war bei Treffen am 20./21.2. sowie 29./30.5.1993 wiederum die einzige ostdeutsche Vertreterin. Bei einem anderen Treffen war außerdem die Antifa Forst zugegen. Protokoll 7./8.8.1993, o. Verf., S. 1; Protokoll 9./10.10.1993, verfasst von Autonome Antifa A+P (Berlin); „Protokoll des Treffens der AA/BO am 20./21.2.93", o. Verf.; „Protokoll des Antifaschistische Aktion/Bundesweite Organisation Treffens vom 29./30. Mai 1993 in Göttingen", verfasst von Antifaschistische Aktion Passau; handschriftliche Mitschrift, o.D., HIS-Archiv, Autonome Antifa (M) Göttingen, Beweismittelordner Bd. II, Spur-Nr. 070893-1, Spur-Nr. 091093-1, Spur-Nr. 200293-1, Spur-Nr. 290593-4, Spur-Nr. 000093-2.

14 Protokoll zum „Bundesantifa-Treffen" am 26.10.1991, ebenda, Spur-Nr. 261091-2.

15 Protokoll zum „bundesweiten Antifatreffen" am 18./19.1.1992; Protokoll vom „AntiFa-Bundestreffen", 27.–29.3.1992, ebenda, Spur-Nr. 180192-1.

der Ost-Antifas und der Zusammenarbeit von Ost- und Westantifas beschäftigt. Dazu werden eine Reihe Antifas aus der Region eingeladen."[16]

Auch das Treffen am 19. und 20. Dezember in Berlin sollte „dazu dienen, mit verschiedenen neuen Gruppen aus der Ex-DDR ins Gespräch zu kommen und eine eventuelle Zusammenarbeit innerhalb der 'Antifaschistischen Aktion' zu diskutieren."[17] Trotzdem waren als stimmberechtigte Mitglieder aus den 'neuen' Bundesländern lediglich die Antifa Guben und die Autonome Antifa Südthüringen anwesend; zwei weitere Gruppen aus Rostock und Salzwedel beteiligten sich mit Beobachterstatus. Gemeinsam diskutierten sie mit westdeutschen Gruppen im Rahmen einer Arbeitsgruppe „Ost/West", „warum keine (oder kaum) Ost-Städte zu den Treffen kommen". In dem konkreten Fall konnte die Frage leicht beantwortet werden: Obwohl die AA/BO ihr Treffen „in keinem Fall als Konkurrenz" verstanden wissen wollte, ließ ein gleichzeitig in Weimar abgehaltenes „Ex-DDR-weite[s] Vernetzungstreffen mit dem Schwerpunkt Antifa" die Resonanz der ostdeutschen Gruppen bescheiden ausfallen. Allgemein musste jedoch resigniert festgestellt werden, „dass auf Treffen der AA [gemeint ist die AA/BO, Anm. d. Verf.] bisher ausschließlich Ost-Gruppen mal vorbeigeschaut haben, die sowieso schon viel weniger Vorbehalte gegen die 'Wessis' heben [sic!] als andere."[18] Tatsächlich hatten die ostdeutschen Gruppen eigene Netzwerke, wie beispielsweise ein regelmäßiges „Osttreffen", aufgebaut.

Innerhalb der AA/BO forcierte die seit 1990 bestehende AAM eine Debatte um die Zukunft der Antifa-Bewegung, indem sie zum einen auf eine verbindlichere und umfängliche organisationale Struktur abhob, und zum anderen die Strategie eines antiimperialistisch verstandenen „Revolutionären Antifaschismus" verfolgte.[19] Dieser in den Neunzigerjahren dominante Bewegungsanspruch

---

16 Einladung zum bundesweiten Antifa-Treffen am 23.10. und 24.10.92, verfasst von Antifa Guben, 7.10.1992, ebenda, Spur-Nr. 231092-1.

17 Die Einladung an die ostdeutschen Gruppen enthielt noch die durchaus missverständliche Bemerkung „Allein mit der Teilnahme daran verpflichtet ihr Euch zu nichts!", aus der durchaus herausgelesen werden konnte, dass ein Zusammengehen mit der AA/BO nicht verpflichtend, aber zumindest erwünscht gewesen sei. Protokoll des Treffens der Antifaschistischen Aktion/Bundesweite Organisierung am 19./20.12.1992 in Berlin, o.D., ebenda, Spur-Nr. 191292-1.

18 Protokoll der AG 'Ost/West' (Samstag) im Rahmen des Treffens der AA/BO am 19./20.12.1992, o.D., ebenda.

19 Unter dem Motto „Antifa heißt Angriff!" verfolgte man eine Strategie, die Antifaschismus nicht als bloße defensiv orientierte Anti-Nazi-Politik verstanden wissen wollte. Antifaschismus sollte stattdessen offensiv der Umwälzung der ausgemachten

und -diskurs verschränkte sich wiederum mit der Frage der Einbindung der ostdeutschen Antifa-Gruppen. Um das *primäre* Interesse der bundesweiten 'Organisierung' zu verwirklichen, verfolgte die AAM das *sekundäre* Interesse, die Bewegung in den 'neuen' Bundesländern auszubauen, und rief westdeutsche Gruppen auf, „Patenschaften" für ostdeutsche Gruppen zu übernehmen. Die AAM selbst unterhielt intensive Beziehungen zur Autonomen Antifa/Schwarzer Ast Südthüringen.[20]

Erst ab 1993 kann in dieser Hinsicht von einem Wandel gesprochen werden, in dem das Gros der Gruppen im Osten auf Distanz blieb und jene im Westen die Kontaktbemühungen bis auf weiteres einstellten.

Der Blick auf die Antifa in Ostdeutschland

Ähnlich wie die westdeutsche Öffentlichkeit auf die 'Ossis' blickte, (mediales) 'Wissen' produzierte und entsprechende Klassifikationen in das kulturelle Gedächtnis einschrieb,[21] war auch die Sicht westdeutscher Antifa-Gruppen auf die jungen Zusammenschlüsse in Ostdeutschland von Zuschreibungen geprägt. Zwar lässt die begrenzte empirische Grundlage kein Ineinssetzen medialer 'Ossi'-Diskurse mit den Diskussionen innerhalb der westdeutschen sowie mit der ostdeutschen Antifa-Bewegung zu. Trotzdem sind Überschneidungen derart evident, dass eine umfassende Analyse – die hier nicht geleistet werden kann

---

kapitalistischen Herrschaftsverhältnisse dienen. Neben der AAM widmete sich bald vor allem die 1995 ins Leben gerufene Antifaschistische Aktion Berlin (AAB, hervorgegangen aus der Autonomen Antifa A+P) diesem „Konzept Antifa", wie es im Titel einer programmatischen Broschüre hieß, die seit ihrer Herausgabe 1998 große Strahlkraft entwickelte. Siehe Peters (2014), 120ff.; Das Konzept Antifa. Grundsatztexte und Konkretes, hrsg. von der Antifaschistischen Aktion Berlin, o.J. [1998].

20 So unterstützte die Göttinger Gruppe im April 1992 eine Demonstration im thüringischen Ilmenau. Siehe Peters (2014), 129.

21 Rebecca Pates zeichnet die 'Ossi'-Diskurse als Fremdheits-Diskurse nach, die den kollektiven 'Ossi' als „symbolischen Ausländer" markieren. Siehe Rebecca Pates: Einleitung – Der „Ossi" als symbolischer Ausländer. In: Dies., Maximilian Schochow (Hrsg.): Der „Ossi". Mikropolitische Studien über einen symbolischen Ausländer, Wiesbaden 2013, S. 7-20. Zu Ost-Diskursen in den Medien siehe Thomas Ahbe, Rainer Gries, Wolfgang Schmale (Hrsg.) (2009): Die Ostdeutschen in den Medien. Das Bild von den Anderen nach 1990, Leipzig; Kersten Sven Roth, Markus Wienen (Hrsg.) (2008): Diskursmauern. Aktuelle Aspekte der sprachlichen Verhältnisse zwischen Ost und West (= Sprache-Politik-Gesellschaft, Bd. 1), Bremen.

– nützlich scheint. Daher sollen an dieser Stelle die zentralen Diskursstränge nachvollzogen werden.

Die Perspektive auf die ostdeutschen Formierungen war getragen von der Annahme einer nachholenden Konstituierung. Die Gruppen in den 'neuen' Bundesländern sollten die Entwicklung der westdeutschen Antifa-Bewegung schnell aufholen und sich den inhaltlichen Prämissen anschließen. Die wahrgenommene Situation auf dem Gebiet der ehemaligen DDR wurde in der Organisierungsdebatte diskursiv genutzt. In einer Art *Bevormundungsdiskurs* wurde den ostdeutschen Antifazusammenhängen die Notwendigkeit der gemeinsamen Organisierung unter dem Dach der AA/BO dargelegt. Die wiederholte Benennung des Erstarkens der extrem rechten Szene und der rassistischen Gewalt sollte die Bedeutung einer straffen Organisation wie der AA/BO aufzeigen. So ergebe sich, wie es in einem Diskussionspapier der AAM hieß, „angesichts der zunehmenden Organisierung der Faschisten, vor allem in der ehem. DDR, die Notwendigkeit der antifaschistischen Organisierung".[22] In einem Seminar „Zum bewaffneten Kampf...", das sich vom 22. bis 24. April 1994 mit dem eigenen Verhältnis zur Militanz befasste, erläuterte ein Aktivist aus Plauen die prekäre Situation vor Ort, die dann wie folgt protokolliert wurde: „Ost-Antifastrukturen sind z.T. ziemlich schwach, sehr dünne Basis/Selbstschutz ist schnell organisierbar, aber kontinuierliche Arbeit schwieriger."[23]

So sahen die AA/BO-Gruppen Ostdeutschland vor allem als *Aktionsraum*. Westdeutsche Gruppen nutzten ihre Kontakte zu Aktivist_innen im 'Osten' und mobilisierten zu Antifa-Demonstrationen. So befanden sich unter den etwa 600 Demonstrant_innen, die am 4. April 1992 durch Ilmenau liefen, Vertreter_innen der Göttinger AAM: „Für uns war klar, daß wir die Leute in Ilmenau auf ihrer Demo unterstützen werden und fuhren hin." Die Gruppe nutzte die Nachbereitung, um in einem Flugblatt – das unter anderem ein Bild von dem zum Lautsprecherwagen umfunktionierten Trabant 601 zeigt – zu resümieren: „Die Demo hat uns Spaß gemacht, wir haben [...] die Aufbruchsstimmung in der Ex-DDR genossen."[24] Auch eine 1994 offenbar von der AAM initiierte

---

22 „Diskussionspapier zur Autonomen Organisierung", verfasst von Autonome Antifa (M) und Genossinnen, August 1991, S. 5, HIS-Archiv, Autonome Antifa (M) Göttingen, Beweismittelordner Bd. II, Spur-Nr. 000891-1.
23 Leseabschrift aus dem Protokollbuch, S. 55, ebenda, Beweismittelordner Bd. Ia, Spur-Nr. 000000-8.
24 Flugblatt „Von einer Antifa-Demo in Ilmenau und vom Vermummungsverbot", Autonome Antifa (M) Göttingen, o.D. [1992], ebenda, Beweismittelordner Bd. V, Spur-Nr. 000492-2.

Abb. 2: *Flugblatt der Autonomen Antifa (M)*, April 1992, Faksimile
Quelle: HIS-Archiv

„Anti-Heise-Demo in Wernigerode", die sich gegen den damals in Niedersachsen aktiven Neonazifunktionär Thorsten Heise richtete, war mehrfach Thema. Veranstaltungen der vorausgegangenen Kampagne fanden jedoch ausschließlich in westdeutschen Städten sowie Berlin beziehungsweise hauptsächlich in Städten mit AA/BO-Gruppen statt.[25]

In der Nachlese von Antifa-Demonstrationen auf dem Gebiet der ehemaligen DDR kam ein weiterer Diskursstrang zum Tragen, der vielleicht noch am ehesten mit der Erzählung vom *naiven 'Ossi'* verglichen werden kann. Der ostdeutschen Antifa-Bewegung fehlte, so die Annahme, die militante Erfahrung ihres westdeutschen Pendants. Nachhaltig in Erinnerung blieb so eine Demonstration von etwa 5000 Menschen gegen die Neonazistrukturen in der Lichtenberger Weitlingstraße in Ost-Berlin am 24. Juni 1990, bei der sich mehrere hundert mutmaßlich aus dem Westteil der Stadt angereiste Autonome eine „Schlacht mit Vopos", also Einheiten der Deutschen Volkspolizei, lieferten. Diese „Lichtenbergdemo hat Leute aus [dem] Osten abgeschreckt", so der Tenor, weswegen die „Ostlerinnen jetzt relativ defensiv drauf" seien.[26] Auch in den Folgejahren kam es immer wieder zu Zerwürfnissen zwischen „Gewaltbereiten und Gewaltlosen"[27], so auch während einer Antifa-Demonstration am 22. September 1991 in Reaktion auf die rassistischen Pogrome in Hoyerswerda, an der auch etwa 300 mit einem Autokorso „von Berlin"[28] angereisten Antifaschist_innen teilnahmen. Die linksradikale Zeitschrift *radikal* kritisierte das defensive Agieren der Demonstrations-

---

25 Leseabschrift aus dem Protokollbuch, S. 24f.; Internes Papier „Stand der Dinge ... (Rückblick und Perspektive)", o.D. [Juni/Juli 1994], S. 2, ebenda Beweismittelordner Bd. Ia, Spur-Nr. 000000-8.

26 Handschriftliche Mitschrift vom bundesweiten Antifa-Treffen in Offenbach, o.D., ebenda, Beweismittelordner Bd. II, Spur-Nr. 010692-1 (orthographisch vereinheitlicht). Resümierend siehe Dietmar Wolf, Berliner HausbesetzerInnen-Geschichte: Das Neo-Nazi-Haus Weitlingstraße 122 in Berlin-Lichtenberg, http://telegraph.cc/berliner-hausbesetzerinnen-geschichte-das-neo-nazi-haus-weitlingstrasse-122-in-berlin-lichtenberg/(abgerufen am 13.5.2016).

27 „Hoyerswerda – Nachschlag". In: radikal, Nr. 145, Februar 1992, Teil 2, S. 70-72, hier: S. 70.

28 Der Topos „von Berlin" meint hier nicht unbedingt nur die seit den Achtzigerjahren gewachsene Westberliner Autonomen- und Hausbesetzer_innenszene, sondern auch die vornehmlich in Prenzlauer Berg und Friedrichshain beheimatete Szene Ostberlins. Siehe Berliner Autonome Gruppen, Bericht der TeilnehmerInnen am ersten Demokonvoi nach Hoyerswerda im September 1991, http://pogrom91.tumblr.com/berichtdemo91 (abgerufen am 13.5.2016).

organisation gegenüber der Polizei, die Hinderung von militanten Aktivitäten wie dem Werfen von Steinen sowie das Agieren gegenüber der Presse.[29]

Derartige Fallbeispiele lassen sich nicht eindimensional auf einen Ost-West-Dissens reduzieren; trotzdem muss hier nach strategischen wie habituell-kulturellen Differenzen zwischen Antifaschist_innen aus Ostdeutschland und den angereisten aus den 'alten' Bundesländern sowie dem Westteil Berlins gefragt werden.

Abb. 3: *Antifaschistische Demonstration in Lichtenberg am 24. Juni 1990*
Quelle: Archiv telegraph

Ein weiterer Diskursstrang basiert auf dem auch sonst im Ost-West-Verhältnis bekannten Narrativ des *entwicklungsbedürftigen 'Ossis'*, der durch 40 Jahre DDR den gesellschaftlichen Verhältnissen in der Bundesrepublik nicht gewachsen sei. Ebenso konnten die meisten ostdeutschen Antifa-Gruppen „[d]ie hohen Ansprüche an die Mitgliedsgruppen und Aktivist_innen der AA/BO" nicht erfüllen, erklärt retrospektiv das damalige AAM-Mitglied Langer.[30] Nur wenige Gruppen genügten offenbar den Standards. Wie die Plauener Antifa Si!, über die

---

29 „Hoyerswerda – Nachschlag". In: radikal, Nr. 145, Februar 1992, Teil 2, S. 70-72, hier: S. 70.
30 Langer (2014), S. 212.

es in einem Protokoll vom Treffen der Göttinger Antifas am 6. April 1994 heißt: „6-8 Leute/Projekt: Haus gekauft; seit 1 Jahr; mit Kneipe, Vereinen, Infoladen; wollen aber keine linke Nische;/politisch von außen hart attackiert; gute Leute!/– haben enge Kontakte nach Suhl."[31] Dabei sollte den regional vorgegebenen Bedingungen laut AA/BO-Gründungsmanifest Rechnung getragen werden:

> „Der Aufbau der 'Antifaschistischen Aktion' orientiert sich an den unterschiedlichen Bedingungen [...] unter besonderer Berücksichtigung der speziellen Situation im Osten, da gerade dort die politische Situation besonders angespannt und die antifaschistische Struktur noch mangelhafter ist."[32]

Das Protokoll eines bundesweiten Treffens vom 27. bis 29. März 1992 brachte die Diskrepanz zwischen eigenem Anspruch und diagnostizierter Wirklichkeit auf den Punkt:

> „Es bestand die Schwierigkeit darin, einerseits keine Städte auszuschließen, die sich verbindlich organisieren wollen, und zum anderen das Modell nicht zu verwässern. In dieser Hinsicht gab es Dinge, die in dem Modell nicht berücksichtigt wurden: praktische Probleme in Regionen mit schwacher Infrastruktur, v.a. DDR."[33]

Auch bei dem Treffen am 29. und 30. Juni 1992 in Braunschweig, an dem die Gruppen aus Halle und Guben teilnahmen und bei dem die baldige Ausrufung der AA/BO beschlossen wurde, spielte die Frage eines strukturellen Ost-West-Gefälles in Organisierungsgrad und personellen Kapazitäten eine wichtige Rolle. So stellte das Protokoll fest,

> „dass an Gruppen im Westen meist höhere Anforderungen gestellt werden können[,] da es hier schon verstärkt die Möglichkeit gibt, sich vorerst auf den regionalen Plenas [sic!] einzubringen, als an Gruppen im Osten. Trotz erheblich schwierigeren Bedingungen wäre es falsch, Leute, die hier ernsthafte Antifaarbeit leisten, nicht in die Antifaschistische Aktion einzubinden."[34]

Bei diesem Treffen sammelten die Anwesenden auch Eckpunkte für ein „Gründungspamphlet" und nannten neben der „Bündnisarbeit" und den Themen „Rassismus, Patriarchat, Kapital" eben auch die Notwendigkeit einer „Strukturhilfe

---

31 Leseabschrift aus dem Protokollbuch, S. 44, HIS-Archiv, Autonome Antifa (M) Göttingen, Beweismittelordner Bd. Ia, Spur-Nr. 000000-8.

32 „Manifest der Organisation 'Antifaschistische Aktion'", verfasst von Autonome Antifa (M), Juli 1992, S. 2, Fehler i.O., ebenda, Beweismittelordner Bd. II, Spur-Nr. 000792-3.

33 Protokoll vom „AntiFa-Bundestreffen", 27.–29.3.1992, ebenda, Spur-Nr. 280392-1.

34 Protokoll vom „bundesweiten Antifatreffen" am 29./30.6.1992, S. 4, ebenda, Spur-Nr. 290692-1.

Ost-West".³⁵ Mit Bezug auf eine Arbeitsgruppe zum Themenbereich „Kommunikation, Mailbox, Info, Recherche" wurden scheinbar infrastrukturelle Defizite und fehlende technische Voraussetzungen in Ostdeutschland problematisiert:

> „Da besonders beim Themenbereich der AG 2 die Unterschiede zwischen Ost und West deutlich wurden, sollen alle Gruppen eine Städtepartnerschaft zwischen Ost und west [sic!] einrichten. Dadurch soll eine direkte Strukturhilfe entstehen. Städte aus dem westen [sic!] sind dafür verantwortlich, dass die Infos, die sie durch die Vernetzung erhalten, an die jeweilige Stadt im Osten weitergeben und auf Dauer diese Städte im Aufbau einer Infrastruktur zu unterstützen. Auch die finanzielle Unterstützung ist notwendig, was durch extra Sammlungen erreicht werden könnte. Durch das Motto 'Strukturhilfe für den Osten' kann sehr gut das linksliberale Spektrum angesprochen werden."³⁶

Deutlich wird: Die Norm wurde von der westdeutschen Antifa-Bewegung vorgegeben, während die ostdeutsche diskurssemantisch als Abweichung von dieser konstruiert wurde. Vermittels einer vornehmlich monetär und infrastrukturell verstandenen 'Strukturhilfe' sollten die ostdeutschen Gruppen auf 'Westniveau' gehoben werden. Der so verstandene antifaschistische 'Aufbau Ost' sollte die junge Bewegung fit machen. Die eigenen „Ansprüche [...] der AA/BO" zu hinterfragen und einen Kompromiss mit dem politischen Eigensinn von Antifa im Osten zu suchen, daran dachte man offenbar nicht.

Auch der Diskursstrang des *eigen-sinnigen 'Ossis'* findet seine Entsprechung in der Diskussion der westdeutschen Antifa-Bewegung über das ostdeutsche Gegenstück. So brachte man bei der AA/BO einiges Verständnis für die vermeintliche Ideologieferne der Gruppen im 'Osten' auf. Dabei vermischte man etwaige Konfrontationen mit und eigene (Vor-)Annahmen über den Eigensinn ostdeutscher Antifaschist_innen: Schon beim Wuppertaler Gründungstreffen 1992 wurde darüber diskutiert, ob das heute unwidersprochen mit der 'Szene' assoziierte Antifalogo für die AA/BO übernommen werden dürfe, könne das Symbol doch aufgrund der „Vorbelastung im Osten Deutschlands durch die jüngere Geschichte der DDR" auf Ablehnung stoßen.³⁷ Heute deutet Langer an, dass die weitgehende Nichtbeachtung der AA/BO durch die „Ost-Antifas", an einer Ablehnung von „roten Fahnen und großen antiimperialistischen Parolen"

---

35 Ebenda.
36 Ebd. S. 5.
37 „Gründungstreffen der ANTIFASCHISTISCHEN AKTION am 25. Juli 1992 in Wuppertal.", verfasst von Autonome Antifa (M), August 1992, S. 1, ebenda, Spur-Nr. 250792-1.

gelegen habe.[38] Damals hieß es auch, die „Gruppen aus der gekauften DDR" hätten sich nicht nur oder in erster Linie an Zeichen und Symbolen gestört, sei doch deren Ausrichtung „bis zur Wende" eine gänzlich andere, nämlich „Anti-Stalinistische" gewesen.[39] So seien „viele Ostgruppen extrem 'westfeindlich' eingestellt", was nicht zuletzt „mit ihren schlechten Erfahrungen, die sie mit K-Gruppen[40] kurz nach der Annexion der DDR gemacht hatten, zusammen" hänge, wie in einem Erfahrungsbericht auf dem AA/BO-Treffen am 26. und 27. März 1993 in Braunschweig festgestellt wurde. Die Gruppen aus Ostdeutschland „störten sich an [...] westlicher Dominanz" und berichteten von „schlechte[n] Erfahrungen mit trotzkist. Gruppen", so eine protokollierte Mitschrift der AAM. Um die ostdeutschen Gruppen nicht unnötig zu provozieren kam man also „zu der Einschätzung, daß wir die Entwicklung erstmal abwarten wollen und keine VertreterInnen am nächsten Osttreffen teilnehmen sollen, zumal dies auch nicht gewünscht ist."[41] Etwaige inhaltliche Konfliktlinien bezüglich des Verständnisses von Antifapolitik und insbesondere dem von der AAM entwickelten Konzept des „Revolutionären Antifaschismus" wurden damit auf „schlechte Erfahrungen" der ostdeutschen Antifa-Gruppen reduziert. In der Retrospektive kommt Langer zu dem Schluss: „An einer antikapitalistischen und vor allem straff ausgerichteten Organisierung bestand wenig Interesse."[42]

Die ost-westdeutsche Dimension der Organisierungsdebatte

Schließlich machte sich Kritik an dem Ansatz der AAM bemerkbar. Insbesondere die Redaktion des 1987 im damaligen West-Berlin ins Leben gerufenen *Antifaschistischen Infoblatt* (AIB) opponierte mit einer umfangreichen „Streitschrift", in

---

38 Langer (2014), S. 212.
39 Protokoll zum „bundesweiten Antifatreffen" am 18./19.1.1992, HIS-Archiv, Autonome Antifa (M) Göttingen, Beweismittelordner Bd. II, Spur-Nr. 180192-1.
40 Als K-Gruppen wurden ursprünglich die seit den Siebzigerjahren gegründeten Organisationen bezeichnet, die sich zumeist als maoistisch verstanden. Anfang der Neunzigerjahre existierten nur noch wenige dieser Gruppen. Die Bezeichnung dient daher nicht einfach der Benennung einer ideologischen Orientierung, sondern auch der Abgrenzung gegenüber einem orthodoxen und autoritären Politikverständnis der K-Gruppen.
41 „Protokoll des Antifaschistische Aktion/Bundesweite Organisations-Treffens vom 26./27. März 1993 in Braunschweig", verfasst von Antifa Bünde, ebenda, Spur-Nr. 260393-1.
42 Langer (2014), S. 212.

der zumindest am Rande auf die West-Fixierung der AA/BO-Gruppen eingegangen wurde. So „verallgemeinert [die] Antifa (M) im Bündnis mit anderen deutschen Antifagruppen aus den studentischen Kleinstädten der alten Bundesländer eigene Erfahrungen. Sie täten besser daran, anderen Linken mit einer anderen Realität besser zuzuhören, dann ergibt sich vielleicht auch eine andere Analyse der Verhältnisse."[43] Wer diese „anderen Linken" sein sollten, konkretisierte das AIB zwar nicht, doch kann davon ausgegangen werden, dass hier ostdeutsche Gruppen ebenso mitgedacht wurden, wie diejenigen Strömungen, die Kritik am Konzept des „Revolutionären Antifaschismus" übten. Denn beim AIB ging man ebenso davon aus – und unterschied sich hierin wenig von der AA/BO –, dass überall in den 'neuen' Bundesländern gewaltbereite Neonazis ihr Unwesen trieben. So seien „[...] die Erfahrungen der Menschen in Nazi-Hochburgen oder östlich der Elbe [...] andere als die, die man in der Innenstadt Göttingens zu sehen kriegt."[44] Anders als in der AA/BO dominierte bei der AIB-Redaktion also nicht das Narrativ des *entwicklungsbedürftigen 'Ossis'* – hier konkret der ostdeutschen Antifa-Bewegung –, sondern die Erzählung der besonderen Erfahrungen und Kompetenzen durch die spezifische Situation in der ehemaligen DDR. Doch eigentlich rieb man sich beim AIB an der Frage der Gliederung in Mitglieder- und beobachtende Gruppen, die von den „meisten BeobachterInnenstädten" abgelehnt wurde, „da sie angeblich eine Hierarchie fördern (z.B. zwischen Ost- und Weststädten)" würde.[45] Dabei richtete sich das Berliner Papier in erster Linie gegen das AAM-Paradigma des revolutionär-antiimperialistischen Habitus und nutzte den subordinierten Ost-West-Diskurs als Vehikel der Kritik.

Trotzdem hatte die westdeutsch dominierte Organisierungsdebatte auch Auswirkungen auf die Ost-Antifa-Bewegung: Das Bundesweite Antifa-Treffen (BAT), das sich 1994 als Konsequenz aus der Organisierungsdebatte und in Abgrenzung zum Ansatz der AA/BO konstituierte, schien tatsächlich attraktiver für Gruppen

---

43 „Streitschrift wider den Dogmatismus in der Antifa", verfasst von Antifa-Infoblatt Redaktion, September 1992, S. 3, HIS-Archiv, Autonome Antifa (M) Göttingen, Beweismittelordner Bd. II, Spur-Nr. 000992-1.

44 Ebd. S. 4.

45 An dieser Stelle war sogar von einem „Berliner Modell" die Rede, das auf die spätere BAT-Struktur verweist. So scheint die Trennung der Antifa-Bewegung in AA/BO und BAT zumindest in Teilen auch eine Trennung von Mitglieds-Gruppen und vormaligen Beobachter-Gruppen der AA/BO gewesen zu sein. Siehe „Protokoll des Treffens der AA/BO am 20./21.2.93", o. Verf., ebenda, Spur-Nr. 200293-1.

aus den 'neuen' Bundesländern.[46] Ansonsten organisierten sich ostdeutsche Gruppen vorrangig autonom. Bereits 1990 etablierte sich ein Ostvernetzungstreffen von Antifa-Gruppen aus der in Auflösung begriffenen DDR. Dieses grenzte sich in den Folgejahren von den weitgehend dominierenden anderen Zusammenschlüssen und Vernetzungsstrukturen wie der AA/BO oder dem BAT ab.[47] Bei einem „Osttreffen in Magdeburg", an dem unter anderem Gruppen aus Halle, Stendal, Dessau, Weimar, Jena, Ost-Berlin und Magdeburg teilnahmen und das am 20. und 21. März 1993 stattfand, wurde festgestellt, „daß fast alle Gruppen das Wort 'Organisation' wie auch die AA/BO ablehnen, aber an einer Vernetzung interessiert sind. Die anwesenden Ostgruppen wollen sich erstmal selbst vernetzen, ihr eigenes Vokabular bestimmen und sich nicht von Westgruppen diktieren lassen."[48]

Auf dem Treffen der AA/BO am 9. und 10. Oktober „berichteten die GenossInnen aus Südthüringen und Plauen" von einer „deutlich spürbare[n] Abneigung gegen Organisierungsversuche wie etwa die AA/BO".[49] Derweil versuchte sich die AA/BO in Problemanalysen und so stellte die 1992 gebildete Arbeitsgruppe „Ost/West" fest, dass die ostdeutschen Antifa-Gruppen „mehr Wert auf eine praktische Zusammenarbeit" legen würden. Stattdessen jedoch werde „auf unseren Treffen viel zu viel über für sie nicht so wichtige Dinge geredet". Immer wieder rede man „in Ost und West [über] teilweise völlig verschiedene Dinge", so der Tenor. Schließlich herrsche „bei vielen Ost-Städten ein Vorbehalt gegen solch eine Art der Organisierung oder Organisation". Es blieb daher der Gruppe aus Suhl vorbehalten, „bei einigen Ost-Städten nach[zufragen], ob sie Bedarf haben an einer Zusammenarbeit".[50]

---

46 Das Bundesweite Antifa Treffen. Ein Rhythmus – zwei Akkorde – drei Slogans. In: Antifaschistisches Infoblatt 57 (2002) 3, https://www.antifainfoblatt.de/arrikel/das-bundesweite-antifa-treffen (abgerufen am 13.5.2016).
47 1995 löste sich das Ostvernetzungstreffen auf. Schuhmacher (2014), S. 31f.
48 „Protokoll des Antifaschistische Aktion/Bundesweite Organisations-Treffens vom 26./27. März 1993 in Braunschweig", verfasst von Antifa Bünde, HIS-Archiv, Autonome Antifa (M) Göttingen, Beweismittelordner Bd. II, Spur-Nr. 260393-1.
49 Die in der AA/BO wenigen organisierten Gruppen aus Ostdeutschland sahen sich in der 'Zwickmühle', mussten sie doch die ostdeutsche Distanz „auch in der praktischen Mitarbeit [...] zur Kenntnis nehmen". Siehe „Protokoll des Delegiertentreffens der Antifaschistischen Aktion/Bundesweite Organisation am 9./10. Oktober 1993 in Mainz", verfasst von Autonome Antifa A+P (Berlin), ebenda, Spur-Nr. 091093-1.
50 „Protokoll der AG 'Ost/West' (Samstag)" im Rahmen des Treffens der AA/BO am 19./20.12.1992, o.D., HIS-Archiv, Autonome Antifa (M) Göttingen, Beweismittelordner Bd. II, Spur-Nr. 191292-1.

Fazit

Schon 1994 musste Andreas Fanizadeh resigniert feststellen, dass der linksradikale Hamburger Wohlfahrtsausschuss „gründlich damit gescheitert" sei, die radikale Linke in Ost und West zu einer gemeinsamen Debatte zu bewegen. Die radikale Linke und mit ihr die Antifa-Bewegung zwischen Rostock und Dresden habe einfach „kein Interesse" gezeigt.[51] Der Blick in die AA/BO-Protokolle zeigt beispielhaft, wie sehr Teile der westdeutschen Antifa-Bewegung einer Defizitperspektive auf die ostdeutsche Antifa-Bewegung verhaftet waren. Der innerlinke Ost-Diskurs basierte auf der Dichotomie von Normalität/Abweichung und der Konstruktion von Hilfsbedürftigem und Helfendem. Wenngleich dieser Diskurs in der AA/BO keineswegs ubiquitär war, kann er doch als Subdiskurs im Rahmen der Organisierungsdebatte gesehen werden, der bisher – gerade als diskursive Verschränkung – keine Beachtung fand.

---

51 Andreas Fanizadeh, Vorwort. In: Wohlfahrtsausschüsse (Hrsg.) (1994): Etwas Besseres als die Nation. Materialien zur Abwehr des gegenrevolutionären Übels. Berlin, S. 7-14, hier: S. 7, 9. Die in westdeutschen Großstädten gegründeten „Wohlfahrtsausschüsse" hatten 1993 eine Konzertreihe in Rostock, Leipzig und Dresden unter dem Motto „Etwas Besseres als die Nation" organisiert.

Teil II – Subjektive Perspektiven im gesellschaftspolitischen Kontext

Nils Schuhmacher

„Dass es nicht nur in deiner Stadt, sondern woanders auch so ist" – Biografische Aspekte des selbstorganisierten Antifaschismus in Ostdeutschland

Einleitung

Der selbstorganisierte, von Parteien und Organisationen unabhängige ostdeutsche Antifaschismus lässt sich nicht ohne weiteres im Kategoriensystem des westdeutschen autonomen Antifaschismus beschreiben. Während die Variante West sich vor dem Hintergrund verschiedener politischer und kultureller Protestbewegungen und ihrer Effekte entfaltet hat, gründet(e) die Variante Ost auf deutlich anderen Rahmen- und Verlaufsbedingungen, in deren Mittelpunkt gesellschaftliche Umbruchserfahrungen stehen.

Erstens entwickelte sich der unabhängige Antifaschismus in der DDR unter der doppelten Bedingung eines selbstvergewissernden Narratives des antifaschistischen Staates und der offiziellen Verneinung, dass es im Land überhaupt Neonazismus und Rassismus gäbe. Zweitens war die DDR-Gesellschaft durch ein geringes Maß an zivilgesellschaftlichen Strukturen, gleichzeitig durch ein höheres Maß an (formaler) Politisierung des gesellschaftlichen Lebens geprägt. Drittens entfaltete sich im Zusammenbruch der DDR schließlich eine komplexe Mischung aus biografischen und politischen Entwertungen sowie neuen individuellen Optionen.[1] In dieser Situation kam es auch zur Mobilisierung einer vielgestaltigen extremen Rechten, die ihren Ordnungsanspruch auf der Straße mit massiver Gewalt reklamierte.

Die Betrachtungen jener Umbruchphase stehen im Zeichen starker Polarisierung, die besonders unter Jugendlichen wahrgenommen (und untersucht) wurde: auf der einen Seite 'Rechte', 'Faschos' und 'Neonazis' (faktisch ein Gemisch aus Schlägern unterschiedlicher jugendkultureller Provenienz, politischen Hasardeuren, 'Kadern', 'Aktivisten' und 'Mitläufern', Zugereisten aus dem Westen und

---

1 Vgl. Steffen Mau (2019): Lütten Klein. Leben in der ostdeutschen Transformationsgesellschaft. Berlin: Suhrkamp.

ostdeutschen 'locals' etc.); auf der anderen Seite 'Linke' (faktisch oft alles, was nicht 'Nazi' war). Das Bild starker Polarisierung darf angesichts von diversen Grautönen, von struktureller Vielgestaltigkeit und individueller Beweglichkeit nicht allzu statisch verwendet werden.[2] Rechte Einstellungen und Gewalt waren in dieser Phase aber omnipräsent. In diesem Sinne stellte und stellt die Auseinandersetzung mit 'Rechten und Nazis' für die Angehörigen eines bestimmten Milieus[3] durchgehend eine prägende biografische Erfahrung dar. Die Gemeinsamkeit liegt zunächst darin, dass bestimmte kulturelle Entscheidungen dazu führen, ins Visier der 'Rechten' zu geraten, auf einer zweiten Stufe darin, dass sich gegen ein Arrangement mit ihnen und für offensive *Entgegnung* entschieden wird. Diese Entscheidung eröffnet den Raum für geteilte Erfahrungen und schafft damit weitere Gemeinsamkeiten.

Die zentrale Erfahrung der Angehörigen dieses Milieus bestand bzw. besteht allerdings nicht allein darin, sich in besonderer Weise rechten „Alltagstyrannen"[4] ausgesetzt zu sehen, sondern auch darin, mit dieser Bedrohung dem eigenen Erleben nach weitgehend alleine dazustehen. Das spezifische Erfahrungsmo-

---

2 Vgl. dazu etwa die belletristischen Beschreibungen bei Clemens Meyer (2007): Als wir träumten. Frankfurt a.M.; Peter, Richter (2015): 89/90. München: Luchterhand; Manja Präkels (2017): Als ich mit Hitler Schnapskirschen aß. Berlin: Verbrecher Verlag; die dokumentarischen Aufarbeitungen bei Burkhard Schröder (1997): Im Griff der rechten Szene. Ostdeutsche Städte in Angst. Reinbek; Connie Mareth, Ray Schneider (2010): Haare auf Krawall. Jugendsubkultur in Leipzig 1980–1991. 3. Aufl., Connewitzer Verlagsbuchhandlung Leipzig sowie die Befunde empirischer Forschung etwa bei Lothar Böhnisch, Harald Bretschneider, Barbara Wolf, Rolf Schmidt (Hrsg.) (1992): Gesellungsformen Jugendlicher und Gewalt. Gesellungsstudie. Dresden; Hans-Jürgen von Wensierski (2003): Jugendcliquen und Jugendbiographien. Biografische und ethnografische Analysen der Mitgliedschaft am Beispiel ostdeutscher Jugendlicher. Unveröff. Habilitationsschrift. Halle a.d.S.

3 Den Begriff des Milieus verwende ich hier in zweifacher, sich einander ergänzender Weise. Zum einen meint er Alltagsmilieus als „reale soziale Handlungszusammenhänge", die auf emotional relativ hoch besetzten Gegenseitigkeitsstrukturen beruhen (vgl. Lothar Böhnisch (1994): Gespaltene Normalität. Lebensbewältigung und Sozialpädagogik an den Grenzen der Wohlfahrtsgesellschaft. Weinheim – München, 217). Zum anderen meint er sozialmoralische Milieus als Netze alltagskultureller und szenischer Vergemeinschaftungen, in denen bestimmte Personen auf der Grundlage gemeinsamer Ansichten und Betroffenheiten potenziell Minimalkonsense, Verbindungen und Allianzen herstellen *können* (vgl. Jürgen Gerhards (1993): Neue Konfliktlinien in der Mobilisierung öffentlicher Meinung. Eine Fallstudie. Opladen).

4 Zu Begriff und Figur vgl. Marianne Gronemeyer (1976): Motivation und politisches Handeln. Grundkategorien politischer Psychologie. Hamburg: Hoffmann & Campe, S. 163.

ment ist damit nicht die Bedrohung als solche, sondern ihre soziale Einbettung in eine als desinteressiert und paralysiert, oft sogar als ausdrücklich feindlich wahrgenommene Umgebung.

Dieser Beitrag widmet sich lebensgeschichtlichen Erfahrungen und Erfahrungsverarbeitungen, Betroffenheiten und (biografischen) Selbstbeschreibungen von ostdeutschen Antifas. Die Darstellung beruht auf insgesamt 13 teilstrukturierten Interviews mit acht in der DDR und Ostdeutschland sozialisierten Personen (sieben männlich, eine weiblich), die zwischen 2009 und 2012 im Rahmen einer größer angelegten Studie zu Selbstbeschreibungen politischen Handelns in der autonomen Antifa geführt wurden.[5] Die Betreffenden waren zum Zeitpunkt der Interviews im Alter zwischen 19 Jahren bis Ende 30, die Erzählungen bezogen sich somit auf unterschiedliche Zeiträume, beginnend in den Jahren 1988/89. Alle Interviewpartner_innen waren zum Zeitpunkt der Gespräche noch politisch aktiv, mehrheitlich im organisatorischen, zumindest aber inhaltlichen Kontext von unabhängiger bzw. autonomer Antifapolitik.

Im Kern geht es im Folgenden um die Fragen, an welchen Punkten Motivation zu politischem Handeln entsteht, wie sich Motivation und Handeln entwickeln, sozial ablagern und vermitteln, damit um die subjektiven Anteile politischer Alltagsgeschichte.[6] Eine solche Perspektive auf politische Sozialisation erfordert es, sich von einem administrativ und institutionell verengten, vom politischen System aus gedachten Verständnis von *Partizipation als Teilhabe* zu lösen. Stattdessen wird im Folgenden der weiter gefasste Begriff des politischen *Engagements* zugrunde gelegt.[7] Dieses, in hohem Maße von Jugendlichen getragene Engagement lässt sich,

---

5   Siehe Nils Schuhmacher (2014): „Nicht nichts machen"? Selbstdarstellungen politischen Handelns in der Autonomen Antifa. Duisburg: Salon Alter Hammer. Die Interviewpartner_innen werden Anne, Christoph, David, Dennis, Jakob, Julian, Lukas und Tom genannt. Eines der an dieser Stelle verwendeten Interviews (mit Jakob) wurde in der genannten Studie als klassisches Experteninterview geführt und nicht einbezogen. In fünf Fällen wurden im Sinne einer längsschnittlichen Anlage je zwei Interviews geführt.

6   Siehe in diesem Sinne etwa Wilfried Breyvogel (1991): Resistenz, Widersinn und Opposition. Jugendwiderstand im Nationalsozialismus. In: Ders. (Hrsg.): Piraten, Swings und Junge Garde. Jugendwiderstand im Nationalsozialismus. Bonn: Dietz-Verlag, S. 9-16; Dirk Lange (2005): Politische Alltagsgeschichte. Ein Konzept zur historischen Erforschung neuer sozialer Bewegungen. In: Bernd Hüttner, Gottfried Oy, Norbert Schepers (Hrsg.): Vorwärts und viel vergessen. Beiträge zur Geschichte und Geschichtsschreibung neuer sozialer Bewegungen. Neu-Ulm: AG Spak, S. 43-55.

7   Vgl. Karl-Werner Brand (2010): Die Neuerfindung des Bürgers. Soziale Bewegungen und bürgerschaftliches Engagement in der Bundesrepublik. In: Thomas Olk,

so ein zweiter Punkt, nur verstehen, wenn es im Wechselspiel von 'jugendkultureller' und politischer Orientierung und Gemeinschaftsbildung betrachtet wird.[8]

Hinwendungen zu selbstorganisiertem Antifa-Engagement

Politisches Handeln Jugendlicher, so das einschlägige Bild, beruht mehrheitlich auf Einbindungen in peer groups. Es ist in diesem Sinne häufig eng verknüpft mit Freiwilligkeit, mit sozialen Bezügen, die die Betreffenden aktiv herstellen und mit jugendkulturellen Ausdrucksformen, die sie wählen. In Bezug auf die Erfahrungen der Interviewpartner_innen greift dieses Verständnis aber zu kurz: Sie berichten nämlich auch von äußerem Zwang, der diese Gruppenbildungen beeinflusst. Bereits die 'proto-politischen' Vergemeinschaftungen, die die Grundlage für späteres Antifa-Engagement bilden, sind gekennzeichnet durch den Umstand notgedrungenen Zusammenrückens. Die weitere Politisierung steht ebenfalls u.a. im Zusammenhang mit äußerem Druck. Die Niveaus der Konfrontation mögen sich dabei zwischen den frühen Neunzigerjahren (Dennis, Jakob, Julian), dem Anfang und der Mitte (Anne, Christoph, David) und dem Ende der 2000er Jahre (Lukas, Tom) unterscheiden. Im Grundton handeln aber alle Darstellungen von der schon früh gemachten Erfahrung sich fortlaufend „positionieren" zu müssen, „weil in diesem ganzen Prozess von Sozialisation so 'ne rechte Szene-Kultur so 'ne Rolle spielt" (David).

Politisierung 1: Die Konsequenzen sozialer und kultureller Hinwendung

Die Politisierungs- und Hinwendungserzählungen lassen sich in zwei Entwicklungsabschnitte unterteilen. Zuerst einmal handeln sie von jugendkulturellen und sozialen Zuordnungen. Deren charakteristisches Moment besteht darin, dass die alltagsweltlichen Konsequenzen erheblich sind: *Dissidentes Anderssein* und dessen Zurschaustellung, bereits alternative Styles verschiedener Art, werden, so die Erfahrungsformel, von 'Rechten' bestraft.

Ansgar Klein, Birger Hartnuß (Hrsg.): Engagementpolitik. Die Entwicklung der Zivilgesellschaft als politische Aufgabe. Wiesbaden: VS Verlag für Sozialwissenschaften, S. 123-152.

8 Vgl. Kurt Möller (1995): Jugend(lichkeits)kulturen und (Erlebnis)Politik. Terminologische Verständigungen. In: Wilfried Ferchhoff, Uwe Sander, Ralf Vollbrecht (Hrsg.): Jugend-Kulturen – Faszination und Ambivalenz. Weinheim, München: Juventa, S. 172-202; Rainer Paris, (2000): Schwacher Dissens. Kultureller und politischer Protest. In: Roland Roth, Dieter Rucht (Hrsg.): Jugendkulturen, Politik und Protest. Vom Widerstand zum Kommerz? Opladen: Leske + Budrich, S. 49-62.

Subjektiv überraschend ist dabei weniger die Reaktion an sich, als deren Vehemenz, Intensität und Kontinuität: Man wird nicht nur mal „schräg angeguckt" und „angepöbelt", sondern immer wieder „abgegriffen" und „attackiert", zum Teil nicht nur auf der Straße, sondern sogar zu Hause (Tom). Es geschieht in diesem Zusammenhang zweierlei: Politische Aspekte innerhalb der kulturellen Entscheidungen treten stärker in den Vordergrund, weil derartige Erfahrungen nach Erklärungen verlangen. Zudem rücken die Jugendlichen als Betroffene enger zusammen, wenn sie sich aufgrund nur minimal vorhandener Möglichkeiten der Freizeitgestaltung nicht ohnehin bereits relativ nahestanden. Allerdings unterscheiden sich die betroffenen Personenkreise von Ort zu Ort. Mal sind es kleine, stilistisch eindeutig (v.a. an Punk) orientierte Cliquen (Christoph, Lukas, Tom). Mal sind es größere, jugendkulturell weniger genau festgelegte Freundes- und Bekanntenkreise, wie sie etwa Dennis für die frühen Neunzigerjahre exemplarisch beschreibt. Zum einen ist bei ihm die Rede von

> „unpolitische[n] Gruppen, hervorgegangen aus den 'Stationen junger Naturforscher und Techniker' der DDR, die tatsächlich eher wirklich so praktischen Naturschutz, so Vögel beobachten, Ornithologie, Bäume pflanzen, [...], aber die Leute, die das gemacht haben, waren halt / also die dahinterstehende oder die damit verbundene Kultur war halt eher links, [...] im Gespräch, das nicht um Blumen ging, war man halt eher links."

Zum anderen ballen sich in den wenigen zur Verfügung stehenden Jugendeinrichtungen „alle Subkulturen", die nicht rechts sind, was trotz vorhandener Unterschiede hinsichtlich Geschmack, Interessen etc. zwangsläufig alltagsweltliche Nähe schafft. Neuere Erzählungen aus kleinstädtischen Kontexten fallen an diesem Punkt nicht wesentlich anders aus. So beschreibt David einen in seiner früheren Stadt existierenden Kreis alternativer Kleinst-Cliquen, die sich um einen selbstorganisierten Jugendclub gruppierten, der den zentralen Ort der gemeinsamen Freizeitgestaltung darstellte. Dieser Kreis ist „heterogen", was sich auch an den Ansprüchen der dort Verkehrenden ablesen lässt: „Die meisten haben das natürlich eher als so 'n sozialen Zusammenhang verstanden, [...] in dem man sich wohlgefühlt hat und in dem man gewisse Standards geteilt hat, während ein anderer, kleiner Teil halt immer noch größere [...] politische [Sachen] noch im Hinterkopf gehabt hatte."

Solche Räume, von denen auch bei Anne, Julian und Lukas die Rede ist, sind stets mit doppelter Bedeutung belegt. Sie sind Orte des kulturellen und sozialen Anschlusses, Zusammenschlusses, des Rückzugs und der Kommunikation über gemachte Erfahrungen. Sie sind gleichzeitig notorisch gefährdete Orte, weil sie im Fadenkreuz rechter Aktivitäten stehen. Wo solche Räume nicht existieren (wie bei Tom und Christoph), stellt sich die Situation noch deutlich prekärer dar, weil weder Möglichkeiten vorhanden sind, sich kulturell auszuleben, noch ein 'Abtauchen vor Ort' möglich ist.

Politisierung 2: Identifikation – Assoziation – Aktion

Die Kernerfahrung, dass kulturelle Entscheidungen und soziale Verortungen zu massiven körperlichen Bedrohungen und psychischen Belastungen führen können, wird auf unterschiedliche Weise verarbeitet. Keinesfalls lässt sich eine Kausalität zwischen Bedrohungserleben und dem Beginn von Antifa-Engagement erkennen. Tatsächlich entfaltet sich ein breites Spektrum an Handlungsoptionen, das von „resignieren", „sich anpassen", „ruhig werden", „aushalten im Alltag" – schließlich „wegziehen" (Jakob) bis hin zu verschiedenen Formen der Entgegnung reicht. Immer nur ein Teil, dies stützen die Erzählungen, entscheidet sich für letzteres – und das stets unter spezifischen Voraussetzungen.

Wie lässt sich dieser Teil genauer beschreiben? Zunächst einmal wird insgesamt deutlich, dass die Präsenz von 'Rechten und Nazis' zwar Politisierungsprozesse begleitet und prägt, nicht aber ursächlich in Gang setzt. Gleichzeitig unterscheiden sich die Interviewten darin, ob sie vor ihrem Antifa-Engagement bereits erste Schritte in Richtung politischen Handelns unternommen haben oder nicht. Im ersten Fall verzahnt sich die jugendkulturell-soziale Zuordnung bereits frühzeitig und auf nicht immer konsistente Weise mit Auslotungen der Möglichkeiten linken Engagements. Dabei kommen die Jugendlichen zum ersten Mal intensiver mit einer breiteren Palette an politischen Themen und Positionen in Berührung, etwa mit „Globalisierungskritik", „Sexismustheorie" und „Antifaschismus" (Tom als Punk bei den Jusos), mit „Ökologie", der „soziale[n] Frage und auch [...] Marxismus am Rande" (David als anarchistisch orientierter Jugendlicher bei der Grünen Jugend). Früher oder später erweisen sich diese Angebote jedoch als unbefriedigend. Sie besitzen keinen attraktiven (alltags)kulturellen Unterbau, ihre formale Struktur passt nicht zu den eigenen Vorstellungen, die auf 'konstruktive' Mitgestaltung abzielende Ausrichtung dieser Gruppen kollidiert mit dem Gefühl, sich von größeren Teilen der Bevölkerung abgrenzen zu müssen, da sie den 'Rechten' schweigend oder gar sympathisierend zur Seite stehen (Dennis). Im zweiten Fall (Anne, Christoph, Julian, Lukas) stellt Antifa-Praxis hingegen das erste organisierte politische Engagement dar und findet seinen strukturellen Ausgangspunkt in den genannten, von rechter Gewalt besonders betroffenen Treffpunkten, Freundes- und Bekanntenkreisen.

Antifa-*Engagement*, also *Handeln* entsteht in allen hier einbezogenen Fällen aus dem zirkulären Zusammenspiel von *allgemeiner Politisierung, jugendkulturell-szenischer Zuordnung* und *Einbindung* sowie einer daraus resultierenden direkten *Betroffenheit* von rechter Bedrohung. Äußerer *Druck* stellt dabei von Beginn an ein „gewisses gemeinsames Element" dar, das einen verbindet, und, wie es bei David in der Rückschau heißt, „den eigenen Aktivismus [...] förderte oder beflügelte" und „die Notwendigkeit eigenen Engagements aufzeigte". Das unterscheidet diesen Prozess der Hinwendung von jenen, die mehr mit einem sozialen Hineinwachsen in bestehende Antifaszenen oder der Attraktivität großstädtischer autonomer Szenen in Verbindung stehen.[9]

Zunächst bilden sich innerhalb der jugendkulturellen Kontexte, getragen von besonders aktiven und besonders aktionsorientierten Jugendlichen, organisierte Gruppen. Exemplarisch beschreibt Julian eine solche Konsolidierung als eine über den eigenen Kreis und über die eigene Stadt hinausweisende *Verdichtung* und als einen Prozess des Suchens, Findens und Gefunden Werdens:

> „Also es waren größtenteils natürlich Freunde, die genauso terrorisiert wurden wie ich, das heißt, man kannte sich logischerweise, [...] und dann [gab es] natürlich auch welche, die man nicht kannte, zu denen man dann irgendwann gestoßen ist, die halt auch terrorisiert wurden [...] das war so ein beiderseitiges Ding."

Gruppenbildung erfolgt primär, um den Macht- und Ordnungsansprüchen der 'Rechten und Nazis' alltagskulturell und politisch etwas entgegenzusetzen. Den Anstoß dafür geben sowohl äußere als auch innere Anlässe. Ein Beispiel für einen äußeren Anlass gibt Julian, der die von Teilen seines lokalen Freundeskreises gefällte Entscheidung für organisierte Antifa-Praxis Anfang der Neunzigerjahre in den Zusammenhang mit einem besonders brutalen rechten Angriff auf den eigenen Club stellt:

> „Daraufhin hat sich einfach nur 'ne politische Praxis gebildet, indem wir gesagt haben: [...] wir müssen jetzt was machen [...] und das waren so überhaupt die ersten Anfänge, in [...] antifaschistische Arbeit jetzt real einzusteigen, 'ne Demo organisieren, dann auch woanders an Demos teilnehmen, Werbung für Veranstaltungen zu machen, plakatieren, [...] Sprühereien, was weiß ich."

Allerdings müssen dafür bestimmte Bedingungen – etwa Strukturen, eine gewisse Größe des Freundeskreises, bestenfalls auch Kontakte zu weiteren Betroffenen außerhalb der eigenen Stadt – gegeben sein. Der individuelle oder gemeinsame Einstieg in Antifa-Engagement ist in diesem Sinne abhängig von Assoziierungen mit ebenfalls Betroffenen oder mit „Vorstellungs-Lieferanten"[10] aus der Szene, auf die man im Zuge der Politisierung aufmerksam wird. Durch sie entstehen

---

9 Vgl. zu diesen Hinwendungspfaden Schuhmacher (2014): S. 98-104 und 117-129.
10 Sebastian Scheerer (1988): Ein theoretisches Modell zur Erklärung sozialrevolutionärer Gewalt. In: Ders., Henner Hess, Martin Moerings, Dieter Paas, Heinz Steinert

politische und soziale Vernetzungen, welche wiederum für den Zufluss neuer Handlungsoptionen und Perspektiven sorgen. Exemplarisch beschreibt David seine diesbezüglichen Erfahrungen so:

> „[D]a hat erstmals auch so'n [...] Austausch über unsere Stadtgrenzen hinaus eingesetzt, der halt über sporadische Besuche hinausging, also da hab ich Leute kennengelernt aus unserer nächstgelegenen größeren Nachbarstadt, die politisch aktiv waren, die sich mit Sachen beschäftigt haben, Sachen kritisch begleitet, analysiert haben und wurd' dann auch mitgenommen in andere Teile des Bundeslandes, [...] wo dann wirklich so'n politischer Blick auf ein Phänomen einsetzte, das man vorher noch eher auf einer sehr persönlichen Ebene wahrgenommen hatte."

Wo solche 'günstigen' Gelegenheiten nicht existieren oder geschaffen werden, kann es wiederum sein, dass der 'logische' Zusammenhang von Bedrohung und Gegenwehr gerade nicht hergestellt wird. Beispielhaft zeigt sich dies bei Christoph, dessen Erzählung zwar nicht hinsichtlich der Verläufe jugendkultureller Orientierung und allgemeiner Politisierung, aber in Bezug auf die Übersetzung in Handeln von den anderen abweicht. Aufgrund der weitgehenden Isolation der örtlichen Punkszene vor Ort, aber auch weil Kontakte zu (Jugend) Antifas in benachbarten Städten wegen deren „Überheblichkeitsgestus" nicht vertieft werden, entsteht trotz starken Drucks von 'Rechten und Nazis' kein Antifa-Engagement. Stattdessen werden gemeinsam neutralisierende Bewältigungsmechanismen entwickelt. In den Mittelpunkt treten die „Abwertung der eigenen Situation" und ein „permanente[s] Runterreden":

> „Bei uns gab's immer so 'ne komische Logik, wir dürfen die Nazis nicht provozieren, was jetzt von außen gedacht total, mir heute auch unvernünftig erscheint, aber so war irgendwie die Denke, wenn wir irgendwie uns organisieren würden, 'ne Gruppe gründen würden, dann würden wir ein Angriffsziel bieten und dann würden sie versuchen, uns erst recht fertigmachen zu wollen."

Begleitet wird diese Form der Bewältigung von der *Entpolitisierung* der eigenen Haltung:

> „[W]ir waren sozusagen die erste Punk-Clique, die sich nicht von den Nazis hat kleinkriegen lassen, aber um den Preis, dass bei uns das angefangen hat, dass alle 'Oi's' werden irgendwann und damit unauffälliger werden, aber auch diese ganzen Diskurse aus der Oi-Szene dann reingeschwappt sind."

Eine allgemeine *Repolitisierung* erfolgt bei Christoph erst im Kontext eines ganz anderen Themas (G8-Gipfel in Heiligendamm 2007); Antifa-Engagement wiede-

---

(Hrsg.): Angriff auf das Herz des Staates. Bd. 1, Soziale Entwicklung und Terrorismus. Frankfurt am Main: Suhrkamp, S. 99.

rum entsteht in einem nächsten Schritt im Zuge der gezielten Kontaktaufnahme durch eine Opferberatungsstelle und auswärtige Antifas, welche die politische Situation in der Kleinstadt thematisieren, den wortwörtlich vereinzelten Betroffenen rechter Gewalt ihre Unterstützung anbieten und praktische Anschlusspunkte für Handeln schaffen (so auch bei Tom).

Ganz gleich, ob die Politisierung stringent oder in einer Ent- und Repolitisierungsschleife verläuft: Durch Zusammenschluss und Organisierung tritt an die Stelle von Ohnmacht die Vorstellung und Erfahrung, im Umgang mit den Bedrohungen durch 'Rechte' und den im lokalen Raum vorherrschenden Problembeschreibungen – von Problemverneinung bis hin zu extremismustheoretischen Deutungen – erstens nicht allein zu sein und zweitens *Handlungsfähigkeit* zu erlangen. Was im Rahmen von Organisierung konkret geschieht ist abhängig von den Gegebenheiten und den Vorbildern, an denen man sich orientiert.

In diesem Zusammenhang spielt die Entdeckung der eigenen, auch körperlichen *Wehrhaftigkeit* eine zentrale Rolle. Sie vollzieht sich allerdings weder bei allen noch zum immer gleichen Zeitpunkt. Mal ist sie der Gründung politischer Gruppen vorgelagert (wie bei Jakob und Julian), mal geht sie mit der Herausbildung von politischen Gruppen einher (etwa bei Anne und Tom), mal tritt sie, wenn überhaupt, erst sehr viel später hinzu (wie bei David). Gerade in Darstellungen aus der jüngeren Zeit wird zudem deutlich, dass die Entfaltung von Wehrhaftigkeit oft überwiegend oder ausschließlich im Modus eines 'Muskelspiels der Bilder' vorgenommen wird – als *Inszenierung von Gewaltfähigkeit* mittels bestimmter Symbole, Parolen und Ästhetisierungsakte (wie bei Tom).

Im Anfangsprozess jedweden Konflikts, so das einhellige Bild der Interviews, kommt Gewalt als eigener Ressource keine Bedeutung zu. Den 'Rechten und Nazis' wird stattdessen ausweichend oder mit verbaler Kommunikation begegnet. In Julians Fall führt allerdings der erwähnte Angriff auf den Club dazu, Gegengewalt zu organisieren, um „diese Dominanz der Nazis wieder, auf gut deutsch gesagt, wegzukloppen" und eine „passende Antwort" zu geben, damit der „tägliche Terror" ein Ende findet. Zumindest für einen Teil wird Gewalt in diesem Zuge selbstverständlich:

> „Es war klar: Wir haben auf die Fresse gekriegt, zwei, drei Jahre lang, jeder partiell irgendwo, das war einfach klar: Wir drehen das Ding um und jetzt hauen wir denen auf die Fresse. Das war Konsens. Da wurd' nicht viel drüber diskutiert. Wenn da jetzt Nazis waren, sind alle aufgestanden und sind losgegangen."

Gewalt 'löst' das Problem zwar nicht, sie ist subjektiv aber nicht sinnfrei, denn sie trägt dem Erleben nach dazu bei, ein 'Gleichgewicht der Kräfte' herzustellen und steht so ebenfalls für die Erlangung von Handlungsfähigkeit. In anderen

Fällen zeigt sich demgegenüber, dass die Frage eigener Gewaltanwendung jenseits von Situationen der Selbstverteidigung zunächst gar nicht auf der Agenda steht. Gewalt, so David,

> „war bei uns überhaupt nicht präsent. [...] manchmal eventuell in Form von Selbstverteidigung, was dann aber auch wirklich nur Reaktion gewesen ist [...] und ich hatte das Gefühl, das wurde auch eher von außen immer auch aufgezeigt, [...] wir haben das immer am Rande von anderen Aktionen eben mitbekommen, wenn es zum Beispiel 'ne Demo gab [...]. Das hat uns dann selber überrascht und wir dachten: Uiuiui. Für uns selber spielte das keine Rolle."

Thema und Option der Gegengewalt bekommen in seinem Fall individuell erst Bedeutung im Kontext sich ausweitender Kontakte und der Akzeptanz bestimmter Bilder von Durchsetzungsmacht. Entscheidend ist gleichzeitig, dass mit wachsenden Erfahrungen auch die Effekte militanter antifaschistischer Praxen zur Bewertung kommen und die Einschätzung Gestalt annimmt, dass „Militanz oder gewalttätige Auseinandersetzungen natürlich auch Teil dieser politischen Auseinandersetzung sind, also auch Teil von Politik sind und auch rechte Aktivitäten einfach behindern und verhindern können".

Nun wird aus den Erzählungen deutlich, dass sich Antifa-Engagement bei Weitem nicht in der Entfaltung von 'Gegengewalt' erschöpft, sondern ein breites Repertoire selbstorganisierter politischer Interventionen umfasst. Dazu passend zeigt sich, dass der Einstieg in Antifa-Engagement und -Gruppen vor allem unter dem Gesichtspunkt der Weitung der eigenen Perspektive und Einschätzungsfähigkeit dargestellt wird. Im Zuge der Auseinandersetzung und Beschäftigung mit den rechten Kontrahenten verdichten sich zum einen die Bilder und Deutungen des Kernproblems '(Neo-)Nazismus'. Zum anderen geraten die gesellschaftlichen bzw. lokalen Rahmenbedingungen, die politischen Umgangsweisen mit der von Rechten und Nazis bis zu Rassismus reichenden Themenpalette in den Blick und in die Kritik.

In diesem Sinne wird Antifa-Engagement im thematischen und sozialen „Hineintauchen" (David) zum Feld einer weitergehenden politischen Einfindung. Im Prozess der Erweiterung der Perspektive baut sich dann auch das für 'die Antifa' charakteristische Doppelverständnis von Antifaschismus auf, in dem sich die Ablehnung von Nazis mit linker Gesellschaftskritik verbindet. Antifapolitik erweist sich vor dem Hintergrund einer oft weitreichenden gesellschaftspolitischen Abwehr der eigenen Erfahrungen und Problemdeutungen als umfassendes Erklärungs- und Handlungsangebot. Entweder theoretisch, wie es David noch mit Blick auf die frühen 2000er Jahre ausführt:

> „Antifa, glaub ich, war meinem Verständnis nach damals vor allem was, was halt die Auseinandersetzung mit diesem Phänomen oder Problem des Neonazismus in

den Mittelpunkt gestellt hat, gar nicht mal aktionsorientiert, sondern wirklich vor allem inhaltlich, was zugleich über diese Auseinandersetzung [...] 'n größeren Blick gerichtet hat auf andere gesellschaftliche Prozesse und Phänomene, halt dieses klassische 'Nazis kommen aus der Mitte der Gesellschaft', halt auch andere Themen in den Vordergrund gerückt hat, wie halt Rassismus, wie halt Nationalismus. Damals glaub ich auch noch sehr herrührend von dieser [...] schon verblichenen Kampagne des revolutionären Antifaschismus, wo man halt über die Auseinandersetzung mit Nazis das gesamte System [...] aus den Angeln heben wollte. Ich glaub, deshalb fand ich diese Antifa auch spannend, attraktiv, weil's da 'ne Verbindung gab zwischen eigenem Erleben, also zwischen eigenen Problemen und zwischen eigenen Erfahrungen und einem Blick auf die gesamte Gesellschaft."

Oder im Rahmen einer alltagsweltlich-szenischen Einbettung, wie bei Tom, der sein Antifa-Engagement in einem weitgefassten Möglichkeitsbereich politischer und moralisch-ethischer Positionierungen verortet:

„Punkrock fand ich cool, da sind Texte von Anarchismus gesungen worden [...] und dann geht man auf Konzerte und sieht zu dem Nazi-Aufmarsch was liegen und man weiß, dass Nazis Scheiße sind und fährt dahin und dann kommt man halt auf diese Tierrechtsbewegung, weil da auch Veganismus-Flyer liegen und da gibt's Vokü und [...] dann fängt man irgendwann an, für sich darüber nachzudenken: du stehst eigentlich für einen anarchistischen Gedanken und predigst das und gehst gegen Nazis auf die Straße und [...] frisst jeden Tag 'ne Kuh [...]. Ich kann doch nicht für das predigen und mich mit dem anderen Feld nie auseinandersetzen."

'Antifa' bezeichnet somit nicht einfach nur ein bestimmtes politisches Programm, sondern benennt vor allem einen sozialen Bezugsrahmen, in dem es für die Beteiligten subjektiv um mehr geht und gehen kann als die Auseinandersetzung mit 'Rechten und Nazis'.

„Feindliche Umgebung" und „fürchterliche Stadt" als Erfahrungs- und Bewältigungsräume

Die Konflikte, die in den Interviews beschrieben werden, sind intensiv und asymmetrisch. Dieses Erleben wird stark beeinflusst durch die Beschaffenheit der Kontexte, in denen sich die Auseinandersetzungen entwickeln. Deutlich wird dabei in allen Beschreibungen, dass es letztlich nicht allein um Bedrohung, sondern vor allem um Gefühle und Erfahrungen von *Marginalität* geht.

Das Ausmaß der Marginalisierungsempfindungen schwankt. So lässt sich für die Darstellungen aus den frühen Neunzigerjahren durchweg von starken Marginalisierungsempfindungen sprechen, in denen sich das Erleben der politischen Umbruchsituation mit der konkreten sozialräumlichen Erfahrung verbindet:

"dass man sich tatsächlich eher in einem generell feindlichen Umfeld bewegte. [...] In einer irgendwie linken Subkultur stand man einer nicht gleichgültigen, sondern tatsächlich feindlichen Umgebung gegenüber, die auch brutal-feindlich war" (Dennis).

Mit dem Einstieg in Antifa-Engagement bestätigt und verallgemeinert sich dieses Bild. Es entsteht das Grundgefühl,

> "du hast hier nicht nur die Nazis an der Backe, sondern eigentlich hast du hier die ganze spießbürgerliche kleine Dorf-Gesellschaft, Kleinstadt-Gesellschaft am Hals, also das war ja der Rahmen, in dem man aufgewachsen ist, dass man endlich einen Blick dafür gekriegt hat, dass es überall anders auch so ist, nicht nur in deiner Stadt so ist, sondern woanders auch so ist" (Julian).

Darstellungen aus jüngerer Zeit liegen in großen Teilen auf dieser Linie, gerade was in klein- und mittelstädtischen Kontexten Rolle und Auftreten offiziell Zuständiger, der Polizei, der lokalen Verwaltung und der Parteien sowie den öffentlichen Common Sense angeht. Dabei sind die Jugendlichen nicht nur mit Umgehensweisen konfrontiert, die von Leugnung bis Relativierung reichen (Anne, Christoph, Julian, Tom). An der Erzählung von Christoph lässt sich illustrieren, dass mittlerweile auch eine spezifische Form *zivilgesellschaftlicher Resignation* entstanden ist, in der sich Problembewusstsein und Handlungsverzicht miteinander verbinden. Die bereits erwähnte ostdeutsche Kleinstadt, in der er aufgewachsen ist, wird im Nachhinein als „fürchterliche Stadt" bezeichnet, in der vor der gewalttätigen rechten Szene längst kapituliert wurde. Einschüchterungen und körperliche Übergriffe waren an der Tagesordnung, während Unterstützung von administrativer, zivilgesellschaftlicher und sogar elterlicher Seite ausblieb. Das Problem wurde zwar zum Teil gesehen, man begegnete ihm aber nur passiv:

> "Ja, also ich hab da ein paar Mal auf die Fresse gekriegt [...]. Die Lehrer haben mir gesagt, wenn ich auf direktem Weg nach Hause geh / ich hab denen gesagt, ich hab Probleme, ich werd' regelmäßig angepöbelt und muss immer damit rechnen, dass ich auch 'n paar aufs Maul krieg, wenn ich auf direktem Weg zur Schule geh, die haben mir gesagt: 'Nur wenn du auf direktem Weg zur Schule hin- und zurückgehst, bist du versichert'. Also sie haben mir im Prinzip gesagt: Geh den direkten Weg, dann kriegst du von der Versicherung Geld, wenn du aufs' Maul kriegst, aber dass du auf's Maul kriegst, können wir nicht verhindern. [...] Also Polizei, Schule, Elternhaus, da war keine richtige Unterstützung [...] zu spüren."

Diese Beschreibung schließt an jene aus den frühen Neunzigerjahren an und macht deutlich, dass von einer flächendeckenden 'Befriedung' und einem umfassend durchgesetzten gesellschaftspolitischen Problembewusstsein kaum die Rede sein kann. Sie übertrifft deren Drastik im Grunde sogar noch, weil nicht von institutioneller und zivilgesellschaftlicher Überforderung im Kontext einer sozialen Umbruchsituation die Rede ist, sondern von einem geradezu institutionalisierten gesellschaftlichen Versagen.

In anderen aktuellen Darstellungen zeigt sich demgegenüber, dass Marginalisierung zwar zum Teil aufgehoben ist, damit jedoch keinesfalls von einer Entspannung der Situation die Rede sein kann. Einige Interviewpartner_innen berichten davon, dass Eltern als Unterstützerinnen und Unterstützer ihrer angegriffenen Kinder auftreten und beginnen, aktiv auf die politische Stimmung in der Stadt Einfluss zu nehmen (Anne, Tom). In manchen Fällen werden zivilgesellschaftliche Akteur_innen erwähnt, die die jugendlichen Antifas mit Stellungnahmen, Räumlichkeiten und anderem unterstützen (Anne, David, Lukas, Tom). Eine ausgesprochen wichtige Funktion kommt Opferberatungsstellen zu (Christoph, Lukas, Tom), denn sie fungieren als moralische Unterstützer, als solidarische Partner und als minimaler Schutz, etwa wenn sie überregionale Öffentlichkeit herstellen. Der Einfluss der Genannten bleibt aber gering, so lange die Problemdeutungen nur eingeschränkt in das öffentliche und administrative Bewusstsein vordringen. Auch eine Verknüpfung mit anderen Akteur_innen, wie Parteien und Gewerkschaften, verbessert die Möglichkeiten öffentlich wahrnehmbar „dagegenzuhalten" (David). Allerdings treten in diesen besonderen Konstellationen auch spezifische Probleme auf. So beschreibt Anne, wie ihre kleinstädtische Antifa-Gruppe zunächst zur Etablierung von Problembewusstsein im Lokalraum beitrug und erfolgreich ein Bündnis initiierte, um sich im Zuge der Konsolidierung des Bündnisses zum Adressaten für politische Belehrungen und Ermahnungen seitens der meisten anderen Beteiligten degradiert und um den politischen Gehalt der eigenen Position beraubt zu sehen.

Diese unterschiedlichen Beispiele machen deutlich, dass sich die hier interviewten Antifas in einem Spannungsfeld bewegen, das von Ausgrenzung und Problemverneinung auf der einen bis hin zu einer paternalistische Züge tragenden 'Integration' auf der anderen Seite reicht. Von Erfahrungen, die jenseits dieser unterschiedlichen Marginalisierungsmuster angesiedelt sind, ist hingegen nur eingeschränkt die Rede, so dass der Prozess der politischen Sozialisation im Gesamtbild als konfliktreich und auch als beschwerlich beschrieben wird.

Familiär-biografische Hintergründe

Szenen und Gruppen machen Angebote bzw. werden mit bestimmten Angeboten in Verbindung gesetzt, die sich nicht allein auf politisches Engagement beschränken, sondern genauso Aspekte wie soziales Miteinander und Selbstdarstellung enthalten. Das Feld der Partizipierenden lässt sich biografisch grob skizzieren, wenn man diejenigen betrachtet, die sich über einen längeren Zeitraum engagieren. Hier stellt sich die Frage, ob es neben den von Szenen ausgehenden 'Sogeffekten' weitere, in der biografischen Erfahrung verankerte Aspekte gibt, die erklären, warum sich die hier Interviewten trotz widriger Bedingungen für diese Szenezugehörigkeit und für (diese Form von) Antifa-Engagement entschieden haben.

Ein Teil (mit Ausnahme von Jakob und Lukas) verweist in diesem Zusammenhang nicht allein auf Freundinnen und Freunde, sondern auch auf spezifische familiäre Prägungen. Diese werden zwar von niemandem als Grund für das spätere Engagement angeführt und derart kausale Vermittlungslinien von den Eltern auf die Kinder existieren in der Regel auch nicht. Sie bilden aber der eigenen Einschätzung nach zumindest eine Art biografisch erworbenen Filter für Wahrnehmungen und Deutungen zu gemachten Erfahrungen. Das zeigt sich in der bis in die DDR-Kindheit zurückreichenden Darstellung von Dennis. Er beschreibt seine Eltern als „durchaus staatsnahe Akademiker, in 'ner gewissen Hinsicht politisch gebildet" und verweist auf intensive Bildungserfahrungen zum Nationalsozialismus bereits in seiner Kindheit. In der Darstellung der Wendezeit greift er auf diese Aspekte zurück:

> „[...] dass ich ganz schnell auch aufgrund meines Elternhauses dann irgendwie in dem Dorf [...] Beschimpfungen als Kind als 'Rote Sau' oder so [erlebt habe], wo dann halt auch relativ, ziemlich schnell klar war, Leute, die jetzt ganz stark auf Deutschland und mit schwarz-rot-goldener Fahne vor dem Haus und so weiter setzten, das sind Leute, die dir feindlich gegenüber stehen, das ist nichts für dich, die wollen dich nicht, die willst du nicht, die sind dumm, brutal und so weiter."

Ähnlich fällt die auf dieselbe Zeit Bezug nehmende Beschreibung von Julian aus. Einerseits entwirft er eine Politisierungsgeschichte, die aufs Engste mit rechten Bedrohungen zusammenhing, die er als Punk Anfang der Neunzigerjahre erlebte. Andererseits aber wird deutlich, dass bereits zu diesem Zeitpunkt ein in Grundzügen politisch konturiertes Bild der Bedrohungen bestanden hat und dieses wesentlich durch familiäre Prägungen – „ich bin sehr humanistisch erzogen worden" – sowie durch schulische Wissensvermittlung entstanden ist.

In Darstellungen, die sich auf spätere Zeitabschnitte beziehen, finden sich ähnlich gelagerte Hinweise auf familiäre Sensibilisierungszusammenhänge. So verweist David darauf, im Elternhaus mit bestimmten Themen in Berührung gekommen zu sein und bereits früh gewusst zu haben, „dass es Dinge wie den Holocaust gab, dass solche Dinge wichtig zu nehmen sind".

In Annes Fall ist die Mutter selbst 'gegen Rechts' engagiert und hat ein bestimmtes Engagement zumindest vorgelebt. Tom beschreibt seine Eltern nicht als

„links", aber erwähnt eine bereits früh entstandene, eher vorbewusste Ablehnung von Nazis, „weil man das irgendwie gesagt bekommen hat", die sich dann erst später im Zuge der jugendkulturellen Orientierung zu einer „bewusst[en]" Ablehnung entwickelte. Auf eine Ambivalenz derartiger Positionierungen weisen allerdings Christophs Ausführungen hin. Einerseits wird die eigene Haltung nicht zuletzt damit erklärt, dass eine intensive Auseinandersetzung mit „Gerechtigkeitsfragen" Teil des familiären Lebens und der Erziehung war. Andererseits erfuhr er in den konkreten Bedrohungssituationen keine nachhaltige Unterstützung durch die Eltern. Damit lassen sich, wenn natürlich nur auf der Basis weniger Fälle, zumindest Grundzüge eines bestimmten Musters nennen: Familien gelten in der konkreten Bedrohungssituation nicht in herausragender Weise als zentrale Instanzen der Unterstützung. Aber ihnen wird in den meisten Fällen in Bezug auf die politische Basissozialisation eine hohe Bedeutung zugewiesen. Es handelt sich nicht um Familien, in denen die Eltern selbst unbedingt links und/oder antifaschistisch engagiert waren und sind. Aber sie repräsentieren auch gerade nicht den gesellschaftlichen Mainstream, wie er im Verlauf der Politisierung erlebt wird.

Schlussbetrachtung

Anknüpfend an die hier vorgestellten Verläufe der Einfindung in Antifa-Engagement lassen sich zum Abschluss drei (weitergehende) Befunde formulieren:

Erstens ist zwischen der Frühphase der Neunzigerjahre und späteren Phasen zu differenzieren. Während 'Bedrohung' und 'Marginalität' in den bis zur Mitte der Neunzigerjahre datierenden Erzählungen omnipräsent waren, differenzieren sich spätere Erzählungen aus. Zwar ist auch hier von Erfahrungskontexten die Rede, in denen die eigene politische Sozialisation in hohem Maße von Gefühlen des Bedrohtwerdens und des Mangels an Handlungsspielräumen grundiert wird. An die Stelle eines völligen Mangels an Unterstützung und Problemwahrnehmung tritt jedoch die Erfahrung eines Mangels an Durchsetzungskraft, die man mit anderen Akteur_innen teilt, das Erleben einer zivilgesellschaftlichen Erschöpfung und von Konkurrenzbeziehungen, in denen den zumeist jugendlichen Antifas die Anerkennung versagt wird.

Zweitens zeigt sich der spezifische Charakter des selbstorganisierten ostdeutschen Antifaschismus. Insbesondere in den Erzählungen aus den frühen Neunzigerjahren wird zwar auf die 'kraftvolle' Bildsprache und Parolenwelt der westdeutschen Autonomen hingewiesen, die Orientierung boten. In den konkreten Beschreibungen der Politisierungsverläufe, der sozialen Zusammenschlüsse und der entwickelten Praxen stehen aber deutlich mehr die lokalen, in vielen ostdeutschen Regionen ähnlichen Bedingungen im Vordergrund: die tatsächlichen Erfahrungen der Bedrohung durch rechte Gewalt, das weitgehende Entbehren zivilgesellschaftlicher Schutzräume für alternative Jugendkulturen und Lebensgestaltungsoptionen, die Notwendigkeit, ein politisches Engagement zu entwickeln, das sich gegen diese Einschränkungen richtet oder sie erträglich macht. In diesem Sinne finden sich Hinweise darauf, dass das für Antifa-Praxis typische Spannungsverhältnis zwischen 'großen' Ansprüchen und 'kleiner' Praxis hier auf besondere, nämlich pragmatische Weise entschärft wird, indem die objektive Funktion der Antifa als „Zivilgesellschafts-Ersatz" (Christoph) herausgestellt wird.

Drittens lässt sich vor dem Hintergrund dieses Selbsterlebens in der Tendenz von einem 'anti-hegemonialen Typus' antifaschistischen Engagements sprechen. Politische Sozialisation stellt sich in den dargestellten Fällen in starkem Maße als risikobehafteter Entwicklungs- und Handlungsprozess dar. Bereits früh prägend ist die Erfahrung, schon aufgrund jugendkultureller Entscheidungen körperliche und psychische Unversehrtheit aufs Spiel zu setzen und mit der eigenen Meinung im lokalen Diskurs als „extremistisch" etikettiert zu werden. Die Entscheidung, sich antifaschistisch zu engagieren fällt also unter ungünstigen Bedingungen und – so legen es die Interviews nahe – auch in dem Wissen, dass die Spielräume für die Entfaltung politischer Wirkung aufgrund der Kräfteverhältnisse gering sind. Diesen realpolitischen, in Bezug auf grundlegende politische Ansprüche in gewisser Weise auch reduzierten Antifaschismus, mit einer bestimmten politischen Strategie in Verbindung zu bringen, greift allerdings zu kurz. Er speist sich zwar aus der in den meisten Interviews greifbaren Einschätzung, dass extrem rechte Positionen und Aktivitäten nur sehr eingeschränkt durch 'die Zivilgesellschaft' kontrolliert werden, zum Teil durch dort fest verankerte soziale Mentalitäten noch eine Verstärkung erfahren. Die Interviews machen aber auch deutlich, dass aus dieser empfundenen Minderheitenposition verschiedene Gegenstrategien erwachsen können, deren Spannbreite von 'Rückzug' über einen Anti-Nazi-Aktivismus auf der Straße bis hin zu Versuchen reicht, auf der Ebene von Minimalkonsensen Bündnispolitik zu realisieren.

Benjamin Paul-Siewert / Christin Jänicke

Von der aufgezwungenen Selbstverteidigung zur Gegenmacht
Subjektive Militanzverständnisse in Zeiten des Umbruchs

Der Begriff Militanz hat innerhalb der Antifa-Bewegung unterschiedliche Facetten. Gemeingültig ist nur, dass Militanz ein zentrales Thema ist, das die Bewegung in ihrer Selbst- und Fremdwahrnehmung von Beginn an und bis heute prägt. Momente von Militanz finden sich ganz allgemein in sozialen und politischen (Protest-)Bewegungen: in deren Herausbildung von individuellen und kollektiven Handlungsanlässen und Identitäten, in moralischen und strategischen Debatten und Kritiken oder in Widerständigkeit und deren Ästhetisierung.

Wer warum wie handelt und welchen Standpunkt bezieht, kann als Handlungs- und Lernprozess von Subjekten im sozialen und gesellschaftspolitischen Kontext gedeutet werden. Zwar handeln Menschen zuerst einmal individuell, aber sie beziehen sich in ihren Handlungsgründen immer auch auf andere Menschen und gesellschaftliche Rahmungen. Letztere bilden gemeinsame Referenzpunkte, oder anders formuliert: alltagskonkrete und zugleich übergreifend abstrakte Existenzbedingungen. Davon ausgehend lässt sich danach suchen, wie Subjekte ihre Handlungen begründen, welche individuellen sinnhaften Bedeutungen sie darin äußern und auf welche gesellschaftlichen Bedeutungs- bzw. Sinnstrukturen sie sich hierbei beziehen. Die Leitfrage lautet folglich: Warum handeln Menschen auf ihre je ganz bestimmte Weise und wie denken sie darüber?[1]

Während soziologisch nach der politisch-machtbezogenen Durchsetzungsfähigkeit und gesellschaftlich-moralischen Legitimität von Militanz gefragt werden kann, interessieren wir uns subjektwissenschaftlich für die damit verbundenen Handlungsgründe und -interpretationen der Akteur_innen und wie sie ihre Handlungen entwickeln und reflektieren.

---

1 Holzkamp, K. (1985): Grundlegung der Psychologie. Frankfurt/Main: Campus. 196f., 237f. sowie Holzkamp, K. (1994): Lernen. Subjektwissenschaftliche Grundlegung. Einführung in die Hauptanliegen des Buches. Vortrag im Rahmen des Potsdamer Kolloquiums zur Lern- und Lehrforschung am 23. Februar 1994. 5f.

Von der aufgezwungenen Selbstverteidigung zur Gegenmacht

In der vorgefundenen Forschungsliteratur finden sich Bedeutungen wie *Selbstverteidigung, Gegenwehr, Gegenmacht* und *revolutionäre Macht*. Diese Handlungsweisen sind verbunden mit einer expliziten oder impliziten Reflexion von Gewalt. In Interviews mit Aktivist_innen unterscheidet Schuhmacher[2] die Bedeutung von Gewalt für die Antifa nach drei Aspekten: Erstens sei Gewalt in Form rechter Gewalt „eine (unmittelbare oder mediale) Erfahrung, die den Prozess der Politisierung begleitet". Zweitens kann Gewalt als „Ressource" der Verteidigung, der aktiven Auseinandersetzung, aber auch allein als Symbolik dienen. Drittens werde Gewalthandeln reflektiert und mit eigenen Wertehaltungen abgeglichen.[3]

In „Der Pakt" heißt es, dass autonome Antifaschist_innen in Westdeutschland seit Anfang der Achtzigerjahre von einer „unzertrennliche[n] Einheit von Staat, Faschismus und faschistischen Gruppen" ausgingen.[4] Radikaler Antifaschismus müsse ergo antikapitalistisch und antiimperialistisch sein, wie es 1991 bspw. die Autonome Antifa [M] aus Göttingen formulierte: „Die Notwendigkeit von Militanz muss besser vermittelt werden" und „Kampf dem Faschismus heißt Kampf dem imperialistischen System".[5] Neben der offiziellen Politik und Regierung wurde auch die Polizei als Exekutive des staatlichen Gewaltmonopols als Gegner adressiert. Dennoch richtete sich die Gewalt praktisch vor allem gegen Neonazis.[6]

In dieser Abstraktion liegt eine Verbindungslinie zum traditionellen Gewaltverständnis der autonomen Szene, in der sich Teile 'der Antifa' verorten. An die Stelle von Verteidigung und Gegenwehr tritt das angestrebte Ideal, also die Utopie eines ganzheitlichen Systemwechsels. Militanz wird in dieser Verknüpfung zu einem Element revolutionärer Macht, wenngleich das Zusammenlaufen von

---

2   Schuhmacher, N. (2013): Sich wehren, etwas machen – Antifa-Gruppen und – Szenen als Einstiegs- und Lernfeld. In: R. Schultens & M. Glaser (Hrsg.): 'Linke' Militanz im Jugendalter. Befunde zu einem umstrittenen Phänomen (S. 47-70). Schriften der Arbeitsstelle Rechtsextremismus und Fremdenfeindlichkeit. Halle: DJI.
3   Schuhmacher, 2013, S. 53.
4   Jane, C. und die abgestürzten Flugblattsammler (1993). Autonome sind auch Deutsche. Antifa-Politik zwischen „Strafexpedition" und Täter-Entlastung. In: B. Siegler, O. Tolmein & C. Wiedemann: Der Pakt (S. 197-249). Göttingen: Die Werkstatt. S. 200f.
5   Keller, M., Kögler, L., Krawinkel, M. & Schlemermeyer, J. (2011): Antifa. Geschichte und Organisierung, Stuttgart: Schmetterlings Verlag. S. 89.
6   Keller et al., 2011, S. 201.

antifaschistischer und autonomer Politik und Militanz in beiden Szenen stets auch Gegenstand kritischer Diskussionen war.[7]

Schröder beschreibt physische Auseinandersetzung mit Neonazis für die meisten Aktivist_innen „als letztes und abschreckendes Mittel"[8]. Mit Verweis auf die ostdeutschen Bundesländer werde Militanz vor allem als Mittel zur Erreichung von „Gegenmacht"[9] betrachtet, um die Hegemonie der Neonazis zurückzudrängen. Zwar fehlt es hinsichtlich der ostdeutschen Debatte an einer umfassenden Forschungs- und Bewegungsliteratur, jedoch ist davon auszugehen, dass hier andere gesellschaftliche Bedingungen und subjektive Begründungen das Verständnis von Militanz prägen.

Die kurz erwähnten Arbeiten liefern zwei Ansatzpunkte für die Suche nach subjektivem Erleben, Handeln und Selbstverständnissen von Gewalt und Militanz. Erstens ein Changieren zwischen *passiver Reaktion* (Selbstverteidigung und Gegenwehr bei Angriffen und Bedrohung), *aktiver Initiierung* (aufsuchende Auseinandersetzung zur Erzeugung von Gegenmacht) sowie *Utopie* (revolutionäre Macht). Zweitens bewegen sich die drei Aspekte zwischen *Handeln* und *Reflexion* bzw. *(Selbst)kritik*. Dies skizziert den Rahmen, auf den sich unsere Betrachtung bezieht.

Zur analytischen Konzeptionierung und begrifflichen Differenzierung von Gewalt und Militanz von Protestbewegungen im Allgemeinen und Antifa im Konkreten, existiert bisher kein gemeingültiger Forschungsstand.[10] Aus Selbstbeschreibungen des „militanten Antifaschismus"[11] als „offensiv, autonom, militant"[12] lassen sich aber definitorische Eckpunkte skizzieren. Unter Gewalt fassen wir im Weiteren jede Form manifester oder potentieller körperlicher Auseinandersetzun-

---

7 Keller et al. 2011. S. 64, 71; Langer, D. (2014). Antifaschistische Aktion. Geschichte einer linksradikalen Bewegung, Münster: Unrast., S. 176; Peters, U. (2014): Unbeugsam und widerständig. Die radikale Linke in Deutschland seit 1989/90, Münster: Unrast. S. 117ff.
8 Schröder, H. (2003): Antifaschistische Bewegung in Deutschland zwischen 1989–2000. Unveröffentlichte Magisterarbeit. S. 39.
9 Ebd.
10 Glaser, M. (2013): 'Linke' Militanz im Jugendalter – ein umstrittenes Phänomen. In: R. Schultens & M. Glaser (Hrsg.): 'Linke' Militanz im Jugendalter – ein umstrittenes Phänomen (S. 4-21). Schriften der Arbeitsstelle Rechtsextremismus und Fremdenfeindlichkeit. Halle: DJI. S. 9.
11 Schöppner, H. (2015): Antifa heißt Angriff. Militanter Antifaschismus in den 80er Jahren. Hamburg/Münster: Unrast.
12 Langer, 2014, S. 171.

gen. Solche konkreten Gewaltförmigkeiten, gleich ob passive Selbstverteidigung und Gegenwehr oder aktive Gegenmacht und revolutionäre Macht, werden in unserer subjektwissenschaftlich-hermeneutischen Perspektive zu Militanz, wenn sie von den Handelnden subjektiv in einen normativen, übergeordneten Sinnzusammenhang gestellt werden. Im Kontext von Protestbewegungen ist antifaschistische Militanz als Handlungsweise zunächst einmal durch gesellschaftspolitische Bezugnahmen der Aktivist_innen gekennzeichnet. Diese können sowohl implizit im allgemeinen Verständnis und in prospektiven Zielsetzungen konkreter Handlungen oder explizit in reflexiven Handlungsbegründungen entstehen.

Daran anschließend rekonstruiert der Beitrag exemplarische Bedeutungen und Begründungen von militanten antifaschistischen Handlungen und Selbstverständnissen in Ostdeutschland in den Achtziger- und Neunzigerjahren. Dafür wurde eine Gruppendiskussion[13] mit Aktivist_innen aus Ost-Berlin und dem heutigen Brandenburg geführt, die sich von Mitte der Achtzigerjahre bis Mitte der Neunzigerjahre in antifaschistischen Zusammenhängen engagierten. Ihre Erzählungen wurden per qualitativer Inhaltsanalyse ausgewertet und interpretiert.[14] Das Ergebnis sind folgende Deutungsangebote, die als mögliche Perspektiven auf die Lebensrealität und Handlungsweisen der Aktivist_innen zu lesen sind.

Zwar wollen wir ausgehend vom subjektwissenschaftlichen Ansatz, mit unseren aus dem Datenmaterial gewonnenen und begründeten Interpretationen, möglichst nah an das individuelle Selbstverständnis herankommen. Doch die Erzählungen des Gruppeninterviews geben lediglich Ausschnitte individueller und gesellschaftlicher Realitäten wieder, die wir nicht in Gänze einfangen können.[15] Die Auseinandersetzung um Militanz – die für die Interviewten aufgrund der hochpolitischen 'Wendezeit' und der Bedrohung durch Neonazis zur Notwendigkeit wurde – stellt nur einen Teil ihres politischen Engagements dar. Die Interviewten waren an Kampagnen und Gruppen beteiligt, die sich u.a. mit Militarismus, Ökologie, Anarchismus, Marxismus oder entwicklungspolitischen Themen beschäftigten. Somit ist dieser Beitrag auch nur ein Teil von Wirklichkeit und stellt nicht den Anspruch einer vollumfänglichen Retrospektive.

---

13 Vogel, S. (2014): Gruppendiskussion. In: N. Baur, & J. Blasius (Hrsg.): Handbuch Methoden der empirischen Sozialforschung. Wiesbaden: VS. S. 582f.
14 Mayring, P. & Fenzl, T. (2014): Qualitative Inhaltsanalyse. In: N. Baur & J. Blasius (Hrsg.): Handbuch Methoden der empirischen Sozialforschung. Wiesbaden: VS. S. 543.
15 Das gekürzte Interview steht zum Download bereit unter https://telegraph.cc/von-der-aufgezwungenen-selbstverteidigung-zur-gegenmacht (abgerufen am 01.06.2022).

Es wird stets eine interpretative Lücke zwischen Forschenden und Interviewten bzw. Aktivist_innen bleiben, zumal schon beide für sich heterogene 'Seiten' darstellen.[16] Die Distanzen sind nicht auflösbar, sondern Ausdruck davon, dass es nicht die eine Wirklichkeit gibt und die individuellen, eigenen Wirklichkeiten jeweils immer spezifisch subjektiv und gesellschaftlich konnotiert sind.[17] Im Sinne einer Public Sociology bzw. kritisch-öffentlichen Sozialforschung, betrachten wir die hier aufscheinende Differenz zwischen Forschung und Protestbewegung als produktive Perspektivenergänzung. Diese liefert Forschenden sowie ehemaligen und heutigen Aktivist_innen neues Wissen und kann einen wechselseitigen Erkenntnis- bzw. Verstehens- und Lernprozess zwischen wissenschaftlicher Analyse und politischer Praxis unterstützen.[18]

Handlungs- und Reflexionskontexte

Die Auswertung der Gruppendiskussion trägt unterschiedliche Deutungen zu subjektiven Selbstverständnissen von Militanz zusammen und bezieht diese auf das gesellschaftliche Erleben der Interviewten. Dafür wird das Erzählte in fünf Kontexte eingeordnet: (I) Ich, mein Umfeld und die anderen; (II) Gesamtgesellschaftliche Situation und politische Zugänge; (III) Handeln und Erleben konkreter Ereignisse; (IV) Reflexionen, Kritiken, Verständnisse sowie (V) Biografische und gesellschaftspolitische Brüche.

---

16 Diese Heterogentität, zeigt sich bspw. darin, dass auf der einen Seite kritisch-emanzipatorische Wissenschaft Gegenstandpunkte und -perspektiven zum positivistisch, affirmativen Wissenschaftsmainstream einnimmt und anbietet. Vgl. dazu in der (politischen) Erwachsenenbildung weiterf. Pongratz, L. A. (2010): Kritische Erwachsenenbildung. Analysen und Anstöße. Wiesbaden: VS. Auf der anderen Seite kann Antifa als Teil einer linken Bewegung betrachtet werden, die als „Mosaik-Linke" beschrieben wird. Vgl. dazu weiterf.: Urban, H.-J. (2009): Die Mosaik-Linke. Vom Aufbruch der Gewerkschaften zur Erneuerung der Bewegung. In: Blätter für deutsche und internationale Politik, 54. Jg., H. 5, S. 71-78. Hawel, M. & Kalmring, S. (Hrsg.) (2016): Wie lernt das linke Mosaik? Die plurale Linke in Bewegung. Hamburg: VSA.
17 Markard, M. (2010): Kritische Psychologie: Forschung vom Standpunkt des Subjekts. In: Mey, G. & Mruck, K. (Hrsg.): Handbuch qualitative Forschung in der Psychologie. Wiesbaden: VS, 166-181.
18 Burawoy, M. (2012): Öffentliche Soziologien: Widersprüche, Dilemmata und Möglichkeiten. In: K. Unzicker & G. Hessler (Hrsg.): Öffentliche Sozialforschung und Verantwortung für die Praxis (S. 19-39). Wiesbaden: Springer VS; Quent, M. (2015): Der Public Sociology-Ansatz. In: M. Quent & P. Schulz (Hrsg.): Rechtsextremismus in lokalen Kontexten (S. 13-19). Wiesbaden: Springer VS.

Kontext I: Ich, mein Umfeld und die anderen

Am Beginn der Suche nach Selbstverständnissen von Gewalt und Militanz steht die Rekonstruktion individueller Anlässe, die in der Gruppendiskussion zur Sprache kamen.

Die ersten Gewalterfahrungen machten die späteren Aktivist_innen als Jugendliche der Achtzigerjahre. Körperliche und verbale Angriffe gehörten dazu, wenn sie sich im öffentlichen Raum bewegten. Ein zentraler Ort waren Clubs. Wer hier wahrnehmbar nicht zur Allgemeinheit gehörte, wurde zur Zielscheibe. „Selbst wenn man sich entsprechend angezogen hat, man galt sofort als *Fremde*. Weil man nicht bekannt war, hat man auf die Fresse bekommen", beschreibt Alex seine Erlebnisse auf dem Land. Auch in der Stadt konnte das Aussehen ein Anlass für „Diskohauereien" sein: „Ich war immer die 'schwule Sau' oder sowas. Allein nur wegen den langen Haaren" (Helge). Alex ist „auf Konzerte gegangen und dort auf Nazis getroffen [...] Als Punk musstest du flitzen". Diese Erlebnisse scheinen für sie Momente individuelle Bedrohungen gewesen zu sein, verbunden mit dem Gefühl der *Vereinzelung*. Einige Orte waren „für mich absolut tabu. Also das waren so 'No-Go-Areas'" (Alex) und andere hatten laut Max abends Angst vor der Fahrt nach Hause: „Hoffentlich lauf ich nicht wieder irgendwelchen Glatzen über den Weg, die mich zusammenhauen." Sie waren auf sich allein gestellt, hatten keine Wahl und mussten sich zur Wehr setzen: „Also ich habs mir nicht ausgesucht. Man stand irgendwie daneben oder hat es halt am eigenen Leib erlebt" (Alex). Während für die einen passive Gewalterfahrungen, Selbstverteidigung und der Betroffenenstatus zum Alltag gehörten, hatten gewalttätige Auseinandersetzungen für andere vor der 'Wende' keine Bedeutung. Letztere haben Gewalt zwar wahrgenommen, erlebten sie aber als Auseinandersetzungen, an denen sie nicht beteiligt waren oder sie versuchten ihnen auszuweichen: Bei einem Angriff auf 15 Jugendliche „[...] waren nur zwei Leute, die sich halt praktisch den Nazis entgegengestellt haben" (Paul). Militanz im Sinne einer aktiven gesellschaftspolitischen Handlungsweise und darauf bezogenen Reflexion kommt hier noch nicht zur Sprache.

Die Verbindung zwischen der *eigenen Person* und dem persönlichen *Umfeld* entstand wohl erst durch kollektive Gewalterfahrungen. Entweder beim Fußball, wo einige in „Auseinandersetzungen verwickelt wurden" (Max, Paul) oder durch das gemeinsame Erleben von Angriffen durch Neonazis. Schlüsselereignisse waren u.a. der Überfall auf das Punkrock-Konzert in der Berliner Zionskirche 1987 und die mit den 'Wendejahren' massiv zunehmenden Überfälle auf besetzte Häuser: „Die waren überhaupt Hauptangriffsziele. Die haben eigentlich permanent verteidigt, verteidigt, verteidigt" (Max).

Das alles geschah vor dem Hintergrund, dass die DDR- und spätere BRD-Polizei Betroffene, zu denen neben nicht-rechten Jugendlichen vor allem Migrant_innen gehörten, nur unzureichend vor rechten Skinheads und Neonazis schützen konnte oder wollte und die Gefahr stets öffentlich herunterspielte. Umgekehrt griff die Polizei Punks an, die als eigentliche Abweichler galten, während die Neonazis im Alltag der Betriebe und Gesellschaft unbehelligt blieben: „Der durchschnittliche Ostspießer sieht immer die Nazis, die sind sauber, fleißig, arbeiten" (Helge).

Ein Übergang von der *Ich-* zur *Wir-Perspektive* kommt bei Josephine zum Ausdruck:

> „Ich bin gar nicht zur Militanz gekommen, sondern die Militanz ist zu mir gekommen. Also es war ja gar nicht irgendwas was wir gewollt hätten [...] Ich hätte den Begriff damals nicht benutzt [...] Wir sind angegriffen worden und attackiert worden. Es ging eher um eine Form von aufgezwungener Selbstverteidigung."

Dies spiegelt einen Erfahrungs- und Handlungswechsel vom passiven zum *'Opfer gemacht werden'* zum aktiven *'Sich verteidigen können'* wider. Wobei die praktische und kollektive Selbstverteidigung hier weniger als begründete Militanz zur Sprache kommt. Stattdessen kann dies als Wahl der für sie subjektiv einzig verfügbaren Handlungsmöglichkeit verstanden werden, um nicht mehr Opfer zu sein.

Ein Jahr vor dem Mauerfall gab es in der DDR auch schon erste Übergänge von *Selbstverteidigung* in Richtung *Gegenmacht*. So beschreibt Helge wie 1988 etwa 50 Menschen eine Kneipe stürmten, in der sich Skinheads trafen, nachdem zuvor Punks verprügelt worden waren. Dieses Vorgehen wurde später – nach der Wende – nach Angriffen des Öfteren wiederholt, wodurch eine kontinuierliche und kollektive Handlungsfähigkeit entstand. Einige Clubs waren zeitweise nazifreie Zonen.

In der bisherigen Entwicklung blieb ein spezifischer Modus von Gewalt erhalten: Die Handlungsanlässe blieben zumeist Neonazi-Angriffe, wobei die nicht-rechten Jugendlichen passiv waren, sich selbst verteidigten oder auswichen. Im nächsten Schritt entstand aus den Selbstverteidigungserfahrungen eine aktive Handlungsweise, hin zur Herausbildung von kollektiver Gegenmacht, wie sie in der vorangegangenen Beschreibung kurz deutlich wurde.

Kontext II: Gesamtgesellschaftliche Situation und politische Zugänge

Die individuellen Gewalterfahrungen waren mit politischen Zugängen verbunden, die sich nicht nur im sozialen Umfeld, sondern innerhalb des gesellschaftlichen und politischen Rahmens herausbildeten. Der Angriff auf die Zionskirche war für Punks und andere nicht-rechte Jugendliche in Berlin und Potsdam ein zentraler Anlass, gegen Neonazis aktiv zu werden. In Potsdam gründeten sie unter dem Titel „Antifa Potsdam" (Helge) nur einen Monat später die erste unabhängige Antifa-Gruppe in der DDR; in Berlin gab es einen ähnlichen Versuch.[19] „Wir haben angefangen uns politisch Gedanken zu machen. Wo kommt das überhaupt her? Was ist Faschismus? Was sind Nazis?" (Helge). Geplante und kollektive Gegenmacht zu entfalten, stand in dieser Politisierungsphase allerdings nicht zur Debatte: „[Wir] haben versucht irgendwas zu machen", um die Bevölkerung für das Naziproblem zu sensibilisieren, aber haben „nicht über militanten Widerstand" nachgedacht, das „war nicht unser Mittel" (Max) und „gar nicht in unseren Gedanken" (Helge).[20] Umgekehrt verließen andere Beteiligte die Gruppen wieder, weil sie sich ausschließlich zur Gegenwehr zusammentun wollten.

Während es bis 1989 folglich eher zufällig zu Auseinandersetzungen zwischen Nicht-Rechten und Neonazis kam, änderte sich dies nach dem Mauerfall schlagartig. „Das war so 'ne Art Machtvakuum. Also der Staat hat sich in Form von Bullen komplett zurückgezogen" (Alex). Die folgenden Monate bis ins Frühjahr 1990 waren eine Hochzeit der Hausbesetzungen in Ost-Berlin und Potsdam,[21] wobei die rechten Skinheads für die Aktivist_innen anfänglich nur eine nachgeordnete Rolle spielten: „Es lief eigentlich alles andere außer wirklich Antifa. Also das was wir vorher als Gruppe hatten, hat sich quasi ein Stück weit einfach in das soziale Leben im Haus verwandelt" (Helge). Gleichzeitig erstarkte die Neonaziszene und machte die Wohnprojekte in Potsdam zur Zielscheibe: „Zwischen Weihnachten und Silvester war der erste Angriff und dann durchgängig bis Ostern 1990, jeden Freitag, jeden Samstag" (Helge). Die gleiche Entwicklung gab es in Ost-Berlin um das Stadion des BFC Dynamo: „Du wusstest, alle 14 Tage samstags war

---

19 In der Literatur finden sich für die Potsdamer Gruppe weitere Bezeichnungen wie „Anti-Nazi-„ und „Anti-Skin-Liga", vgl. Weiß, P. U. (2015): Civil Society from the Underground. The Alternative Antifa Network in the GDR. In: Journal of Urban History, S. 647-664. In Berlin blieb es zunächst bei einem Organisierungsversuch, die „Autonome Antifa Ostberlin" entstand im April 1989 (siehe Beitrag von Wolf in diesem Band).

20 Ähnlich arbeitete zu Beginn das 1981 in der BRD gegründete „Norddeutsche Antifa Treffen". Dessen Fokus lag auf Informationsrecherchen und Veröffentlichungen über Neonazis und deren Aktivitäten (vgl. Keller et al. 2011: 67f.).

21 Am 20.12.1989 gaben Aktivist_innen die Besetzung der Schönhauser Allee 20 im Ostberliner Stadtteil Prenzlauer Berg bekannt. Diese gilt als Beginn der Berliner Hausbesetzungen. Die Abfolge der Ereignisse 1989/1990 findet sich im Beitrag „Die Mainzer Straße – Chronologie einer Räumung". In: telegraph, http://telegraph.cc/die-mainzer-strasse-chronologie-einer-raeumung (abgerufen am 25.10.2016). In ganz Ostdeutschland kam es zeitgleich zu einer Vielzahl von Hausbesetzungen.

Großalarm. [...] Da war eigentlich generell Alarmzustand. [...] Du begibst dich dann ungewollt in einen Selbstverteidigungsmodus der erstmal nur da ist, um dein Haus zu sichern" (Max).

Die Neonazis und die Antifa erwachten aus einem „Dornröschenschlaf" (Max) und die Gewalt der 'Häuserkämpfe' dynamisierte sich; sie gehörte zum Alltag. Gleichzeitig wurde die Polizei plötzlich als paralysiert wahrgenommen:

> „Da hats geknallt und gekracht und da sind auch Mollis geflogen. Aber das war nicht so, dass die Bullen dann am nächsten Morgen oder so noch in der Nacht noch irgendwie vor der Tür gestanden hätten. [...] Das war in der Phase überhaupt nicht vorstellbar. [Wir] hatten das Gefühl, wir müssen es selber in die Hand nehmen [...], weil die VoPos [Volkspolizei, Anm. d. V.] überhaupt nicht wissen wo sie stehen" (Helge).

Demzufolge waren die besetzten Häuser in diesen Monaten nicht verbarrikadiert, um sie gegen Räumungsversuche der Polizei zu schützen, sondern gegen Angriffe von Neonazis und Hooligans. Diese haben die Besetzer_innen als geplante und kontinuierliche Gewalt erlebt; umgekehrt entwickelte sich ihre Selbstverteidigung als diese zur Bedrohung der eigenen und kollektiven Selbstverwirklichung wurde: „In diesem kleinen Kosmos [...] will ich mich mal selber ein bisschen verwirklichen." Und dann fangen die Nazis an, „deinen kleinen Nachttisch, den du dir da bunt angemalt hast, anzünden zu wollen". Letztlich ist die „Militanz mit der Wendezeit zu uns gekommen" (Helge).

Ihre Erweiterung der persönlichen Handlungsfähigkeit in Form von Raumaneignung, -nutzung und -gestaltung wurde durch die Neonazis mit brutaler Gewalt bekämpft und die Besetzer_Innen zu deren politischen Feinden erklärt. So wiederholte sich auf Seiten der Aktivist_innen ein Selbstbefähigungsprozess, wie er nach dem Neonazi-Überfall auf die Zionskirche eingesetzt hatte. Im Unterschied zu zwei Jahren vorher fiel der politische Zugang aber nun mit dem Alltagsleben in den besetzten Häusern zusammen. Mit der 'Wende' wurde aus der Selbstverteidigung der eigenen Person eine „Verteidigung der selbsterkämpften Räume" (Alex). Die Bedrohung war nicht mehr nur auf der Straße oder an Treffpunkten omnipräsent, sondern reichte bis in die eigenen vier Wände: „Willst da deine Party machen oder deine Sachen machen und als allererstes musst du erstmal verbarrikadieren" (Helge).

In ihren Erzählungen zeigt sich, dass neben gesellschaftspolitischer Aufklärung nun notwendigerweise vor allem Militanz das antifaschistische Engagement bestimmte, denn die aufgezwungene Selbstverteidigung war vor allem notwendige Praxis und Teil ihrer Lebensrealität. Ähnlich verlief es in Berlin: „Dann fingst du an dich zu bewaffnen: Gasknarren, Knüppel, Aufrüsten; auch das Haus quasi militärisch zu sichern. Wir haben dann, weil wir ja auch Antifas waren, strategisch überlegt, wie wir das Haus schützen" (Max). Sie verstanden sich in ihrem Handeln als Teil einer Bewegung; Hausbesetzungen und deren Selbstverteidigung waren für sie folglich politische Handlungsweisen.

Kontext III: Handeln und Erleben konkreter Ereignisse

Neu scheint, dass die Selbstverteidigung, die in den geschilderten Ereignissen erkennbar wird, in eine offensive *Gegenwehr* überging, wie Helge es von einem der letzten großen Überfälle auf ein besetztes Haus erzählt:

„da haben die Bullen eine Querstraße weiter gestanden und haben [...] zwei Zivis [Zivilpolizisten, Anm. d. V.] zu uns in die Kneipe geschickt und gesagt, da kommen sie [die Neonazis, Anm. d. V.] jetzt. [...] Na dann kamen die dreißig, aber die wussten nicht, dass wir schon Bescheid wussten und dann gabs richtig Saures. Die [...] sind nicht wieder gekommen."

Solche Ereignisse wurden ebenso ambivalent erlebt: „Aber trotzdem du hast da in deiner Hütte gesessen, am Wochenende oder am Abend und hast durch die Fenstergitter geguckt" (Helge). Die Handlungserweiterung wird zugleich als eine Beschränkung des Alltags beschrieben, da der notwendige Selbstschutz der Selbstverwirklichung ihren expressiven Charakter nahm.

Der Schritt zur *Gegenmacht* verlief fließend. Um Angriffe auf besetzte Häuser von Vornherein abzuwehren, wurde das Handeln erweitert: „Wir sind dann regelmäßig nach Potsdam gefahren und da auch Streife gefahren. Wir hatten ein kleines Auto, das voll war mit Knüppeln, Waffen, Zeugs und sind damit durch die Stadt gefahren, nach dem Motto: Da ist 'ne Glatze! Hin! Türen auf!" (Max). Auch in Brandenburg war es so, „dass die Nazis ab und zu mal ordentlich eins auf die Fresse gekriegt haben und das sozusagen eine Ansage war: ihr könnt hier nicht machen was ihr wollt. Auch wir können uns verteidigen und können uns dann Freiräume erkämpfen" (Josephine). Die Interviewten beschreiben diese Gegenmachtmomente als eine Voraussetzung zur Realisierung ihrer persönlichen und kollektiven Selbstverwirklichung und gesellschaftlichen Partizipation. Um die eigenen Handlungsräume zu schützen und zu erweitern, war es notwendig, das Bedrohungspotential der Neonazis einzuschränken. Oder anders ausgedrückt: Es ging darum, unversehrt zu bleiben, man selbst bleiben zu können und dafür im Alltagsleben nicht unentwegt angegriffen zu werden.

Bei den Pogromen in Ostdeutschland 1991/1992 machte sich hingegen ein Ohnmachts- und Vergeltungsgefühl breit: „Man hat halt die Nasen [Neonazis, Anm. d. V.] gesehen und was sie in Hoyerswerda und Lichtenhagen gemacht haben. Blanker Hass gegen diesen tobenden Mob" (Alex). „Das war für mich an Abscheulichkeiten nicht zu überbieten wie die Leute sich da gebärdet haben, [...] da ist dann wirklich für mich auch im Kopf eine Grenze gefallen" (Paul). Ähnlich Josephine: „Glaube in Lichtenhagen zum Beispiel ist so einigen eine Sicherung durchgebrannt." Von *Gegenwehr* oder gar *Gegenmacht* ist hier keine Rede mehr. Vielmehr wirkt es wie eine *Suche* nach militanten Handlungsmöglichkeiten, die einem stetigen Handlungsdruck unterlag. Denn die rechte Gewalt nahm drastisch zu und wurde zunehmend lebensbedrohlich, was auch die Eindrücke der Pogrome demonstrierten.

Ein *Handlungsmodus* war hierbei, dass Aktivist_innen dazu übergingen, Neonazis *von sich aus anzugreifen*.

> „Wir hatten ja die FAP in Prenzlauer Berg, war ihre Hochburg und 1. Mai '92, die FAP macht einen bundesweiten Aufmarsch [...] und es gibt eine Massenmobilisierung und [...] die wurden wirklich weggeprügelt [...]. Und drumherum hat die FAP im Prenzlauer Berg nur noch Probleme gekriegt, weil alle gemerkt haben, die müssen hier weg [...] Da gabs eine richtige Kampagne '92, '93, '94 und wir haben es geschafft, die wirklich aus dem Kiez zu jagen. Die haben ihre Sachen gepackt und haben sich verpisst" (Max).

Es entwickelte sich eine offensive und kontinuierliche Gegenmacht mit dem Ziel, die Neonazis zum Rückzug zu zwingen. Und sie bauten diese Gegenmacht weiter aus, wie Max' Beschreibung der Kampagne „S-Bahn-Fahren" exemplarisch zeigt: „Antifaleute haben sich verkleidet und sind konzentriert in den Problembezirken S-Bahn gefahren. In Gruppen. Lichtenberg, Marzahn, Hellersdorf, Hohenschönhausen. Die Zielrichtung war klar. [...] Sie in ihren eigenen Ghettos angreifen."

Ein weiterer Handlungsmodus, in dem sich die Suche nach Handlungsfähigkeit zeigt, wurde in „*Bestrafungsaktionen*" (Helge) deutlich: „Als das Pogrom in Hoyerswerda war, riesen Konvoi dorthin und dann wurde ne Demo formiert und um die Demo herum gabs Sportgruppen, die alles umgelegt haben, was ihnen vor die Knüppel gekommen ist" (Max). Ähnliche Vergeltung gegen Neonazis gab es in Guben und anderen Kleinstädten, allerdings konnten diese den Erzählungen nach keine Gegenmacht generieren, so dass sich die Aktivist_innen vor Ort im Nachhinein einer gegnerischen Übermacht ausgeliefert sahen.

Aus 'Bestrafungsaktionen' wie in Guben entwickelten sich auch Diskussionen darüber „wie sinnhaft die sind" (Josephine). Das Dilemma dahinter legt Helge dar: „Ist mir erst später dabei klar geworden, dass wir uns anders hätten verhalten sollen, weil die dort weiterleben mussten und wir wieder nach Hause gefahren sind." Dennoch ist für ihn die Unterstützung anderer Aktivist_innen im Allgemeinen unumgänglich:

"Das war notwendig, also mit allen Rückschlägen, mit allen Fehlern, die wir da gemacht haben. Aber trotzdem, [...] du kannst jemanden anrufen, du kannst irgendwo hinfahren und kannst den Leuten helfen. Die Hilfe [vom] System, darauf kann ich scheißen."

Dieser Handlungsmodus lässt sich als eine *Solidarisierung* mit der Selbstverteidigung und den politischen Freiräumen anderer deuten. Durch den Entscheidungsdruck verlief die Suche nach Handlungsfähigkeit demnach vor allem prozesshaft entlang der Praxis; Reflexionen erfolgten retrospektiv. Die Aktivist_innen wollten bzw. mussten von sich aus irgendetwas tun, wodurch sich ihre Handlungsweisen auch „als Selbstläufer entwickelt" (Paul) haben. Neonazis von sich aus anzugreifen, 'Bestrafungsaktionen' und Solidarität fielen dabei praktisch zusammen und das darin liegende Spannungsfeld konnten sie womöglich nicht auflösen.

Dieses Dilemma kann zudem hinsichtlich der Reichweite der Handlungen in räumlicher Dimension gedeutet werden. Innerhalb ihres alltäglichen städtischen Interaktionsradius machten sie die Erfahrung von handlungsfähiger Gegenmacht: „Aber so den eigenen Kiez, sag ich jetzt mal in Anführungszeichen, 'zu säubern', fand ich damals ne sinnvolle Sache, [...] sich halt in seinem eigenen Kiez, in seinen eigenen Strukturen angstfrei bewegen zu können" (Alex). Außerhalb dessen schien das zwar ebenso möglich, wie es Max für die Ostberliner „Problemkieze" und Josephine für den ländlichen Raum beschreiben, aber es ist anzunehmen, dass die Handlungsfähigkeit hier eher temporär war, was sich aus der Diskussion um die Ereignisse von Guben schlussfolgern lässt. Innerhalb der Städte wird die Gegenmacht zwar kontinuierlicher, aber räumlich begrenzt beschrieben. Bei den Potsdamer Aktivist_innen wird dies daran sichtbar, dass sie „die Vorstadtviertel oder die Neubauviertel sozusagen nicht interessiert haben. Weil wir hatten ja unseren Kiez. Da durften die [Neonazis, Anm. d. V.] nicht hin" (Helge).

Rückblickend wird ersichtlich, dass Gewalterfahrungen mit den Jahren alltäglicher wurden. Ausgangspunkt waren Angriffe rechter Skinheads in den Achtzigerjahren, die in Schlüsselereignissen gipfelten, welche die späteren Antifas ab Ende der Achtzigerjahre zur Selbstverteidigung und Gegenwehr brachten. Dabei bewegten sich die Aktivist_innen in zwei Handlungsräumen. In ihren 'eigenen' Räumen konnten sie kontinuierliche Gegenmacht entfalten, außerhalb davon versuchten sie diese Handlungsfähigkeit zu erlangen.

Kontext IV: Reflexionen, Kritiken, Verständnisse

Im Gegensatz zu autonomen Antifaschist_innen in Westdeutschland stand für die interviewten Aktivist_innen ein revolutionärer Umsturz vor und nach der

'Wende' weniger zur Debatte. Zumal sie als Teil der linken DDR-Opposition 1989/1990 selbst eine gesellschaftliche Transformation miterlebt und mitgestaltet hatten.[22] Ihnen ging es mehr um eine Kritik, denn um die Abschaffung des Staates. Sie wollten die DDR demokratisieren und in einen freiheitlichen Sozialismus transformieren, statt von der BRD 'geschluckt' zu werden. Parallel zum Mauerfall und den eigenen politischen Bestrebungen kam es zu einem immensen Anstieg der Gewalt von Neonazis:

> „In dieser Phase kann ich mich erinnern [...] gab es die ersten Formen von Public Viewing am Alex[anderplatz, Anm. d. V.]. Also sind die Nazis vom Alex hoch bis zum Cantianstadion [...] und die haben alles in Schutt und Asche gelegt" (Alex).

Die Polizei tritt an dieser Stelle der Erinnerungen nicht als vordringlicher Gegner in Erscheinung, denn im Machtvakuum nach dem Mauerfall 1989 war sie quasi handlungsunfähig. Erst mehrere Monate später, nach dem 3. Oktober 1990 nahmen die Angriffe der Polizei deutlich zu, die nun von Einheiten aus West-Berlin unterstützt wurde:[23]

> „Innerhalb von 24 Stunden sind hier Häuser zu räumen? Das war nicht durchsetzbar. [...] Das war ja nach deren Verständnis, oder nach unser aller Verständnis, Volkseigentum. Und was soll man da jetzt durchsetzen? Volkseigentum enteignen? Wer wird denn jetzt enteignet und wer kriegt das denn? [...] Aber mit dem Fall der Mainzer Straße dann im November [1990, Anm. d. V.] war das vorbei"(Alex).

Der Kampf gegen Neonazis war und blieb angesichts der allgegenwärtigen Bedrohung für einige ein notwendiges Handlungsparadigma: „Autonome gabs ja zur DDR-Zeit nie" (Max) und „wir hatten ja nicht immer so 'n ideologischen Unterbau. Das ging um Hass" (Alex). In dieser Beschreibung kommt auch *Emotionalität* als *eine* mögliche handlungsleitende Begründung zum Tragen, die bspw. auf Vergeltung abzielte. Die emotionale Involviertheit kann hier als spezifisch subjektive Sicht auf die alltägliche gesellschaftliche Realität gefasst werden. In dieser individuellen Betroffenheit kommt Persönliches und Politisches zusammen.

---

22 Ihr Erleben dieser Transformation beschreiben die Interviewten positiv hinsichtlich der Entmachtung der DDR-Regierenden und kritisch in Bezug auf den Anschluss der DDR an die BRD und den wachsenden Nationalismus. Siehe Einleitung in diesem Band.

23 Mit dem Inkrafttreten des Einigungsvertrags setzte die Polizei verstärkt die sogenannte „Berliner Linie" durch, eine Verordnung, die 1981 in West-Berlin erlassen wurde. Allerdings galt diese schon seit Juli 1990 für Ost-Berlin. Vgl. Holm, A.& Kuhn, A. (2010): Häuserkampf und Stadterneuerung. In: Blätter für deutsche und internationale Politik, 55. Jg., H. 3, S. 107-115.

Die Interviewteilnehmer_innen selbst bewegten sich in einem sozialen und politischen Mosaik, zwischen Antifa und besetzten Häusern, Bürgerbewegten und unabhängigen linken Parteien wie der „Vereinigten Linken"[24] und später auch Autonomen. Schon in der DDR-Opposition wurde über Friedens-, Umwelt- und Menschenrechtsthemen diskutiert, bspw. in den Basisgruppen der evangelischen Kirche.[25] Bis zum Mauerfall gab es aber wenig Austausch mit Antifas in der BRD – „damals kannten wir noch gar nicht den schwarzen Block" (Paul) und den Militanzbegriff – und danach waren westdeutsche Antifa-Perspektiven nur teilweise anschlussfähig, stießen auf Skepsis bis Ablehnung.[26] So kritisiert Josephine ein strategisches Verständnis von *Militanz als symbolisches Handeln*: Teile der linken Szene fanden „diese militante, martialische Ästhetik total cool und haben das auch gelebt [...] und sind auch so rumgerannt und haben groß auf dicke Hose gemacht und das fand ich damals ätzend". Für Alex zeigt das, dass einige „Antifas im Osten sich eher so der Doktrin der Westberliner Antifa untergeordnet" hatten, die eine Ästhetisierung von Militanz zur Gestaltung symbolhafter Politik[27] intendierte. Die Kritik symbolischer statt „wehrhafter Militanz" (Max) wird hier zu einer Kritik scheinbarer bzw. fehlender Handlungsfähigkeit, da sie in ihrem Erleben eben nur teilweise oder gar nicht imstande war, Gegenmacht zu realisieren. Max stellt diesem Kontext seinen „politischen Unterbau" gegenüber, in dem u.a. der *Selbstschutz* der kollektiven Handlungsfähigkeit leitend ist: Wir „haben militante Aktionen, in meisten Fällen aus einem bestimmten politischen Antrieb heraus betrieben und das war [...] zielgerichtete Gewalt. Und das war eine Form von Selbstverteidigung".

Für Josephine bewegte sich Militanz letztlich in einem Spannungsfeld, das nicht aufzulösen ist: Es ist „auf der einen Seite problematisch, wenn Militanz nur noch einen Selbstzweck hat, also Gewalt zum Selbstzweck wird und [...] gar keine kritischen Auseinandersetzungen mehr dazu stattfinden, aber trotz alledem eine Notwendigkeit da ist, dass ab und zu mal eine Ansage verteilt" wird. Hierin bringt sie die Relevanz einer *moralischen Legitimation* von Gewalt zum Ausdruck.

---

24 Zur Vereinigten Linken vgl. weiterf.: o. A. (2004): Es ist genauso verkehrt gekommen, wie ich's mir vorgestellt habe. 15 Jahre nach dem Mauerfall. Interview mit Bernd Gehrke. In: Analyse und Kritik. Zeitung für linke Debatte und Praxis, Nr. 489.
25 Siehe Beitrag von Wolf in diesem Band.
26 In der westdeutschen und West-Berliner autonomen Antifaszene wurden seit 1981 u.a. Debatten über die Verbindung von Antifaschismus und revolutionärem Antikapitalismus sowie die gesellschaftspolitisch-strategische Ausrichtung von Militanz geführt, vgl. Keller et al., 2011, S. 68 und Langer, 2014, S. 175f., 186f.
27 Keller et al., 2011, S. 102.

Der eigene *Handlungsdruck* durch potentielle Neonazi-Angriffe und das mit den Pogromen Anfang der Neunzigerjahre entstandene Ohnmachtsgefühl sowie die Skepsis gegenüber anderen Verständnissen, entzog explizite und institutionalisierte Möglichkeiten zur eigenen und wechselseitigen Verständigung über das Handeln: In „Antifazusammenhängen, in denen ich mich bewegt hab – und ist egal welche Gruppen – war Militanz selbstverständlich [...] da gabs überhaupt gar keine Diskussion drüber" (Max). In einigen Bündnissen wurde die Frage der Gewaltanwendung teilweise sogar von zivilgesellschaftlichen Akteur_innen ausgeklammert, um die Aktivist_innen nicht zu verprellen. Denn ihre Militanzbereitschaft gab den Bündnissen auch Schutz und Handlungsfähigkeit. In diesen Konstellationen kam ein expliziter Verständigungsprozess über Militanz aber nicht zustande, zumindest wurde darüber nichts berichtet. In Pauls Erinnerung war der Umgang hingegen „unterschiedlich" und Josephine kann sich noch an Diskussionen erinnern, „aber so in kleineren Zusammenhängen" und auch über die Aktionen in Guben ist demnach „doch damals schon diskutiert worden". Auch in Erzählungen zu späteren Erfahrungen werden Debatten deutlich, die als Verständigungsversuche interpretierbar sind: „Wenn du dann versuchst Bündnispartner irgendwie an den Tisch zu holen und die Demos vorzubereiten, dann haben sie dir natürlich die Militanzfrage um die Ohren gehauen" (Alex). In Guben kritisierten die örtlichen Aktivist_innen die 'Bestrafungsaktionen': „Wir müssen hier noch weiterleben" (Josephine). Gleichzeitig wurde (Selbst-)Kritik an der symbolischen Militanz einer Demonstration vor Ort laut: Sie liefen „mit dem Demozug, im schwarzen Block durch die Gegend [...], aber es war niemand auf der Straße. Es hat einfach niemanden interessiert. Und was machen wir eigentlich hier?" (Alex). Nicht zuletzt entbrannte nach einem tödlichen Angriff der Antifaşist Gençlik auf den Neonazi Gerhard Kaindl 1992 in West-Berlin eine Debatte um moralische Grenzen und Imperative von Militanz,[28] und um die Gefahren staatlicher Repression: „Natürlich gab es in der Zeit endlose Militanzdiskussionen" und „alle hatten Schiss, dass sie abgehört wurden" (Helge).

Die Verständigungsanlässe waren ergo implizite Handlungskrisen, die aus der eigenen Praxis entstanden oder aus dem Handeln anderer, auf das man sich kritisch bezog. Daraus ergab sich für die Interviewteilnehmenden ein zwar sehr wohl politisch gedachtes, aber sekundär programmatisch gefasstes oder revolutionär-

---

28 Keller et al., 2011, S. 83. Ausführlich ist der Fall Kaindl beschrieben in Geronimo (1997): Glut & Asche. Reflexionen zur Politik der autonomen Bewegung. Münster: Unrast; und ak wantok (Hrsg.) (2014): Antifa Gençlik. Eine Dokumentation (1988–1994). Münster: Unrast.

utopisches Militanzkonzept. Für ihre Selbstverständnisse scheinen primär u.a. folgende Aspekte handlungsleitend: Emotionalität durch Ohnmachtserfahrungen, Selbstschutz der eigenen Person, des Umfeldes und politisch-subkultureller Räume sowie moralische Legitimation aufgrund von Handlungszwang bzw. wenigen Handlungsalternativen durch die Abwesenheit gesellschaftlichen und staatlichen Schutzes der persönlichen Integrität und Entfaltung.

Viel stärker identifizierten sich die Interviewten abseits der Militanz mit anderen als politisch verstandenen Handlungsformen:

> „Gerade die jahrelange Umlandarbeit [...] fand ich auch hier, dass die eben zur damaligen Zeit sehr große Früchte getragen hat. Also wir haben [...] Broschüren rausgebracht. [...] Konzerte gemacht, Veranstaltungen [...]. Da find ich mich eher wieder" (Paul).

Trotzdem resümiert er weiter:

> „Nach der Wende [...] die nächsten vier fünf Jahre gab es definitiv für mich berechtigte Gewalt gegenüber Nazis. [...] Wenn sechzig Prozent der Sachen, die an gewalttätigen Auseinandersetzungen nicht gelaufen wären, dann denk ich hätten sich die Nazis definitiv noch mehr ausgebreitet. Eben in den ländlichen Regionen oder auch hier in Berlin. [...] Ich kann das definitiv nur begrüßen. Ich kann daran nichts Schlimmes finden."

Damit bringt Paul beide Seiten des Dilemmas zusammen, das bei allen Beteiligten der Gruppendiskussion ähnlich zum Ausdruck kommt. Gewalt von Neonazis, aber auch von staatlicher Seite, war nach ihren Erzählungen eine immense und stetig von außen herangetragene Bedrohung, so dass Militanz für sie zur alltägliche notwendigen und erfolgreichen Existenzsicherung wurde, obwohl ihre Handlungsvisionen seit Ende der Achtzigerjahre andere waren: Es ging um politische Selbstverwirklichung und den Aufbau linker Räume in besetzten Häusern, eine gesellschaftspolitische Problematisierung von Neonazismus und nicht zuletzt um linke Gesellschaftskritik und Utopien. Das darin enthaltene Spannungsfeld von Selbstverwirklichung und Selbstschutz konnten sie allerdings nicht auflösen. Diskussionen über die eigenen Handlungsmöglichkeiten wurden mehrfach von der krisenhaften Realität eingeholt und damit obsolet; aber sie entfielen auch, sobald durch *Gegenmacht* ein Status Quo der Nicht-Bedrohung geschaffen wurde: „Ich bin mir nicht sicher, ob wir uns diese Zeit nicht genommen haben, uns darüber ernsthaft auseinanderzusetzen oder ob uns die Zeit [nicht] gegeben wurde" (Josephine).

Kontext V: Biografische und gesellschaftspolitische Brüche

Einhellig sprechen die Interviewten von Veränderungsprozessen, die ab Mitte der Neunzigerjahre ein schrittweises Auflösen kontinuierlichen militanten Handelns markierten: Viele sind „aus den unterschiedlichsten Gründen sozusagen ich sag mal weggebrochen" (Helge). Einerseits veränderte und pluralisierte sich die Form der individuellen Selbstverwirklichung. Die verbindenden Momente der gemeinsamen Lebenswelt lösten sich auf: „gehen wir alle zum Techno oder [...] rum um die Welt oder jetzt fang' wir an zu studieren oder kriegen alle Kinder. Alles super. Das Problem ist einfach nur, [...] viele von uns waren ja auch einfach ausgebrannt" (Helge). Hinzu kam, dass Neonazis – auch durch die Gegenmacht der Antifa – nicht kontinuierlich, sondern „wellenförmig" (Helge) in Erscheinung traten und die Repression gegen Antifas durch Polizei und Justiz zunahm: „Die Bullen sind bewaffneter, die Überwachung ist viel perfekter und die Gegenseite hat natürlich auch aufgerüstet" (Alex).

Während Militanz in der Gruppendiskussion durchgängig als *ein* notwendiges Mittel galt, um Handlungsmöglichkeiten gegen die Bedrohung von Neonazis durchzusetzen, erscheint Gewalt im Allgemeinen – als realisierte oder lediglich potentielle Handlungsform – der individuellen und kollektiven Selbstverwirklichung hingegen hinderlich. D.h.: für einen Teil der Aktivist_innen löste sich der gemeinsame Handlungszwang als verbindendes Moment in der Lebensgestaltung auf, sobald die Angriffe (temporär) ausblieben oder aber es taten sich alternative, weniger gefährdete Realisierungsmöglichkeiten zur Selbstverwirklichung außerhalb dieser sozialen Umgebung auf. Für den anderen Teil schränkte Gewalt als stets mögliche Erfahrung sowie die zunehmende Strafverfolgung ihr alltägliches Leben ein. Diese lebensweltlichen Fliehkräfte erklärt Helge wie auch andere Interviewteilnehmende damit, dass kein „politischer oder gedanklicher oder sozialer Unterbau" (Helge) existierte, in dem die Militanz theoretisch eingebettet war. In der Gruppendiskussion bleibt dieses mögliche handlungsleitende Paradigma praxisbezogen und theoretisch unbestimmt, als „zielgerichtete [...] Form von Selbstverteidigung" gegen Neonazis, die auch in einem „Angriff" umgesetzt werden kann und zu kombinieren ist mit anderen Handlungsformen: „man muss natürlich auch Überzeugungsarbeit machen, politische Bildungsarbeit, aufklären" (Max). Allerdings wird in dem Erzählten eine subjektive Theorie der Militanz erkennbar, die sich mit dem Vers „Die Vernichtung des Nazismus mit seinen Wurzeln ist unsere Losung"[29] paraphrasieren lässt und eine Verbindung

---

29 Vgl. Schwur von Buchenwald, 1945.

zu einer *individuell-antifaschistisch begründeten Haltung* mit militanter Kontinuität und Offensivität herstellt; und zwar im Gegensatz zu einer kollektiv-antikapitalistischen Strategie mit militanter Symbolik.

Auf Letztere bezieht sich auch Alex, wenn er seinen biografischen Bruch beschreibt. Für ihn sei damals ein „Propagandistischer Popanz" entstanden, der

> „aber nicht aus den gelebten Strukturen entstanden ist. [...] Wo ich dann irgendwann gesagt [habe], du hast jetzt jahrelang fleißig die 'Interim' gelesen [...] um immer auf dem aktuellsten Stand zu sein. [...] Ich muss hier abbrechen. Ich will mit meinem Leben noch irgendwie was Sinnvolles anfangen."

Parallel dazu fehlte die Verständigung mit neuen Aktivist_innen über Erfahrungen und Handlungsweisen: „Dann gab es zwar junge Leute, aber du hast überhaupt kein Draht zu denen. Oder die haben dich angeguckt, als ob du aus dem letzten Jahrhundert kommst" (Helge). Diese Nicht-Verständigung setzt sich bis heute fort: „Wo ist denn das was wir damals vor 20 Jahren gemacht haben und mit welcher Energie und welcher Kraft wir das gemacht haben, uns denen entgegenzusetzen? Was ist davon noch übrig?" (Alex).

Resümee: Thesen zum Militanzverständnis

Aus den dargestellten individuellen, sozialen und politischen Handlungs- und Verständigungsprozessen der Aktivist_innen, ergeben sich Charakteristika von Selbstverständnissen der Militanz, die in folgenden Thesen zusammengefasst und zu diskutieren sind.

Erstens: Ausgangspunkt der Herausbildung militanter Selbstverständnisse waren Angriffe auf die eigene Person oder das Umfeld. Durch das praktische Erleben von erfolgreicher Selbstverteidigung wurde diese als Handlungsmöglichkeit verfügbar und der angstbesetzten Bedrohung entgegengestellt. Damit verbunden war die Emanzipation aus einem passiven nichthandlungsfähigen Betroffenenstatus zum aktiv gestaltenden Subjekt. Diese *Handlungsweise* entwickelte sich weiter, von der Selbstverteidigung, über Gegenwehr zur Gegenmacht. In diesem Dreischritt waren *Handlungsmodi* enthalten, wie der Schutz von politischen Räumen und Aktionen, selbst initiierte Angriffe und „Bestrafungsaktionen" gegen Neonazis und eine Unterstützung der Selbstverteidigung anderer. *Handlungsleitend* waren Bedeutungen wie Emotionalität, Selbstschutz, praktische Solidarität mit anderen Betroffenen sowie moralische und politische Legitimation durch mangelnde Handlungsalternativen. Beide Dimensionen sind von Spannungsfeldern gekennzeichnet, die nicht aufzulösen waren.

Zweitens: Die militanten Selbstverständnisse waren in einen alltäglichen und sich ergänzenden Handlungszwang eingebettet. Allgemein folgte auf die Verteidigung der eigenen Person der Schutz der besetzten Häuser sowie die Unterstützung anderer Aktivist_innen. Die theoretisch-politische Programmatik dahinter war fragmentiert, handlungsorientiert und entsprach weitestgehend dem Imperativ der moralischen Ächtung des Faschismus. Militant wurde dieses Gewaltverständnis als Reaktion auf die Militanz der Neonazis. Außerdem war es weniger utopisch-revolutionär konnotiert und erst in zweiter Linie gegen Polizei und Staat oder abstrahiert-symbolisch gegen das kapitalistische System gerichtet. Militanz war dabei nur ein Teil des politischen Wirkens der Aktivist_innen. Darüber hinaus waren sie in politischen Umfeldern und Kampagnen engagiert.

Drittens: Die eigenen fragmentierten und heterogenen Selbstverständnisse wurden von symbolisch-ästhetisierter und politisch-strategischer Militanz abgegrenzt. Im Vordergrund stand eine wehrhafte Praxis von Gegenmacht, deren Gemeinsamkeit der von außen herangetragene Handlungs- und Erfolgsdruck war. (Selbst)kritik wurde u.a. in Momenten der Abweichung von diesem Credo geäußert, wenn Gewalt nicht mehr Mittel sondern Selbstzweck wurde oder von moralischen Paradigmen abwich. Eine Reflexion der eigenen Militanz kam auch implizit in der Kritik anderer Konzepte zum Tragen.

Viertens: Das Erleben von Schlüsselereignissen und -phasen bildete den Rahmen für Handlungskrisen, die zu Lernanlässen wurden sowie für die Entwicklung von Handlungsfähigkeit und biografischen Brüchen. Dabei wurde das Verhältnis von individueller Selbstverwirklichung und kollektiver Militanz immer wieder neu ausgehandelt und dabei implizit auch infrage gestellt. Denn die Gewalterfahrungen waren stets doppelte. Einerseits eine Erweiterung individuell-kollektiver Handlungsmöglichkeiten, andererseits eine emotionale und alltägliche Einschränkung und moralische Grenzüberschreitung, im Vergleich zu anderen möglichen und angestrebten Lebensentwürfen.

Thomas Bürk

„Wem gehört die Stadt?" – Nicht-rechte Jugendliche und Antifas in ostdeutschen Kleinstädten seit 1990

Intro

> „Ein Großteil all unserer Lieder bringt es einfach auf den Punkt 'Bleiben oder gehen' […] die Band gibt es seit 2006 […] hat sich in Loitz gegründet […] haben dort geprobt im Junge Gemeinde Raum […] der einzige Raum, wo also nicht so wirklich Faschos abgehangen haben […] in Vorpommern in der Kleinstadt."[1]

Was hier von Jan Gorkow, alias „Monchi", dem Sänger von „Feine Sahne Fischfilet" aus Mecklenburg-Vorpommern als Gründungsgeschichte der Band relativ lakonisch erzählt wird, muss verallgemeinert als Zustandsbeschreibung alltäglicher Lebensverhältnisse nicht-rechter Jugendlicher in der ostdeutschen Provinz festgestellt werden. Dies ist tragisch, auch insofern, weil es als Erfahrungsschilderung seit nunmehr fast drei Jahrzehnten für viele Regionen beinahe als Normalzustand bezeichnet werden muss. Diesen als eben „normale" Situation auf dem Land zu verharmlosen, ist dabei ebenso Teil dieser Tragödie, wie auch die scheinbare Unfähigkeit unterschiedlichster politischer und sozialer Initiativen, gegen diese somit strukturell gewordene rechte Dominanz und neonazistische Territorialisierung ganzer Landstriche offensiv vorzugehen. Die Bedeutung lokaler Antifa-Gruppen und alternativer Jugendkulturen kann vor diesem Hintergrund, sowohl in gegenwärtiger als auch historischer Perspektive nicht genügend hervorgehoben werden. Ebenso muss aber immer wieder auch die Untätigkeit und Ignoranz weiterer sozialpolitischer und wissenschaftlicher AkteurInnen betont werden, die dies als Problem der Provinz an sich verharmlosen und zum quasi historischen Kontinuum erklären, etwa bei dem oft zu hörenden Satz: „Das war hier schon immer so, dass sich verschiedene Jugendliche in die Haare bekommen." Es war eben nicht einfach „immer so", sondern im Gegenteil, auch im ländlichen Raum werden die gesellschaftlichen Erschütterungen, der soziale

---

1 Interview mit der Band „Feine Sahne Fischfilet" Quelle: https://www.youtube.com/watch?v=i9hYEazGr70 (abgerufen am 13.10.2016).

Wandel und die überregionalen Diskurse und Orientierungen in ihrer lediglich überschaubaren lokalisierten Form ausgetragen. Auch hiermit stellen ländliche Räume einen problematischen Referenzrahmen dar, seien sie nun als Peripherie stigmatisiert, infrastrukturell abgehängt, oder als Zwischenräume, Transitzonen zwischen Hamburg und Berlin, Leipzig und Frankfurt am Main einer symbolisch urbanisierten Raumordnung untergeordnet: Bereits die argumentative Ausstattung der Provinz mit einem eigenen Wesensgehalt, einer Essentialisierung des Landlebens und damit oftmals auch eines Erklärungsangebotes für vermeintlich rechtes Hinterwäldlertum unterschlägt nicht nur den zutiefst politischen Bewegungscharakter[2] rechtsradikaler AktivistInnen, sondern unterschätzt auch den Grad an Urbanisierung einer Gesellschaft wie der Bundesrepublik. Die beliebte Zweiteilung der Siedlungsmuster in Stadt und Land wird somit zu einem zentralen Problem nicht nur der sozialwissenschaftlich orientierten Raumforschung, sondern auch zu einem Manko in der Argumentation um städtische Freiheiten und ländlichen Zwang.

Freilich, und das stellt sich ja bereits in der zentralen und paradigmatischen Fragestellung von „Feine Sahne Fischfilet" aufs deutlichste dar: „Weggehen" ist besonders aus der Perspektive von jugendlichen BewohnerInnen des ländlichen Raumes immer eine Option gewesen[3], und zumeist der Ansatz gerade derjenigen, die eben für eine andere Alltagskultur, für Widerstand und Aufmüpfigkeit stehen. Viele StadtbewohnerInnen haben so eine Fluchtgeschichte, betrachten sich gar im großstädtischen Exil vor der ländlichen Enge und rechter Dominanzstruktur/-kultur.

Der folgende Beitrag versucht die Alltagsbedingungen und Behauptungskämpfe nicht-rechter und vor allem antifaschistisch orientierter Jugendlicher und AktivistInnen aus einer raumtheoretischen und alltagsbezogenen Perspektive zu erfassen. Es geht mir hierbei nicht um die erneute Schilderung der reichlich

---

2 Ich folge in diesem Beitrag der bereits von Detjen (1998: Läßt sich mit linker Repression eine rechte soziale Bewegung stoppen? In: telegraph, Nr. 3/4, S. 37-46.) vorgebrachten, allerdings auch heute noch eher minoritär vertretenen Einschätzung, dass es dem Rechtsradikalismus gelingen konnte, sich von einer vormals eher isolierten Subkultur zu einer rechten sozialen Bewegung seit Anfang der Neunzigerjahre zu entwickeln. (Detjen, 1998: 37). Allerdings hat seit damals relativ wenige Forschung (z.B. Koopmans/Rucht) im Kontext von Bewegungsforschung stattgefunden.

3 Beetz, Stefan (2009): Analysen zum Entscheidungsprozess Jugendlicher zwischen „Gehen und Bleiben". In: Schubarth, Wilfried/Speck, Karsten (Hrsg.): Regionale Abwanderung Jugendlicher als Teil des demographischen Wandels. München: Juventus, S. 135-151.

vorhandenen dramatischen Erzählungen von Widerstehen und Fliehen, von Beharrung und Kampf um nazifreie Räume, sondern vielmehr um eine Reflexion ihrer spezifisch verräumlichten Bedingungen.[4] Oder, vielleicht besser gesagt, der sozialen Produktion des ländlichen Raumes als Territorium einer hegemonial gewordenen Rechten durch den (mitunter hoch aggressiven und brutal gewaltförmigen) Ausschluss der Anderen. Dieser Prozess des *othering* ist für mich in dieser Betrachtung vor allem auch ein sozial verräumlichtes Verfahren. Es drückt sich damit gesellschaftlich konstruiert bereits elementar in der Trennung zwischen sogenannten privaten und öffentlichen Räumen aus, und liefert damit eine Grundstruktur gesellschaftlicher Räumlichkeit. Besonders der sogenannte öffentliche Raum ist gegenwärtig der zentrale Austragungsort territorialisierter Machtansprüche, beispielsweise über die (temporäre) Vorherrschaft über einen Marktplatz oder eine Bahnhofshalle. Diese angestrebte Raumdominanz wird zudem verankert über die Sichtbarkeit von Parolen an Wänden und durch andere symbolische Marker wie Plakate oder Tags. Die Vertreibung von unliebsamen Menschen aus dem öffentlichen Raum und die Marginalisierung etwa von MigrantInnen und Geflüchteten, (aber auch armen oder alten Menschen) in marginalisierten Stadtteilen oder ländlichen Peripherien, können beispielhaft für den gesellschaftlich konstitutiven Charakter von Räumlichkeit als zentralem Ordnungsverfahren betrachtet werden. Das ist im Kern der Herrschaftscharakter von Sozialräumlichkeit. Da dies so ist, kann die Betrachtung des sozialen Raumes und seiner materiellen, symbolischen Ordnung auch Aufschluss über die lokalen Machtverhältnisse bieten.

Eine weitere konzeptionelle Ausrichtung meiner Überlegungen orientiert sich am Zerrbild von Stadt und Land und der Dimension von „jung" und „alternativ-

---

4 Bürk-Matsunami, Thomas/Selders, Beate/Yasaroglu, Ercan (2004a): Fremdenfeindliche und rassistische Übergriffe auf Imbissbetriebe der ethnischen Ökonomie in Brandenburg. Opferperspektive; Potsdam. Döring, Uta (2007): Angstzonen: Rechtsdominierte Orte aus medialer und lokaler Perspektive. Wiesbaden: VS Verlag; Bürk, Thomas (2011): Geographie der Angst. Anmerkungen zur Herstellung und Wahrnehmung von „Angsträumen". In: Schulze, Christoph/Weber, Ella (Hrsg.): Kämpfe um Raumhoheit. Rechte Gewalt, „No-Go-Areas" und „National befreite Zonen", Münster: Unrast Verlag, S. 21-36. Bürk, Thomas (2012a): „Gefahrenzone, Angstraum, Feindesland?". Stadtkulturelle Erkundungen zu Fremdenfeindlichkeit und Rechtsradikalismus in ostdeutschen Kleinstädten. Reihe Raumproduktionen; Band 14. Münster: Westfälisches Dampfboot. Bürk, Thomas (2012b): „Nazi-Kleinod Kleinstadt": Interview zu Ausgangsbedingungen in Kleinstädten für Rechtsextremismus; S. 13- 15. In: Impulse für eine lebendige Demokratie, Nr. 37, Mitteilungen des Vereins Miteinander e.V., Magdeburg.

links" bzw. „antifaschistisch" sein in der Provinz. Danach möchte ich mich dem immer auch verräumlichten Verfahren der Herstellung von Öffentlichkeit und Dominanz/Unterwerfung, also Raumnahmen und anderer Territorialisierungen widmen. In einem dritten Abschnitt soll dies nicht nur konkreter an Beispielen vorgestellt, sondern auch deren mögliche Unterschiede bzw. Spezifika ostdeutscher vs. westdeutscher Erfahrungen thematisiert werden. Als Fazit bleibt zu diskutieren, ob in den derzeit geführten Debatten um ein „Recht auf Stadt" nicht gleichzeitig ein antifaschistisches „Recht auf das Land" ausgeblendet wird.

1. Kapitel: Jung sein in der deutschen Kleinstadt und Provinz

Wir alle sind bzw. waren jung und sind meist in mehr oder weniger kleinstädtischen bis ländlichen sozialen *settings*[5] aufgewachsen und geprägt worden, auch daher berühren meine Ausführungen für Viele anschlussfähige, an eigenen Lebenssituationen überprüfbare Aussagen. Trotzdem soll eine persönliche Selbstverortung als Positionierung diese Reflektionen einleiten: Meine Auseinandersetzung mit der Entstehung, Präsenz, Gewalt und Ausbreitung rechtsradikaler Gruppen, Parteien und Initiativen geht auf die frühen Neunzigerjahre zurück und auf die eigenen biographischen Erinnerungen als südwestdeutscher Provinzaktivist in den Siebzigerjahren. Diese historische und persönliche Perspektive ist auch insofern zu unterstreichen, weil mir dadurch die Städte und Regionen der (ehemaligen) DDR erst in ihrem Zerfallszustand, also nach der Schocktherapie der 'Wiedervereinigung' bekannt wurden, und weil ich so zudem ein völlig anderes Leben, auch als links-alternativ orientierter Jugendlicher in der westdeutschen Provinz kennengelernt habe. Zwar gab es auch dort einige alte Nazis (oft als LehrerInnen) und reichlich christkonservatives Bürgertum (wie Verwandte oder NachbarInnen), aber eben keine schlagenden und mordenden Neonazis, nicht deren Musik und Freizeitsubkulturen und NPD-Aufzüge. Im Gegenteil: Diese Provinz sollte in unserem Ansatz „bunt und lebendig" werden. Eine über viele Bundesländer kommunizierende Schüler- und Lehrlingsbewegung, die auch in Kleinstädten und Dörfern autonome Jugendzentren besetzte, wurde zur Keimzelle eines Aufstandes, der dann in den späten Siebzigerjahren

---

5 Tatsächlich lebt selbst in der stark verstädterten Bundesrepublik Deutschland die Mehrheit der StadtbewohnerInnen (ca. 60 Prozent) in sogenannten Klein- und Mittelstädten. Siehe auch: Hannemann, Christine (2002): Die Herausbildung räumlicher Differenzierungen – Kleinstädte in der Stadtforschung. In: Löw, Martina (Hrsg.): Differenzierung des Städtischen. Opladen: Leske & Budrich, S. 265-278.

und frühen Achtzigerjahren als Jugendrevolte auch großstädtische Geschichte werden sollte.[6]

Damit sind meine Erfahrungen von Provinz ziemlich andere, als die von beispielsweise einem in den Neunzigerjahren in Mecklenburg-Vorpommern lebenden Jugendlichen. Gleichzeitig ist der Reflex zur Flucht, die Orientierung an spannenden Leuten anderswo und die Suche nach dem richtigen Leben – und dem damit natürlich immer noch idealisierten großstädtischen Ort fürs Erwachsenwerden – durchaus inter-generationell und überregional übertragbar. Jungsein – hier vor allem in Kombination mit unzufrieden, rebellisch und gegen die Verhältnisse sein – hat in der Provinz auch heute noch den Horizont einer anderen Welt, irgendwo jenseits der Autobahn. Freilich sind auch großstädtisch sozialisierte Jugendliche an ihren Orten zunächst festgelegt, entwickeln im Zuge ihres Heranwachsens eigene Radien der Bewegung, des Transits und des temporären Aufenthaltes. In der Raumforschung werden hier auch die unterschiedlichen Bewegungsradien und Raumaneignungsverständnisse, etwa die genderbezogene, unterschiedliche Sozialräumlichkeit und geschlechterbezogene Segregation des öffentlichen Raumes von Jungen und Mädchen oder migrantischen Jugendlichen betont.[7] Auch hier kann ein Ausflug aus Spandau oder Grünau in die spannenden Viertel der Innenstadt wie Berlin-Neukölln oder Leipzig-Connewitz eine Reise in eine andere Welt darstellen, bleibt aber der eigenen Stadt auch imaginiert vergleichsweise nah. Anderes ist da natürlich der Umgang mit der „Tyrannei der Distanz"[8] zu betrachten, wenn zwischen den Kleinstädten zehn Kilometer und gefühlte drei Stunden Fußweg liegen. Die Rolle früher und relativ eigenständig bestimmbarer Mobilität wird daher zum Kennzeichen jugendlicher und jung-erwachsener Freiheitsliebe und Horizonterweiterung, zumindest im euklidisch-geometrischen Raum der Bahnlinien und des Straßennetzes. Diese

---

6   Herrenknecht, Albrecht (2008): Die vernachlässigten Kleinstädte. Quelle: http://www.pro-regio-online.de/html/heft_5_-_2008.html (abgerufen am 29.8.2016).
7   Bourdieu, Pierre (2005): Die Männliche Herrschaft. Frankfurt am Main: Suhrkamp. Keller, Nicole (2009) Herausspaziert! Öffentliche Räume aus weiblicher Perspektive. In: Sozialkulturell, Nr. 9/September 2009, S. 29-30. Flade, Antje/Kustor, Beatrice (Hrsg.) (1996): Raus aus dem Haus. Mädchen erobern die Stadt. Frankfurt/New York. Leven, Karin/Weber, Annette (1996): Außenräume für Mädchenträume. Ein praktisches Beispiel zur Beteiligungs- und Aktivierungsarbeit in einem stadtnahen Dorf. In: FOPA (Hrsg.): FreiRäume 9: Ortwechsel – Blickwechsel; Bielefeld, S. 181-186.
8   Blainey, Geoffrey (1966): The Tyranny of Distance. How Distance shaped Australia's History. Melbourne: Sun Books.

banalen Feststellungen der Bedeutung der Anwesenheit am richtigen Ort (zur richtigen Zeit) wird besonders dann zur Last, wenn eben nicht an andere Orte ausgewichen werden kann, sei es aus Altersgründen, materieller und sozialer Abhängigkeit von den Eltern, den üblichen Mobilitätseinschränkungen und so weiter. Nicht fliehen zu können, als zunächst für (fast) jeden Jugendlichen konstitutiv zu betrachtende Mobilitätseinschränkung, wird bei Bedrohung und Konfrontation zum realen Problem und zur Aufforderung zur Anpassung. Die Angst vor dem Label *Zecke* oder *Antifa* verhindert für viele junge Menschen nicht nur deren politische Positionierung, sie muss auch mutig erstritten und oftmals erst auf der Straße erkämpft werden.

Die Straßen und Plätze Ostdeutschlands haben seit den frühen Neunzigerjahren eine ganz eigene Zuschreibung ihres Charakters aus einer zutiefst verräumlichten Vorstellungswelt erfahren. Exemplarisch seien an dieser Stelle die oftmals stigmatisierenden Diskurse um Plattenbauten[9], demographisch und infrastrukturell orientierte Arbeiten um schrumpfende Städte[10] oder peripherisierte Ortslagen benannt[11]. Diese normativen Vorstellungen des sozialen Raumes, die sich auch in medialen Debatten um die Entstehung und Ausbreitung rechtsradikaler und neonazistischer Überzeugungen, speziell im Bezug auf Ostdeutschland widerspiegeln, sollen im folgenden Kapitel aufgegriffen werden.

2. Kapitel: Raumnahme und andere Territorialisierungen

Wie jedes soziale Phänomen drückt sich auch Fremdenfeindlichkeit, Neonazismus und Rassismus in konkreten Taten, mit einem Ort und einer Zeitlichkeit aus.

---

9 Christine Hannemann (2000): Die Platte. Industrialisierter Wohnungsbau in der DDR. Berlin: Scheky&Jeep.
10 Engler, Wolfgang (2000): Friede den Landschaften! Zur politischen Geographie Ostdeutschlands. In: Blätter für deutsche und internationale Politik, Nr. 44/2000: 7, S. 872-879. Kil, Wolfgang (2002): Schattenland des Neoliberalismus. Überlegungen zum Schrumpfungsprozess ostdeutscher Städte. In: Arch+, Nr. 163, Dezember 2002, Quelle: http://www.shrinkingcities.com/fileadmin/shrink/downloads/pdfs/wk_schattenland.pdf (abgerufen am 20.9.2016). Oswalt, Phillip (Hrsg.) (2005): Schrumpfende Städte, Bd. 1: Internationale Untersuchung, Bd. 2: Handlungskonzepte. Ostfildern: Hatje Cantz Verlag.
11 Bernt, Matthias/Bürk, Thomas/Kühn, Manfred/Liebmann, Heike/Sommer, Hanna (2010): Stadtkarrieren in peripherisierten Räumen. Problemstellung, theoretische Bezüge und Forschungsansatz. IRS Working Paper Nr. 42. Quelle: http://www.irs-net.de/download/wp_stadtkarrieren.pdf (abgerufen am 21.9.2016).

In ganz besonderer Weise werden Xenophobie und Neonazismus in Deutschland mit dem „braunen Osten"[12], oder gar der „Braunzone"[13], also dem Territorium der ehemaligen DDR nach der sogenannten Wende im Jahr 1989 (bis heute), assoziiert. Und tatsächlich belegen Studien zu rechtsextremen[14] und fremdenfeindlichen Einstellungen höhere Umfragewerte in Ostdeutschland[15], auch sind die Zahlen der Opfer neonazistischer und rassistischer Übergriffe auf dem Territorium der ehemaligen DDR bedeutend höher. Das aktuelle Abschneiden der AfD, das Pegida-Syndrom, die Übergriffe auf Flüchtlingsunterkünfte, der NSU sowie andere Angriffe auf Geflüchtete und MigrantInnen haben ebenfalls einen eindeutigen ostdeutschen Schwerpunkt[16]. Dass aber Neonazismus und Rassismus weder auf Ostdeutschland in ihrer ursächlichen Entstehung noch ihrer alltäglichen Erscheinung begrenzt sind, braucht vor den aktuellen Entwicklungen in vielen europäischen Ländern, wie etwa derzeit in Frankreich mit dem „Front National" oder den „Wahren Finnen" in Finnland, wie auch den langjährig aktiven Neonazi-Gruppen im alten Westdeutschland nicht explizit betont zu werden.

Trotzdem, und das soll hier noch einmal unterstrichen werden, macht es wenig Sinn, bei der Betonung ostdeutscher Tatortschwerpunkte immer gleich darauf zu verweisen, dass es ja auch im Westen Probleme mit Neonazis gab und gibt. Ich gehe in diesem Aufsatz davon aus, dass vielerorts in der ehemaligen DDR – wie ebenfalls im alten Westdeutschland – jenseits eines einfachen Raumdeter-

---

12 „Brauner Osten": Doppelheft der Zeitschrift telegraph, 1998.
13 Kempe, Wolfram (1999): Braunzone! Braunzone? In: telegraph, Nr. 3/4, S. 6-11.
14 Der Begriff „Rechtsextremismus" führt in die Irre, weil er das Problem ausschließlich als ein Randphänomen beschreibt. Rechtsextremismus ist aber – bezogen auf die Ebenen der Einstellung – ein politisches Problem in der Mitte der Gesellschaft. (Vgl. Decker/Brähler, 2008: 6).
15 Brähler, Elmar/Decker, Oliver (2005): Rechtsextreme Einstellungen in Deutschland. In: Aus Politik und Zeitgeschichte (APuZ 42/2005). Brähler, Elmar/Decker, Oliver; Friedrich-Ebert-Stiftung (Hrsg.): (2008) Bewegung in der Mitte. Rechtsextreme Einstellungen in Deutschland. Quelle: http://library.fes.de/pdf-files/do/05864.pdf (abgerufen am 7.9.2016).
16 Decker, Markus (2012): Rechtsextremismus im Osten. Das braune Erbe der DDR. In: Frankfurter Rundschau, 31.1.2012. Quelle: http://www.fr-online.de/neonazi-terror/rechtsextremismus-im-osten-das-braune-erbe-der-ddr,1477338,11546388.html (abgerufen am 21.9.2016). Vgl.: Karte flüchtlingsfeindlicher Übergriffe bei: Mut gegen Rechte Gewalt. Quelle: https://www.mut-gegen-rechte-gewalt.de/chronikkarte (abgerufen am 12.10.2016).

minismus[17] Persistenzen und sozial verankerte Langlebigkeiten in Strukturen, Diskursen und Handlungen von Menschen bestehen. Das kann sich in mentalitätsgeschichtlichen Kontinuitäten und Brüchen manifestieren, sehr beständig, aber auch reichlich flüchtig sein, wenn etwa die Koordinaten eines Alltagslebens plötzlich aus den Fugen geraten, oder der langjährige Lebensmittelpunkt zwecks Arbeitspendeln verlassen werden muss. Die Gegenwart einer – freilich immer vorgestellten – Vergangenheit spielt in Umbruchsituationen eine besonders wichtige Rolle. Der Journalist Wolfram Kempe hat bereits in den späten Neunzigerjahren eine eindeutige Analyse dieser rechtsradikalen Mobilisierung, vor dem historischen Hintergrund der ehemaligen DDR vorgenommen:

> „[...] da durch die Politik Honeckers und seiner Adlati seit 1976 breiteste Teile der Bevölkerung zu Kleinbürgern wurden, und die Kinder dieser Generation nur die 'gewalttätige Fratze' dieses Kleinbürgertums präsentierten. Andererseits hätten sich die Analytiker – wenn sie diese Einschätzung denn ernst genommen hätten – von der Vorstellung verabschieden müssen, Neofaschismus entstünde an den Rändern der Gesellschaft. Das nämlich war das Grundtheorem, um zu erklären, wie eine so 'vorbildliche' Demokratie wie die Bundesrepublik zu einer neofaschistischen Szene kommt. Erkenntnisse, Beobachtungen und Analysen aus dem Osten des wiedervereinigten Deutschlands legen nun stattdessen nahe, dass Neofaschismus gerade im Zentrum einer Gesellschaft entsteht – immer und überall! Denn das Kleinbürgertum macht in den entwickelten westlichen Ländern eben dieses Zentrum aus, um nicht ganz aktuell von der 'neuen Mitte' zu reden. Und eben dieses zentrale Kleinbürgertum ist vom ökonomischen Neoliberalismus am stärksten bedroht."[18]

Ortseffekte

Bei der Ursachensuche rechtsradikaler Dominanz verfolgen mediale Berichterstattung und politische Initiativen wahlweise homogenisierende Verhaltenszuweisungen (z.B. die Debatte über „No-Go-Areas in Ostdeutschland" in Verbindung mit historisierenden „die totalitäre DDR ist schuld" oder viktimisierenden „aus Modernisierungsopfern werden Nazis") Begründungen. Lokal zugewiesen wird rechtsradikale Fremdenfeindlichkeit im städtischen Raum meist den sogenannten Plattenbaugebieten und den städtischen Randlagen. Hauptsächlich lokalisiert

---

17 Unter Raumdeterminismus wird hier eine Ableitungsfunktion des Sozialen aus einseitig hervorgehobenen räumlichen Verhältnissen (Klima, Lage, Bodenqualität, Standortgunst) verstanden. Soziale Verhältnisse können m.E. aber nur sozial erklärt werden, und Raum ist dialektisch als ein gesellschaftliches Herstellungsverfahren zu betrachten.

18 Kempe, Wolfram (1999): Braunzone! Braunzone? In: telegraph, Nr. 3/4, S. 7.

aber wird sie in der Provinz, diesem breiten Imaginationsangebot aus ländlicher Weite und sozialer Nähe bzw. Enge und einem von vielen sozialen und technischen Infrastrukturen und Angeboten abgeschotteten, peripherisierten Landleben. Statt einer politischen und auch ideologiekritischen Auseinandersetzung wurden vielmehr Fragen sozialräumlicher Integration und Desintegration[19] zu zentralen Schlüsselbegriffen, auch in der Erforschung rechtsradikaler Gewalt und Gesinnung. Die Diskussion und die Ursachensuche neonazistischer Phänomene haben damit einen *spatial turn*[20] durchlaufen und werden so als geographische Erscheinung angesehen und regelmäßig in Raummetaphern – wie eben den vielfach vorgestellten „No-Go-Areas" etc. – ausgedrückt. Der verräumlichten Beschreibung folgen nicht selten die sozialräumlich stark raumdeterministischen Erklärungen auf dem Fuß. Kolportiert klingt das dann so: Städte sind eben heterogen und Dörfer gemeinschaftlich und überschaubar, der Osten ist braun und Rassismus ist ein Problem der Provinz und der Kleinstädte.

Ostdeutsche Spezifika bestehen darin, dass sich dort in den vergangenen 25 Jahren – u.a. durch De-Industrialisierung und soziale Verkrustungen, mangelnde Zuwanderung bzw. massive Bevölkerungsabwanderungen – lokal unterschiedlich stark rechtsradikal dominierte soziale Kerne und Szenen herausgebildet haben, die schon lange nicht mehr allein als jugendkulturelles Phänomen betrachtet werden können[21], die sich zudem derzeit zu den bürgernahen Nationalen aus der Nachbarschaft transformieren. Zunehmend werden rechtsradikale Strategien der *kulturellen Subversion*[22] wirksam, die verstärkt auf deren zivilgesellschaftliches Engagement in Bürgerinitiativen, Feuerwehren und Sportvereinen setzen. Hier werden lokale Vorbehalte gegen Fremde mit völkischer Ideologie und Heimatrhetorik verbunden, zu einem gefährlichen Faktor eigenbürtiger Ermächtigung

---

19 Häußermann, Hartmut (2006): Desintegration durch Stadtpolitik? In: Aus Politik und Zeitgeschichte (APuZ 40-41/2006).

20 Unter dem *spatial turn* wird in den Sozial- und Kulturwissenschaften eine „räumliche Wende" paraphrasiert, die sich mit dem Ende fordistischer Produktionsverhältnisse als geographische Neuordnung vieler Gesellschaften auswirkte. So wurde etwa aus dem Anspruch sozialen Ausgleichs und flächendeckender Grundversorgung die Konkurrenz von Städten und Regionen, aber auch die neue Bedeutung des Kommunalen und Lokalen als Regierungsebene eingeleitet. Zudem wurden Metaphoriken des Raumes zunehmend dominant.

21 Das Phänomen der De-Industrialisierung und Abwanderung sollte jedoch nicht als einfacher Erklärungsansatz einer neonazistischen Präsenz ausreichen.

22 Wagner, Bernd (1998): Rechtsextremismus und kulturelle Subversion in den neuen Bundesländern. Zentrum für demokratische Kultur; Berlin.

anti-urbaner und regressiver gesellschaftlicher Tendenzen. Auch so sind einige Städte bzw. Stadtteile zu neuen Reproduktionsräumen einer rechten, neonationalsozialistischen Bewegung geworden, die etwa durch Übergriffe und Bedrohungsszenarien gegen MigrantInnen/Flüchtlinge und sonstige sozial Ausgeschlossene ihren Nachwuchs rekrutieren und ideologische Selbstverständigung betreiben, aber eben auch die Vorsitzenden lokaler Vereine und Verbände stellen. Die prekäre wirtschaftliche und infrastrukturell peripherisierte Lage vieler ostdeutscher Städte und Kommunen scheint diese Tendenzen noch zu unterstützen: Diese dort bereits etablierten, hegemonialen stadtkulturellen Vorstellungen des „wir" gegen die anderen (in Diskriminierungsbegriffen wie „Fremde", „Ausländer", „Schwarze", „Zecken" etc.) gründen beispielsweise auch auf lokal-spezifischen Opferdiskursen der schrumpfenden Stadt, der abgehängten Entwicklung und des politischen Pessimismus bzw. rechten Ego-Egalitarismus, eines „alles für uns – nichts für die anderen". Auch dies ist bei der Betonung lokaler Besonderheiten – freilich im globalen Kontext[23] – zu beachten. Soweit lassen sich jedenfalls aus der abstrahierenden Beobachtungsperspektive Tendenzen in ostdeutschen Städten benennen, die in den vergangenen 20 Jahren unter Topoi wie etwa „National Befreite Zone" oder „No-Go-Areas" medial und ansatzweise auch sozialwissenschaftlich[24] bearbeitet wurden.

Worin jedoch die jeweiligen lokalen Unterschiede bestehen, warum es also in manchen Städten stark ausgeprägte neonazistische Szenen gibt, sich diese in anderen wiederum nur temporär verankern oder gar durchsetzen konnten, vermögen diese Arbeiten nur ansatzweise zu klären. Die Betrachtung rechtsradikaler Täter, eine kriminologische Fixierung auf deren (Gewalt)taten oder polizeiliche Foki auf illegale Delikte – aber auch eine viktimologische Perspektive auf (potentielle) Opfer andererseits – stellen oft nur die wirkmächtigen und faktischen Ausschnitte einer komplexeren und umkämpften städtischen Öffentlichkeit dar.

3. Kapitel: Raumbehauptung: Symbolische Präsenz und rechte Gewalt

Der immer noch virulente Rechtsradikalismus und Rassismus in seiner ostdeutschen Ausprägung als Rassismus bzw. Xenophobie ohne Fremde und MigrantInnen, schlägt sich auch in augenfälligen Veränderungen der kleinstädtischen und ländlichen Ordnung seit 1989 nieder. Unter dem Aspekt der Geschichtlichkeit

---

23 Swyngedouw, Eric (2004): *Glocalisations*. Philadelphia: Temple University Press.
24 Döring, Uta (2008): Angstzonen: Rechtsdominierte Orte aus medialer und lokaler Perspektive. Wiesbaden: VS Verlag.

solcher Ordnungen sollte daher auch von einer Historizität des stadtkulturellen Konfliktes um Hegemonie ausgegangen werden. Diese auch als *longue durée*[25] bezeichnete Hartnäckigkeit sozialräumlicher Ordnungen lassen sich beispielsweise bereits in den sozialen Exklusionsformen in der DDR aufspüren. Das kann etwa deutlich territorialisiert auf militärische Einrichtungen und Kasernen der sowjetischen Roten Armee, der Nationalen Volksarmee (NVA) und der Staatssicherheit bezogen werden, aber auch auf die oftmals abgelegenen und räumlich isolierten Wohnheime und Werkssiedlungen der VertragsarbeiterInnen aus Vietnam, Kuba, Angola, Mosambik. Neben deren marginalisierten Lagen als temporäre Massenunterkünfte wurde zudem ein Fraternisierungsverbot – also eine Begegnungsbehinderung mit der einheimischen Bevölkerung – ausgesprochen. Ähnlich spezifische Ausschlussverfahren wurden aber auch durch Ortsverweise und inländische Reise- und Residenzverbote für politische Oppositionelle und DDR-umgangssprachlich „Assis" genannte sozial Ausgeschlossene, Blueser, Punks und ehemalige Strafgefangene geltend gemacht. Das für Viele verhängte Berlinverbot – und der dann oft gewählte Wohnort Bernau – ist nur eines vieler Beispiele der Disziplinierungsversuche durch Raumverbote. Das unterstreicht, dass auch in der DDR und damit auch in ihren politischen und sozialräumlichen Transformationsprodukten, eine spezifische symbolische – und das heißt immer materielle – Raumordnung der Öffentlichkeit und Privatheit gegeben war. Diese wirkte als sozialräumliche Wechselwirkung auch im Sinne einer Dialektik von Herrschaft und Eigensinn[26]. Und allen, die nun zu Recht feststellen, dass dies ja nicht nur ein Zustand der DDR-Gesellschaft war, muss noch einmal erklärt werden: Spezifisch ist nicht, dass es gesellschaftliche Raumordnungsverfahren gibt, sondern die Art und Weise wie hier bestimmten Gruppen und Individuen Plätze und Bewegungsräume zugewiesen werden und wie sich in dieser Gemengelage alltägliche Verhaltensweisen der Anpassung, aber auch der Subversion und des Unterlaufens solcher Ordnungen entwickeln.

Trotz aller Gegenwart ehemaliger DDR-Raumordnungen, ist die Formierung der radikalen Rechten und der antifaschistischen Gegenwehr vor allem ein Ereignis der frühen Neunzigerjahre. Entstanden sind diese vor allem mit dem Ende der

---

25 Braudel, Fernand (1977): Geschichte und Sozialwissenschaften. Die longue durée. In: Marc Bloch, Fernand Braudel, Lucien Febvre: Schrift und Materie der Geschichte. Vorschläge zu einer systematischen Aneignung historischer Prozesse; (Hrsg. Claudia Honegger), Frankfurt am Main: Edition suhrkamp, S. 47-85.
26 Lindenberger, Thomas (1999): Herrschaft und Eigen-Sinn in der Diktatur. Wien/Köln/Weimar: Böhlau.

DDR, seiner breiten Unruhe und der Präsenz jugendkultureller Bewegungen[27]: „Das Erbe der DDR in Bezug auf eine entstehende rechte Jugendbewegung muss also einerseits auf das hilflose und naiv-unbeteiligte Verhalten gesellschaftlicher Mehrheiten bezogen werden, und andererseits auf die 'untergründige', tradierte Existenz eines strukturellen Konservatismus."[28]

In dem lokal und temporär extrem verdichteten Zeitraum der späten Achtzigerjahre und frühen Neunzigerjahre war mit dem Ende der DDR eine landesweite Aufbruchsstimmung der DDR-Jugend spürbar, die sich an der bereits erwähnten Jugendbewegung im oftmals provinziellen Westdeutschland der Siebzigerjahre orientierte. Auch hier hatte sich eine mächtige Sehnsucht nach Freiheit und Selbstbestimmung aufgestaut, die ab Mitte der Siebzigerjahre Viele zur (zumindest versuchten) Flucht aus der DDR motiviert hatte. Andere Optionen, wenngleich staatlicherseits streng verregelt, waren auch in der DDR zunächst Abwanderungen in größere Städte und Wohnungsbesetzungen in Berlin und anderen Großstädten der DDR. Es bildeten sich neben (groß)städtischen Bohème-Szenen[29] aber auch in der DDR Landkommunen und Kolonien[30] für Freaks, Punks und Blueser, KünstlerInnen und KunsthandwerkerInnen, z.B. im ländlichen Thüringen, im Oderbruch, auf der Insel Hiddensee oder in der Uckermark. Mit dem Ende der DDR versuchten auch die unterschiedlichsten in Entstehung begriffenen Subkulturen in den verschiedenen ostdeutschen Städten ihre Spielräume auszudehnen. So entstanden zu Beginn der Neunzigerjahre in fast allen – auch kleineren Städten – von SchülerInnen und anderen Jugendlichen geschaffene alternativ-jugendbewegte Orte, besetzte Häuser und selbstverwaltete Zentren: Allein im Berliner Umland waren diese etwa in Eberswalde das „Exil", in Bernau das „Dosto", in Strausberg die „Horte" und etwas später auch in Neu-

---

27 Der Übergang von einer rechten (Jugend-)Subkultur zur sozialen Bewegung wird ursächlich unterschiedlich interpretiert und wurde in den frühen Neunzigerjahren zudem durch absurde Ansätze der Sozialarbeit noch begünstigt, kann aber immer als tatsächliches Versagen der Politik der Neunzigerjahre angesehen werden.

28 Daniljuk, Malte/Holm, Andrej (1998): Zwischen DDR-Tradition und Ethnisierung. Historische und aktuelle Entstehungsbedingungen für rechte Bewegungen im Osten. In: telegraph Nr. 3/4, S. 14-23.

29 Kaiser, Paul/Petzold, Claudia (1997): Boheme und Diktatur in der DDR. Gruppen, Konflikte, Quartiere. 1971 bis 1989. Berlin: Fannei&Walz.

30 Leuchte, Vico (2009): Biographisches Wissen und landkommunitäre Bewegung: Wege in die Gemeinschaft; eine Untersuchung lebensgeschichtlicher Verläufe von Akteuren der ostdeutschen Landkommunenbewegung auf der Basis autobiographisch-narrativer Interviews. Hochschulschrift der Universität Halle; Halle.

ruppin das besetzte Haus „Mittendrin". Es verlängerte sich somit schon aus der niedergehenden DDR eine links-alternative Jugendrevolte, die „mitten aus der Kleinstadtgesellschaft heraus kam und deshalb die Kleinstadthonoratioren so unerwartet und schmerzhaft traf"[31]. Allerdings wird hier einer der wesentlichen Unterschiede zur westdeutschen Situation in den Siebzigerjahren deutlich: Dort waren die 'Hauptgegner' die lokalen kommunalen Amtsträger und Verwalter, die konservative Bewahrungskoalition kleinstädtischer Ruhe und Ordnung, nebst Eltern und LehrerInnen also die üblichen Autoritäten der alten Bundesrepublik. Diese kommunale Machtgeographie der Autoritäten hatte sich bis 1990 jedoch wesentlich geändert und erlebte zudem in ihrer ostdeutschen Wendeausprägung eine ganz eigene Dynamik[32]. Zusätzlich polarisierend wirken dabei die erstarkenden und extrem maskulinistisch-brutalisierten Neonazis. Hier entsteht eine sozialräumlich und lokalhistorisch völlig neue Gemengelage, in der sich besetzte Häuser und Jugendclubs, Infoläden, alternative Cafés und Kneipen zumeist nur kurz halten konnten. Während sich die von Herrenknecht beschriebene Geschichte der westdeutschen SchülerInnen-, Lehrlings-, Jugendzentrums- und HausbesetzerInnenbewegungen als Erfolgsgeschichte für städtische sog. Revitalisierung und zivilgesellschaftliche Aktivierung lesen lässt, muss die Geschichte vieler jugendkultureller, alternativer Projekte in ostdeutschen Kleinstädten in den frühen Neunzigerjahren oftmals als Geschichte eines Scheiterns erzählt werden. Denn genau dieser zarte und oft zaghafte Versuch lokaler alternativer und linker Initiativen wurde in den Ex-DDR-Kleinstädten der frühen Neunzigerjahre zumeist unterbrochen bzw. durch das Erstarken der neonazistischen Rechten in oft ungeheuer brutalen Territorialisierungskämpfen um die lokale und regionale Hegemonie zunichte gemacht. Hier entstanden in den frühen Neunzigerjahren eben genau die lokal unterschiedlichen Dominanz- und Akzeptanzstrukturen einer radikalen Rechten und der Gegenwehr, die mitunter bis heute lokale Situationen prägen. Eine besondere Bedeutung kommt hierbei der Einschätzung der jeweiligen politischen Landschaft, den Akteursspektren und ihren unterschiedlichen Ausprägungen entweder rechtsradikaler Lokalkulturen oder eben einer alternativen und zivilgesellschaftlich orientierten Stadtkultur zu. Denn auch neonazistische soziale Bewegungen brauchen zur Selbstentfaltung eine sie akzeptierende Stadtbevölkerung, oder aber sie werden durch lokal agierende

---

31 Herrenknecht, Albrecht (2008): Die vernachlässigten Kleinstädte. S. 7. Quelle: http://www.pro-regio-online.de/html/heft_5_-_2008.html (abgerufen am 29.8.2016).
32 Neckel, Sieghard (1999): Waldleben. Frankfurt am Main: Campus.

demokratische, antifaschistische und/oder migrantische Stadtaktive an ihrer Entfaltung gehindert und ihre Sichtbarkeit wird begrenzt.

Trotzdem, und das ist trotz der erschreckenden Nachrichten aus der Provinz ebenso wichtig, muss betont werden, dass diese Ansätze einer stadtkulturellen Transformation entlang völkischer Vorstellungen und neonazistischer Hegemonie kein flächendeckendes Phänomen darstellen, sondern jeweils spezielle Ausprägungen und lokale Spezifika aufweisen. Diese werden natürlich nicht alleine von der Präsenz rechter AktivistInnen bestimmt, sondern von einem breiten Wirkungsgefüge aufgeweckter oder träger BürgermeisterInnen, der lokalen Stadtpolitik, den konkreten Verhaltensweisen von Menschen in Ämtern und Polizeidienststellen, juristischen Interventionen, Unterbringung und Anwesenheitsmöglichkeiten für MigrantInnen und Geflüchtete sowie der lokalen bzw. vernetzten zivilgesellschaftlichen wie auch alternativ-kulturellen Ausprägung. Diese Gemengelage wird seit Jahren dadurch geprägt, dass sich vor allem radikale Rechte, RassistInnen und Fremdenfeinde, begünstigt durch überregionale politische Debatten und diskursive Interventionen als politische bzw. soziokulturelle Bewegung entwerfen. Jede Krise wird von ihnen als Stärkung der eigenen Positionen aufgegriffen, jede strukturelle Schwäche in zukünftige Stärke umgepolt und letztendlich für alles das „System" mit seinen Fehlern verantwortlich gemacht. Dieser hier angenommene „Widerstands"-Bewegungscharakter der Neo-Nationalen und rassistischen Rechten hat auch elementare Bedeutung für Handlungsspielräume und die alltäglichen Anwesenheitsmöglichkeiten nichtrechter, alternativ orientierter, migrantischer oder anderer von der rechten Normativität abweichenden Menschen.[33]

Die Betonung des Bewegungscharakters neonazistischer Aktivitäten ist nicht nur im Hinblick auf deren politische Strategiebildung notwendig, sie unterstreicht auch den elementar wichtigen Bezug auf räumliche Praktiken, und ist somit ein im Kern sozialgeographisches Thema. Denn anders als überregional operierende Parteistrukturen werden soziale Bewegungen durch regionale und lokale Kontexte geprägt, auch wenn die in den jeweiligen Städten und Regionen vorherrschenden Bedingungen unterschiedlich ausfallen. Diese lokal bezogenen Organisationsker-

---

33 Bürk, Thomas (2012a): „Gefahrenzone, Angstraum, Feindesland?". Stadtkulturelle Erkundungen zu Fremdenfeindlichkeit und Rechtsradikalismus in ostdeutschen Kleinstädten. Münster: Westfälisches Dampfboot. Bürk, Thomas (2011): Geographie der Angst. Anmerkungen zur Herstellung und Wahrnehmung von „Angsträumen". In: Schulze, Christoph/Weber, Ella (Hrsg.): Kämpfe um Raumhoheit. Rechte Gewalt, „No-Go-Areas" und „National befreite Zonen". Münster: Unrast Verlag, S. 21-36.

ne können als eine Mischung aus Basisdemokratie und Autoritarismus bezeichnet werden, in denen dezentrale Vernetzung, Mentalitätsänderung und Herstellung der Organisationsmacht auf der Ebene des kommunalen Nahraumes ansetzen. Je amorpher und informeller die Kommunikationsstrukturen, umso wichtiger sind Personen und Versammlungsorte. Gerade für soziale Bewegungen mit ihren unterschiedlichen formalen, aber vor allem informellen, wenig institutionalisierten Strukturen, sind konkrete Orte und dort anzutreffende Personen als Kristallisationspunkte mit der (garantierten) Anwesenheit bestimmter Schlüsselpersonen extrem bedeutsam.

4. Schluss: Gilt das „Recht auf Stadt" auch für Neonazis?

Doch was hat die Bewegungsförmigkeit der Neonazis und organisierter RassistInnen mit der Antifa zu tun? Welchen Unterschied macht es, wenn als primäre Bühne politischer Vergemeinschaftung nicht ein Kommunal- oder Landesparlament, sondern die Straße und andere mehr oder weniger öffentliche Orte dienen?

Zunächst einmal, und das sollte aus der Herleitung der Bedeutung sozialräumlicher Ordnungen verständlich geworden sein, kommt der sichtbaren Präsenz antirassistischer, gegenkulturell (oder frei nach Jürgen Link[34] eher antinormalistisch) geprägter Orte eine ausgesprochen wichtige Bedeutung zu. Die Anwesenheit eines sozialen Zentrums, eines Infoladens oder Flüchtlingscafés an einem zentralen, unübersehbaren Ort in der Innenstadt wie etwa in Bad Belzig mit dem Infocafé „Der Winkel" ist weit mehr als der oftmals belächelte Farbklecks im sauber geputzten Kleinstädtchen. Alleine schon die Durchsetzung einer nicht durch die historische Denkmalspflege normierten Fassade, die rege Präsenz Jugendlicher und/oder migrantischer Menschen an zentralen Orten ist Provokation und Hoffnung gleichermaßen. Solche Orte zu schaffen, und vor allem sie dann auch über die Jahre und die lokalen Fluktuationen diverser SchülerInnen- und Antifa-Generationen hinweg zu verteidigen und zu behaupten, ist leider leichter gefordert als praktiziert. Die mir bekannten antifaschistischen Läden und Zentren in Kleinstädten können diese Kontinuitäten oft nur als personelle Langlebigkeiten mit professionalisierter Unterstützung gewährleisten. Oder anders gesagt: Wenn es keine Leute vor Ort gibt, die sich auf Jahre dieser Situation verbunden fühlen und deren Tätigkeiten auch noch als qualifiziert angesehen und bezahlt werden, wird es schwierig mit der Kontinuität. Allerdings sehen die Möglichkeiten der

---

34 Link, Jürgen (1997, 2009): Versuch über den Normalismus. Wie Normalität produziert wird. Göttingen: Vandenhoeck & Ruprecht.

Finanzierung und Förderung, je nach Bundesland und konkreten Erfahrungen mit den Förderstrukturen der BRD sehr unterschiedlich aus. Ebenso sind Verhältnisse zwischen bezahlter „Staats-Antifa"[35] und Freiwilligen, AktivistInnen, „Ehrenamtlichen" schon von Hause aus spannungsreich, ganz abgesehen von den oftmals damit verbundenen egozentrischen Persönlichkeitsstrategien um Anerkennung, Definitionsmacht und Aufmerksamkeit.

Zweitens steht natürlich die Dimension des Handelns, auch des antifaschistischen Aktivismus in einer provinziell-ländlichen Situiertheit, vor anderen Problemen als etwa in einer großstädtischen Umgebung. Die oftmals wenigen aktiven Antifas sind schnell ortsbekannt, und können sich je nach persönlichen Fähigkeiten oder Eingebundenheit in die Hierarchien des Ortes (etwa als Sohn oder Tochter des Bürgermeisters) mehr oder weniger geschützt bewegen. Ohne externe Unterstützung und die Aktivierung älterer, auch zugezogener UnterstützerInnen durchlaufen die meisten lokalen Antifa-Gruppen tatsächlich eine nur kurze jugendkulturelle Existenz. Also besteht auch hier die soziale Kontinuität in der Abkehr von monokulturellen und etwa stark szeneorientierten Ansätzen. Selbstbewussten und reflektierten Antifaschismus vor dem Hintergrund eigener, oftmals defensiv und als Gruppe minoritär erlebter Lebenslagen zu versuchen, ist natürlich ungleich mühsamer und oftmals erfolgloser, als die Dynamiken rechter, alltäglich vielfach verankerter Normalos und Populisten. Diese können auf ein breites *setting* an Kneipen, Kleingartentreffpunkten, Stadtfesten, Fußballplätzen etc. als selbstverständlichen Ort ihrer Manifestationen zugreifen. In Verbindung mit einem Habitus der Normalität und Selbstverständlichkeit stehen die Gegensätze subkulturell orientierter Antifa-Jugendlicher in starkem Kontrast zu einem alltäglichen Konformismus und seiner vielen sozialräumlichen Ausprägungen und Reproduktionen.

Hinzu kommen die Ambivalenzen externer Interventionen, befreundeter Menschen aus anderen Städten und *supportern* etwa aus Berlin oder Hamburg. Diese, mindestens gut gemeinten Solidaritätsaktionen mit bedrohen Antifas vor Ort oder zur Skandalisierung lokaler Verhältnisse, die ja auch für Menschen jenseits der konkreten Wohnlage in einem Kaff durchaus eine Handlungsaufforderung darstellen können, haben vielerorts Diskussionen über die Definitionshoheit über lokale Verhältnisse und politische Verhältnismäßigkeiten des

---

35 Der Begriff der „Staats-Antifa" kolportiert Jobs, die als Beschäftigungs- und seltener auch Karrieremöglichkeit von AktivistInnen im weiten Feld der Projektförderung, der staatlich oder anderweitig prekär unterstützten Initiativen und Beratungsstellen geschaffen wurden.

Aktivismus ausgelöst. Manche Demonstration oder Kundgebung, sportliche Intervention oder Graffitiaktion hat zu massiven Zerwürfnissen nicht nur zwischen unterschiedlichen Antifa-Fraktionen (und Altersgruppen), sondern auch zwischen den sogenannten Einheimischen und Zugereisten, den Ortskundigen und Gästen/Fremden geführt. Die Betonung der Kenntnisse lokaler Bedingungen gegenüber denen, die nach der Intervention oder Demonstration die Stadt wieder verlassen können, muss aber nicht immer einsichtig sein. Auch ein kämpferischer Lokalismus des „wir von hier" kann leicht zum Argument eigener selektiver politischer Strategievorstellungen und Handlungsbegrenzung geraten, wenn nicht sämtliche Beteiligte offen über Erwartungen, Ziele und deren möglichst verantwortliche Umsetzung diskutieren. Mangelndes Selbstbewusstsein provinzieller AktivistInnen und arrogantes Auftreten großstädtischer FreundInnen stehen hier in einem dialektischen Zusammenhang aus Trotz, Angeberei und Besserwisserei: Die Frage nach der lokalen Definitionsmacht, also der Frage, wer eigentlich erklären kann und darf, was die lokalen Verhältnisse ausmachen, wie diese einzuschätzen seien, wer wen durch welche Handlungen gefährde etc., reproduziert als Repräsentationsmoment auch im Kern aktuelle Debatten um das „Recht auf Stadt". Dieses in den vergangenen Jahren in der MieterInnen-Bewegung und anderen, vor allem großstädtischen Protestbewegungen, sehr prominent gewordene Kampagnenmotto „(Für das) Recht auf Stadt" kennzeichnet in gewisser Weise auch den insgesamt problematischen Zustand der emanzipatorischen, demokratischen Linken. Dieses immerhin bereits Ende der Sechzigerjahre von dem französischen Sozialphilosophen und Raumtheoretiker Henri Lefebvre ausgerufene Recht auf Stadt[36] muss allerdings weniger als konkrete, realpolitische Setzung und erst recht nicht als juristisch einforderbare Rechtsposition verstanden werden, sondern war eher als ein skandalisierender Hilferuf, ein Aufschrei des Protestes („a cry and a demand!") formuliert. Er thematisierte einen Zustand fordistischer Arbeitsteilung und Raumordnung, die wir gegenwärtig mit einer allgemeinen, gesamtgesellschaftlichen Urbanisierung und einer „Renaissance der Innenstädte" erweitert, wenn nicht gar umgedreht haben. Während Henri Lefebvre noch vom Ideal gesellschaftlicher und auch sozialräumlicher Egalität ausgegangen war, scheint der Fokus gesellschaftlicher Auseinandersetzungen heute fast ausschließlich „die Stadt", besonders die große Stadt geworden zu sein. Die einseitige und sehr modische Fixierung auf Stadt und Urbanität als zentrale Verortungen des eigentlichen, wirklichen Lebens

---

36 Lefèbvre, Henri (1968): Le droit à la ville. Anthropos; Paris. Dt.: (2016): Das Recht auf Stadt. Hamburg: Edition Nautilus.

und der hier lokalisierten Thematisierung von Zukunft unterstreicht nicht nur die bereits oben erwähnte nicht mehr zeitgemäße Trennung in Stadt und Land. Auch wenn es im Kern um die Wahrnehmung gesellschaftlicher Probleme geht, werden diese gerne als primär städtische Fragen dargestellt. Diese Verengung des Sozialen auf „die Stadt" folgt zudem im Kern dem neoliberalen Konzept der Lokalisierung und Entkopplung von Orten aus einem gesamtgesellschaftlichen Blickwinkel hin zu unternehmerischen Städten im Wettbewerb um die besten Standorte für Wirtschaftsansiedlungen, neue BewohnerInnen und attraktive Altstadtdestinationen für TouristInnen.

Das „Recht auf Stadt" hat, so möchte ich abschließend provozieren, seine historisch nachvollziehbare materielle Basis eingebüßt, es äußert sich heute eher als hippes „Ich möchte auch nach Berlin!", denn in einer Auseinandersetzung um unsere zukünftigen gesamtgesellschaftlichen Lebensweisen. Deren Lokalitäten mögen in baulich mehr oder weniger verdichteten Ortschaften oder Landschaften, zwischen postfordistischen land- und forstwirtschaftlichen Fabrikgeländen oder neuzeitlichen Kreativquartieren, in multilokalen Anwesenheiten oder monokulturellen *settings* liegen. Eindeutig klar sein sollte aber bei aller Unsicherheit über unsere aktuellen Lebenslagen, Neonazis haben kein „Recht auf Stadt", aber das „Recht auf das Land" dürfen wir ihnen ebenfalls nicht überlassen.

Teil III – Themen- und Handlungsbereiche

Christin Jänicke / Anne Hunger

„Es wurde halt gemacht" – Politische Bildung als gelebte Praxis der ostdeutschen Antifabewegung

„Heute ist Berlin am 'Rande des Wahnsinns'" titelte die *Berliner Zeitung* im Herbst 1993 und kündigte eine Veranstaltungsreihe an, die sich gegen die neonazistische Dominanz in Ostdeutschland wendete, die in den rassistischen Ausschreitungen in Rostock-Lichtenhagen im Spätsommer 1992 sowie in einer Vielzahl von gewalttätigen Übergriffen und Morden gipfelte:[1] „Wir haben nicht erst in Rostock entdeckt, daß sich der rassistische Konsens in diesem Land auch Pogrome leisten kann. Auch die Stärkung der militanten Nazi-Szene, die schon lange vorher zu beobachten war, ist uns nicht entgangen. Doch das offene Hand in Hand von Nazis, rassistische[m] Mob und Teile[n] des Staatsapparates hatte mit Rostock einen Höhepunkt erreicht"[2], erklärten die Veranstalter_innen. Mit Konzerten, Straßenfesten und politischen Diskussionen in Berlin und fünf Brandenburger Städten wollten die Organisator_innen „Jugendlichen eine Alternative bieten, damit sie nicht aus Langeweile bei den Nazis mitlaufen"[3].

Die sogenannte politische Wende und die darauffolgenden Jahre waren gezeichnet von rassistischer und nationalistischer Gewalt sowie einer rechten Dominanz im Straßenbild. Konzepte gegen Neonazis fehlten, waren wirkungslos oder stärkten diese sogar.[4] Antifaschistische Gruppen waren oftmals die Einzigen, die das Problem des Neonazismus benannten, aber fanden kaum Gehör. Um

---

1 Redaktionskollektiv (1994): „Am Rande des Wahnsinns". Konzertreihe in Brandenburg und Berlin. Dokumentation Frühjahr 1994. Eigendruck, S. 31.
2 Ebd.
3 Ebd.
4 Die akzeptierende Jugendarbeit war eines dieser verfehlten Konzepte. Reimer bezeichnet die Neunzigerjahre als das „verlorene Jahrzehnt". Reimer, K. (2013): Rechte Ideologie und soziale Frage. Soziale Arbeit und Politische Bildung in Zeiten des rechtspopulistischen Neoliberalismus. In: F. Burschel, U. Schubert & G. Wiegel (Hrsg.): Der Sommer ist vorbei... Vom „Aufstand der Anständigen" zur „Extremismus-Klausel": Beiträge zu 13 Jahren „Bundesprogramme gegen Rechts" (S. 29-50). Münster: Edition Assemblage, S. 30.

gegen den rechten Konsens intervenieren zu können, brauchte es eine eigene Organisierung. Dabei spielten nicht nur persönliche Ohnmachtsgefühle und eigene Betroffenheit eine Rolle, sondern auch eine Gesellschaftsanalyse, die zu dem Schluss kam, dass es vor allem eine lokale Intervention gegen diese Hegemonien benötigt. Es wurden nicht-rechte Räume und damit verbunden alternative Angebote im politischen und kulturellen Rahmen geschaffen. Diese Strukturen wirken bis heute in transformierter Form in der Zivilgesellschaft und der damit verbundenen politischen Bildungsarbeit nach.

Die antifaschistische Bewegung in Ostdeutschland ist Anfang der Neunzigerjahre sowohl hinsichtlich des Alters der Aktivist_innen als auch der Entwicklung der Bewegung als jung zu bezeichnen.[5] Entsprechend ist ein zentraler Bestandteil der organisierten Antifa-Arbeit die Jugendarbeit[6], mit dem Ziel, ein antifaschistisches Selbstverständnis zu schaffen und neue Aktivist_innen zu gewinnen.[7] Als einen konkreten Ansatz Politischer (Jugend-)Bildung war bereits Ende der Achtzigerjahre in der autonomen Szene in West-Berlin das Konzept der „Antifa-Jugendfront" formuliert worden[8], unter dessen Label sich eigenständige Schüler_innengruppen gegründet hatten. Ebenso aktivierten bereits bestehende Antifa-Gruppen durch Zeitungen mit jugendgemäßer Sprache und niedrigschwelligen Inhalten Jugendgruppen, die sich den bestehenden Strukturen untergliederten. Der aktuelle Forschungsstand zur Geschichte und Entwicklung der antifaschistischen Bewegung, der sich aus wenigen wissenschaftlichen Beiträgen und einigen aktivistischen Erzählungen speist, zeigt nicht nur einen Mangel an

---

5   Beispielsweise umreißt Christin Jänicke eine Spanne zwischen 16 und 26 Jahren. Siehe Jänicke, C. (2013): Antifa-Bewegung im Land Brandenburg. Impulse für Jugendkultur und politischen Aktivismus. In: Opferperspektive e.V. (Hrsg.): Rassistische Diskriminierung und rechte Gewalt. An der Seite der Betroffenen beraten, informieren, intervenieren (S. 319-331). Münster: Westfälisches Dampfboot.
6   Der Beitrag versteht Jugendarbeit als Ort informeller Bildung, vgl. Müller, B., Schmidt, S. & Schulz, M. (2005): Wahrnehmen können. Jugendarbeit und informelle Bildung, Freiburg im Breisgau: Lambertus. Eine Trennung der formal häufig abgegrenzten Bereiche Jugendarbeit und Politischer Bildung wird hier nicht verfolgt. Siehe dazu u.a. Sturzenhecker, B. (2008): Zum Bildungsanspruch von Jugendarbeit. In: H.-U. Otto & T. Rauschenbach (Hrsg.): Die andere Seite der Bildung. Zum Verhältnis von formellen und informellen Bildungsprozessen (S. 147-165). Wiesbaden: VS-Verlag.
7   Keller, M., Kögler, L., Krawinkel, M. & Schlemermeyer, J. (2011): Antifa. Geschichte und Organisierung. Stuttgart: Schmetterling, S. 104.
8   Ebd.; Langer, B. (2014): Antifaschistische Aktion – Geschichte einer linksradikalen Bewegung, Münster: Unrast, S. 206.

Betrachtungen zur ostdeutschen Antifa-Entwicklung[9]. Neben diesen Leerstellen in der Bewegungsforschung fällt ebenso auf, dass Jugendarbeit bzw. konkreter die Betrachtung einer Politischen Bildung und politischer Partizipation in der Antifa-Bewegung ebenso randständig ist. Trotz des Mangels an Forschung und Reflexion zeigt dieser Beitrag, dass Politische Bildung[10] einen hohen Stellenwert in der Arbeit von Antifa-Gruppen hatte und hat.

Anhand von Expert_inneninterviews[11] mit Aktivist_innen, die in der politischen Bildungsarbeit tätig sind, werden exemplarisch Verständnis, Formate und Funktionen von Politischer Bildung in der antifaschistischen Praxis sowie deren Reflexion und Professionalisierung analysiert. Daran schließt sich die Diskussion an, wie eine antifaschistische Bildungsarbeit innerhalb des politischen Systems agiert. Drei Interviews wurden mit vier Personen aus Ostdeutschland geführt, die über Erfahrungen aus über 20 Jahren antifaschistischer Arbeit in der Jugend-(und Erwachsenen-)bildung[12] sowohl im ländlichen als auch dem urbanen Raum verfügen. Das erste Interview fand mit Kai, Anfang 40, statt. Er ist in Brandenburg politisiert und seit Ende der Achtzigerjahre aktiv, erst in der FDJ, der Jugendorganisation der ehemaligen DDR, dann als „junger Hausbesetzer" und später in einem landesweiten Netzwerk von antifaschistischen Jugend- und Bildungsinitiativen, das sich aus unterschiedlichen Vereinen, Einzelpersonen und Fachkräften, aber auch aus Projekten und Kampagnen, die sich mit dem Netzwerk assoziieren oder aus ihnen selbst heraus entstehen, zusammensetzt. Hierarchische Strukturen sollen vermieden werden, damit sich die Aktivist_in-

---

9 Siehe Jänicke & Paul-Siewert in diesem Band.
10 Hier wird ein breiter Bildungs- bzw. Lernbegriff angelegt, der nicht nur organisiertes Lernen umfasst, sondern auch Formen von Selbstaneignung beinhaltet. Typischerweise gelten Workshops und Exkursionen als intendierte und organisierte Bildungsformate, doch auch Diskussionsprozesse innerhalb der Gruppen sowie in Vernetzungen sollen als Reflexionsorte betrachtet werden. Eingeschlossen werden außerdem kulturell geprägte Formate wie Konzerte oder Straßenfeste.
11 Siehe dazu: von Meuser, M. & Nagel, U. (2005): ExpertInneninterviews – vielfach erprobt, wenig bedacht. Ein Beitrag zur qualitativen Methodendiskussion. In: A. Bogner, B. Littig & W. Menz (Hrsg.): Das Experteninterview. Theorie, Methode, Anwendung (S. 71-93, 2. Aufl.). Wiesbaden: VS Verlag für Sozialwissenschaften.
12 In den Anfängen der Antifa-Bewegung in Ostdeutschland sind Erwachsene für die Antifas Kooperationspartner_innen bspw. in zivilgesellschaftlichen Bündnissen, aber auch „Gegner_innen" in Form der Staatsmacht. Als explizierte Adressat_innen von Angeboten der Politischen Bildung werden sie in dieser Zeit nicht benannt, aber auch nicht per se ausgeschlossen. Erst im Zuge der Reflexion und Professionalisierung der Arbeit werden Erwachsene explizit adressiert.

nen selbstbestimmt vertreten und engagieren können. Christoph, Mitte 40, und Martin, Anfang 30, aus Mecklenburg-Vorpommern wurden für ein weiteres Expert_inneninterview gewonnen. Sie arbeiten in einem basisdemokratischen Verein, der sich aus einer kleinen Gruppe von Antifaschist_innen entwickelte. Sie legen Wert auf ein solidarisches und kollektives Miteinander und sehen ihre Stärke in den Bereichen von Kinder-, Jugend-, Sozial-, Kultur- und Bildungsarbeit. Die Ausgestaltung ihrer Arbeit ist selbstgewählt und selbstbestimmt. Ein drittes Interview fand mit Anita, Anfang 30, aus Sachsen-Anhalt statt. Anita hatte ihre erste Berührung mit der Antifaszene im Alter von 14 Jahren und erkannte Politische Bildung schnell als Schwerpunkt ihrer antifaschistischen Arbeit, aber auch verbale und körperliche Auseinandersetzungen mit Nazis aus der Region gehörten unvermeidlich dazu. Später war sie in anderen ostdeutschen Städten in antifaschistischen Gruppen aktiv und ist es bis heute. In Ergänzung zu den Interviews wurden Publikationen von antifaschistischen Gruppen und Initiativen in Ostdeutschland aus dem Bestand des Antifaschistischen Pressearchiv und Bildungszentrum e.V. im Analysezeitraum von 1987 bis heute ausgewertet und unterstützend einbezogen.[13]

Vielfältiges Verständnis Politischer Bildung

Ein wesentliches Ziel des politischen Engagements von Antifa-Aktivist_innen[14] ist die Aufklärung über und Kritik an gesellschaftlichen Verhältnissen, um „Menschen zu befähigen, die Welt nach ihren Vorstellungen zu gestalten" (Anita). Politische Bildungsarbeit der Antifa versteht sich in Abgrenzung zur institutionellen politischen Bildung, die sich der Vermittlung von Funktionen und vom Aufbau

---

13 Mit der Betrachtung der weiteren Materialien soll auch dem Problem Rechnung getragen werden, dass die Expert_innen keineswegs über allgemeingültiges, sondern allenfalls über kontextabhängiges Wissen und Erfahrungen verfügen.
14 Antifa-Gruppen und Aktivist_innen werden als vielfältig und nicht homogen verstanden. So haben auch die Interviewpartner_innen kein einheitliches Verständnis von Antifa formuliert. Zusammenfassend lässt sich der Begriff Antifa als Bezeichnung von antifaschistischen Gruppen und Aktivist_innen beschreiben, die sich in Abgrenzung zu Anti-Naziarbeit nicht auf die Bekämpfung von Neonazismus beschränken, sondern ebenso deren gesellschaftliche Ursachen und Ausformungen in den Blick nehmen. Dazu gehört die grundlegende Kritik an Macht- und Herrschaftsverhältnissen, die Thematisierung von Macht, Herrschaft und Diskriminierung sowie der Anspruch durch Diskurs und Intervention progressive Veränderungen „für eine bessere Gesellschaft" (Anita) voranzubringen.

staatlicher Strukturen widmet. Vielmehr wird ein Verständnis Politischer Bildung genutzt, das als „kritische politische Bildung"[15] bezeichnet werden kann. Es beinhaltet ein erweitertes Politik- und Demokratieverständnis, das die „Auseinandersetzung mit alltäglichen Macht- und Herrschaftsverhältnissen [...], gemeint ist bspw. die Thematisierung von Rassismus, Geschlechterverhältnissen, sozialen Klassenverhältnissen und der Ausbeutung von Natur", umfasst.[16] Das Verständnis der kritischen politischen Bildung fußt dabei auf einem hohen Anspruch und Wertefundament, welches „ethische Werte, Humanismus, Demokratie, Solidarität, Gleichberechtigung und Aushandlung auf gleicher Augenhöhe" (Christoph) beinhaltet. Der Aspekt der Kritik ist das verbindende Element des heterogenen Verständnisses Politischer Bildung, das oftmals nicht explizit wird, sondern als Hintergrundfolie des eigenen Handels dient.[17]

Die rechte Dominanz in ostdeutschen Ländern in den Neunzigerjahren stellte antifaschistische, aber auch nicht-rechte Jugendliche vor besondere Herausforderungen: Nicht nur mussten sie sich gegen rechte Gewalt auf der Straße schützen, sondern auch das diesbezügliche Nicht-Handeln von Politik und Verwaltung bzw. deren Unterstützungshandeln für rechte Jugendliche beobachten. In nicht wenigen Orten standen Jugendliche, die nicht mit den Rechten mitgingen, in einer Minderheitenposition. Gewalt- und Ohnmachtserfahrungen waren die Folge. Ein Weg aus der Ohnmacht war die körperliche Verteidigung[18], doch oftmals reichte diese nicht aus oder stellte für nicht-rechte Jugendliche keine Option dar, sodass nach anderen Möglichkeiten gesucht wurde. Im Rückblick begründet Kai seine politische Praxis wie folgt:

> „Wir haben gemerkt, wir kommen mit unseren antifaschistischen Praxen nicht mehr weiter. Wir haben gemerkt, Du kannst diese Neonazis nicht mehr blamen, dass sie gesellschaftlich wirklich so geächtet sind, dass sie keinen Fuß auf den Boden kriegen. [...] Also wenn ich mich so an 1997, 1998 oder so erinnere, da sind NPD-nahe oder zum Teil Kader zur Stadtverwaltung gegangen und haben nationale Jugendklubs

---

15 Lösch, B. & Thimmel, A. (Hrsg.) (2011): Kritische politische Bildung. Ein Handbuch. Bonn: Bundeszentrale für politische Bildung (Lizenzausgabe).
16 Ebd.: S. 8.
17 Auffällig ist, dass in antifaschistischen – sowohl ost- als auch westdeutschen – Veröffentlichungen, u.a. auch in der zentralen Broschüre „Tipps und Tricks für Antifas" (Redaktionskollektiv (2009): Tipps & Tricks für Antifas. Reloaded. Münster: Unrast) – „das zu einer Art Standartwerk avancierte" (Langer, S. 207) i.d.R. von Informations- und Diskussionsveranstaltungen gesprochen wird. Eine Einordnung als Politische Bildung findet nicht statt, auch findet der Begriff der Bildung keinen Platz.
18 Siehe Paul-Siewert & Jänicke in diesem Band.

gefordert. Und das hat auch nichts mehr genützt, wenn man die irgendwo heimlich zusammengeschlagen hat, weil die nach drei Wochen wieder regeneriert waren und ihre Haltung nicht geändert hatten. Selbst wenn man das zweimal gemacht hat, dann waren die immer noch da."

Mit der Überzeugung, moralisch richtig zu handeln, war der Fokus nicht mehr die unmittelbare körperliche Behauptung, sondern die gesellschaftliche Wirksamkeit, zum einen durch die Stärkung antifaschistischer Arbeit und zum anderen durch die politische Ächtung rechter Strukturen und Einstellungen. Politische Bildung übernahm hier eine bedeutende Rolle, da sie nicht nur zum eigenen Handeln befähigte, sondern auch zur Selbstorganisierung und politischen Einflussnahme beitrug. Wie diese Praxis konkret aussah, soll im Folgenden anhand von Formaten und Funktionen dargestellt werden.

Formate der politischen Bildungsarbeit

Die Praxis der Politischen Bildung ist „so vielfältig, wie die antifaschistische Bewegung vielfältig war" (Kai). Die Beispiele reichen von lokalen bis internationalen ebenso wie von historischen bis zu aktuell-politischen Themen. Dabei lassen sich die Formate der politischen Bildungsarbeit wie folgt kategorisieren, wobei diese keine starre Zuordnung darstellen, sondern in der Praxis deutliche Überschneidungen festzustellen sind.

1. Historisch-politische Bildung: Dazu zählen beispielsweise Bildungsreisen zu Orten nationalsozialistischer Gräueltaten und des Widerstandes, die Spurensuche jüdischen Lebens in einer Region, ebenso wie Gedenkveranstaltungen, Lesungen, Gespräche und Begegnungen mit Überlebenden der Shoah und des Nationalsozialismus, sogenannte Bau- oder Workcamps wie in Buchenwald oder Ravensbrück. Oft begleitet durch Artikel in Broschüren oder Zeitschriften, die sich auf antifaschistisches Gedenken, aber auch auf Geschichtsrevisionismus durch rechte AkteurInnen[19] und staatliche Gedenkpolitik beziehen.

Beispiel Antifa Workcamp Buchenwald
Seit Beginn der Neunzigerjahre fand auf dem Gelände des ehemaligen KZ Buchenwald bei Weimar das Antifa Workcamp statt, bei dem Erhaltungsarbeiten an Teilen des Geländes sowie Vorträge und Diskussionen, Gespräche und Begegnungen mit Überlebenden durchgeführt wurden. Das Camp, dessen Schwerpunkt – die Beschäf-

---

19 An dieser Stelle verwenden wir das große I, weil Neonazis in ihrem Selbstbild Gender-Diskurse ablehnen und sich bewusst innerhalb der zweigeschlechtlichen Matrix verorten.

tigung mit dem Nationalsozialismus – von aktuellen politischen Debatten begleitet wurde, diente nach Anitas Aussage „als wichtiger Ort der Vernetzung und politischer Austausch für Menschen aus den unterschiedlichsten Zusammenhängen".

2. *Kulturell-politische Bildung:* Theater, Konzerte, Partys und Straßenfeste dienen vordergründig der politischen Positionierung und Identitätsstiftung, darüber hinaus bieten die Vor- und Nachbereitung sowie Durchführung Anknüpfung und Anregung für Bildungsprozesse. Kulturelle Ausdrucksformen können dabei kreative, praxisnahe und niedrigschwellige Zugänge zu Politik ermöglichen.

Beispiel Theatercamp
Als „krass politisch" beschrieb Martin eine Jugendbegegnung zum Thema „Ungleichheit in Europa" mit Jugendgruppen aus fünf Ländern. Bei dieser entstand ein Theaterstück, das Machtverhältnisse in der Gesellschaft sowie Feindschaft gegen Homosexuelle und Polizeigewalt thematisierte. Die Verbindung von kultureller und politischer Bildung wertete Martin als sinnvoll, weil abseits einer inhaltlichen Auseinandersetzung die Beschäftigung mit Herrschafts- und Machtverhältnissen von einer abstrakten auf eine konkrete Ebene geholt und somit erfahrbarer wurde.

Beispiel Veranstaltungsreihe Am Rande des Wahnsinns
Kritischer betrachtet Kai die „kulturpolitische Intervention" der eingangs erwähnten Veranstaltungsreihe Am Rande des Wahnsinns. Konzerte und Straßenfeste sollten „eine Jugendkultur initiieren oder bestärken, die sich an Wertvorstellungen orientiert, abseits von Neofaschismus und Rassismus" (Kai). Anders als bei dem Theatercamp lag der Fokus nicht auf der Verbindung beider Bildungsformen, mit der Absicht, Gesellschaft verstehbarer zu machen, sondern laut Kai auf „kultureller Selbstvergewisserung". Statt Gesellschaftskritik als Kern von Antifa-Arbeit, sei eine von Westberliner Aktivist_innen aufgedrückte „Alternativ-Identität abseits der gesellschaftlichen Verhältnisse und damit verbunden der Verlust der Handlungsfähigkeit" im Vordergrund gewesen, so seine Kritik.

3. *Gegenwartspolitische Bildung:* Flyer, Broschüren und Informationsveranstaltungen zu aktuellen Entwicklungen und Debatten, Rechercheinformationen und Analysen zu Themen wie Neonazismus, Rassismus, Feminismus und Ökologie, ebenso wie Polizeigewalt und Überwachung sind die häufigsten Formate der Politischen Bildung in der Antifa. Eine Begründung, warum die Beschäftigung mit Neonazismus wichtig ist, liefert die Antifa-Recherche-Zeitung *Hinter den Kulissen* aus dem Jahr 1999: Die Herausgeber_innen „beschränk[en] sich bewußt darauf, faschistische Strukturen und Organisationstendenzen in Brandenburg aufzuzeigen". Sie führen aus, dass der Eindruck entstehen könne, „daß sowieso schon alles zu spät, der Feind übermächtig und Widerstand sinnlos ist. Uns geht es jedoch um

das genaue Gegenteil – die Broschüre soll ein Beitrag sein, den antifaschistischen Widerstand in Brandenburg und anderswo zu unterstützen und zu stärken."[20]

Beispiel Aktion Noteingang
Aktion Noteingang war eine antirassistische Kampagne, bei der Geschäfte, Kneipen und öffentliche Einrichtungen durch einen Aufkleber ein Signal gegen Rassismus und Solidarität mit Geflüchteten zeigten. Ziel war es, auf Rassismus aufmerksam zu machen, wie dieser in der Gesellschaft verankert ist, und Verhalten zu verändern. So führt Kai aus: „Es geht ja tatsächlich darum, Momente zu schaffen, wo nicht rassistisch gehandelt wird und dann noch darin zu verstehen, dass es die bessere Handlungsperspektive ist."

Funktionen der politischen Bildungsarbeit

Ob der Fokus politischer Bildungsarbeit auf geschichtlichen Aspekten, kulturellen Ausdrucksformen oder gegenwartsbezogenen Themen lag, die Aktivist_innen haben zum Ziel gesellschaftliche Veränderungen herbeizuführen. Was nach einem hochgesteckten Ziel klingt, wird aus der Grundannahme, die Anita äußert, deutlich: „Die Gesellschaft zu verändern, zu verbessern, heißt bei sich selbst anzufangen, aber auch das große Ganze im Blick zu behalten." Politische Bildung übernimmt hierbei drei Funktionen, die als aufeinander aufbauend, aber auch getrennt betrachtet werden können.

1. Individueller und kollektiver Bildungsprozess

Aus dem Alltag, der politischen Praxis und der Konfrontation mit Neonazis ergab sich die Notwendigkeit, sich politisch zu bilden. Den oftmals nicht-intendierten Lernprozess stellt Kai folgendermaßen dar:

> „Die Politische Bildung fing für mich schon da an, wo man sich zum Beispiel auf bestimmte Ereignisse in der Stadt vorbereitet und diskutiert hat, was die eigentlich für eine Bedeutung für die Kommune haben. Sei es zum Beispiel, wenn es darum ging, dass ein Beschluss gefasst werden sollte, ob es ein Äquivalent für ein besetztes Haus geben sollte oder nicht. Allein die Debatte darüber war schon immer sehr spannend. [...] Und allein mit dieser Auseinandersetzung, glaube ich, hat man soviel gelernt und sich Wissen über gesellschaftliche Zusammenhänge angeeignet und wessen Interessen was bestimmt usw. Ich glaube, allein das ist schon für mich ein großer Teil Politischer Bildung gewesen."

---

20 Antifaschistisches Autor_innenkollektiv (1999). Hinter den Kulissen... Faschistische Aktivitäten in Brandenburg – Update '99. Eine Broschüre über Hinter- und Vordergründe der Brandenburgischen Neonaziszene. Eigendruck, S. 88.

Die Diskussionen und inhaltlichen Auseinandersetzungen innerhalb von Gruppen und Zusammenhängen stoßen sowohl kollektive, als auch individuelle Bildungsprozesse an. Politische Bildung heißt für Kai, sich „mit Begriffen auseinanderzusetzen, um ein Verständnis von gesellschaftlichen Zusammenhängen zu erlangen und darin agieren zu können". Anita nennt das Prinzip DIY – Do it yourself:

> „Wir bilden uns selbst, denn alle sind in gewisser Weise Expert_innen für Themen. Ein Stück steckt da auch Kritik an Autoritäten und Hierarchien hinter. Ich will mir nicht von anderen vorschreiben lassen, was ich denken soll. Anders als in der Schule gibt es keinen Frontalunterricht, wo einer sagt, was gelernt wird. Sondern wir überlegen als Gruppe, was wir lernen wollen und eignen uns das gemeinsam an und versuchen das auch weiterzugeben."

Politische Bildung übernimmt für Antifas hier die Funktion, Bildungsprozesse anzustoßen, aufzugreifen und daraus eine eigene Handlungsfähigkeit zu entwickeln, um „sich nicht den Verhältnissen unterwerfen zu müssen, sondern in der Lage zu sein, die Verhältnisse zu bestimmen" (Kai).

2. Organisierung und Vernetzung

Eine weitere Funktion Politischer Bildung ist die Ermöglichung von Organisierung und Vernetzung. Vor dem Hintergrund sind insbesondere Jugendliche Adressat_innen der Bildungsarbeit:

> „Über unser Netzwerk haben wir ganz gezielt Projekte aufgebaut, wo es uns darum ging, zum Beispiel emanzipatorische Ansätze unter Jugendgruppen zu fördern. Wir haben damals die Bildungsoffensive gegründet, das war so eine Idee, die ganz das Ziel hatte, die Ansätze, die sich sowieso auftun, systematisch zu fördern. Und denen eine Möglichkeit zu geben, irgendwo anzudocken, damit der Austausch kollektiver wird, damit die Sachen vernetzen, damit eine Praxis größer werden kann als der eigene Horizont" (Kai).

Aus der Aussage von Kai geht ein weiterer Aspekt hervor: Neben der „Nachwuchsarbeit" spielt auch die Vernetzung für eine wirksame Organisierung eine wichtige Rolle. „Politische Handlungsfähigkeit" könne „auf kommunalpolitischer Ebene durch Vernetzung mit anderen Initiativen auf regionale Ebene vergrößert werden", so Kai weiter.

In dieser Hinsicht beschreiben Christoph und Martin die hierarchiearmen Angebote, die Bedürfnisse und Anforderungen der Menschen vor Ort berücksichtigen und nicht „als Fremdkörper" im Sinne „jetzt kommen die Leute aus der Großstadt und erklären die Welt" als ein wichtiges Anliegen ihrer Arbeit. Ziel sei es, die „Strukturen vor Ort langfristig für eigene Projekte zu befähigen und selbst in dem Bereich der Politischen Bildung umzusetzen".

3. Handlungsfähigkeit und Einflussnahme

Veranstaltungen der Politischen Bildung können selbst ein Akt des politischen Handelns sein, wie die Beispiele zeigen, von denen Anita berichtete:

> „Wenn wir über Neonazis informierten, standen die vor der Tür und haben gegen unsere Veranstaltung demonstriert, bei einer Diskussion zu linker Religionskritik mussten wir uns in der Stadt rechtfertigen und uns als intolerante Christenfeinde und Antisemit_innen beschimpfen lassen. Oft gab es aber auch positive Resonanz. So oder so, unsere Veranstaltungen und unsere politischen Positionen waren sichtbar und wurden diskutiert."

Leerstellen können thematisch durch die Antifa-Aktivist_innen besetzt werden, so war zum Beispiel die Aufbereitung der Pogrome von Rostock-Lichtenhagen oder auch die Aufarbeitung des Mordes an Mehmet Turgut, der durch das rechtsterroristische Netzwerk Nationalsozialistischer Untergrund (NSU) begangen wurde, ein Anliegen, das von staatlichen Akteur_innen nicht bedient wurde: „Es gab keine zivilgesellschaftlichen Strukturen, die so was gemacht haben. Also ist man irgendwo mit rein, in so eine Lücke. Ich fand das Lichtenhagen-Thema war nur von Antifa- und Antira-Gruppen besetzt, es gab keine von Stadtseite" (Christoph & Martin).

Die politischen Bildner_innen sind also gleichzeitig politische Akteur_innen. Sie nehmen dabei durch eigene Akzente Einfluss auf Debatten und gesellschaftliches Klima. In der Rolle als Bildungsträger_innen, die sich in kommunalpolitischen und landesweiten Gremien engagieren, erschließen sich ganz konkrete Einflussmöglichkeiten auf Politik- und Verwaltungsentscheidungen, aber auch „kritische Akzente" (Christoph) in Schule und der Jugendarbeit werden gesetzt.

Reflexion und Entwicklung einer „gelebten Praxis"

Seit den ersten Schritten antifaschistischer Bildungsarbeit in den Neunzigerjahren bis in die Gegenwart sind über 20 Jahre vergangen. An den Formaten hat sich wenig verändert, doch der Anspruch an die Praxis ist gestiegen. Während heute eine Reflexion der eigenen Arbeit und inhaltliche Debatten bei vielen Projekten fester Bestandteil sind, gab es in den Anfängen keine theoretisch fundierte Auseinandersetzung mit Bildungstheorien und pädagogischen Ansätzen: „Als

Jugendliche haben wir uns keine Gedanken über Begrifflichkeiten und Konzepte gemacht, erst später", erinnert sich Martin. Bildungsarbeit war „gelebte Praxis" (Kai), erst mit der Reflexion der eigenen Praxis entwickelten sich Konzepte und Grundlinien.

Die kontinuierliche Entwicklung der politischen Bildungsarbeit verlief analog zur persönlichen Entwicklung der Aktivist_innen. Diese Phase der Jugend wird von den Interviewten als Privileg beschrieben, mit dem „Vorteil, dass wir auch Zeit hatten, uns sozusagen Wissen anzueignen und zu bilden [...] und nicht den Zwang, irgendwie arbeiten zu gehen" (Kai). Zudem fielen biografische Einschnitte wie der Übergang von Jugend- zum Erwachsenenalter in eine Zeit des politischen Umbruchs und damit verbundener Orientierung. Hatte die Jugend noch die Freiheit mit sich gebracht, sich zu organisieren und eine eigene Praxis überhaupt zu entwickeln, brachte das Erwachsenenalter nicht nur die notwendige Reflexion, sondern auch ökonomische Zwänge wie Lohnarbeit, die diese Freiheit wieder einschränkte. Freiräume – sowohl zeitlich als auch örtlich – bekommen in der Retrospektive eine besondere Bedeutung. Beständige Strukturen wie Hausprojekte und Vereine hatten vielerorts erst die Voraussetzung geschaffen, kontinuierliche Bildungsarbeit zu entwickeln. Sowohl in Brandenburg, Mecklenburg-Vorpommern als auch in Sachsen-Anhalt beschreiben die Interviewten eine enge Verknüpfung zwischen dem Ausbau von Strukturen und ihren Möglichkeiten der politischen Bildungsarbeit. Die Verstetigung der Strukturen ab Ende der Neunzigerjahre und den Folgejahren zog nach und nach Diskussionen um deren Professionalisierung mit sich.

Der Weg zur Professionalisierung[21] erfolgte dabei in zwei Etappen. Der erste Schritt fand in Zeiten politischer Umwälzung 1989/1990 statt, in denen sich neue Möglichkeiten für Freiräume eröffneten. Dieser Abschnitt war geprägt von Selbstorganisierung in Vereinen, Jugendeinrichtungen und Wohnprojekten, die durch Hausbesetzungen, aber auch durch Verhandlungen mit der Kommunalpolitik entstanden waren. Dadurch fand eine generelle Verstetigung der politischen Arbeit statt. Kai, der selber an Besetzungen beteiligt war, beschreibt die Entwicklung zusammengefasst wie folgt: „In der Regel hat man einen Verein gegründet und ist in die kommunale Förderung reingekommen, das war nicht überall so.

---

21 Professionalisierung meint hier vor allem die Verberuflichung. Die theoretische Reflexion der Praxis und die Verstetigung der Arbeit als Institut, konkret in Form von Vereinen werden zwar eingeschlossen, jedoch können diese auch unabhängig von Verberuflichung stattfinden.

Und ein paar Projekte haben es geschafft, sich so zu etablieren, kontinuierlich weiterzuarbeiten, wahrscheinlich auch teilweise zu professionalisieren."

Als eine zweite Wegmarke in der Entwicklung der politischen Bildungsarbeit nennt Kai die Gründung des Jugendbildungsnetzwerkes der Rosa-Luxemburg-Stiftung in Berlin im Jahr 2002. Der „Zusammenschluss linker Jugendbildungsträger" war ein weiterer Schritt der Verstetigung, hin zur Professionalisierung der Arbeit. Das Netzwerk bot Raum zum Austausch über konzeptionelle Fragen und Reflexion der eigenen Arbeit:

> „In dem Kontext haben alle ein Interesse daran gehabt, ihre eigene Praxis theoretisch zu reflektieren und sich sozusagen theoretisches Handwerkszeug zuzulegen. Also davon haben wir viel profitiert, weil die ganzen Fragen: Was ist eine linke emanzipatorische Bildung? Wie muss sie aussehen? Welche Praxis muss sie haben? Welche Praxen gibt es denn überhaupt? Die haben wir da bundesweit übergreifend diskutiert" (Kai).

In diese Zeit fällt auch die spätestens seit 2001 geführte Diskussion um Verberuflichung der Antifa-Bewegung durch die Bundesprogramme gegen Rechts, in dessen Zuge insbesondere in Ostdeutschland Beratungs- und Bildungsprojekte mit staatlicher Finanzierung auf- und ausgebaut wurden. Während für einige Aktivist_innen die Programme und die damit verbundene individuelle Existenzsicherung „ein Ausweg aus der für viele perspektivloser werdenden Bewegungsarbeit"[22] einherging, entschieden sich andere gegen die bezahlte „Staats-Antifa"-Arbeit, um die „Zähmung"[23] der Projekte zu umgehen[24]. Spätestens mit den Bundesprogrammen entwickelte sich eine Spannung zwischen den bewegungsorientierten Antifa-Strukturen und der sich professionalisierenden „Institutionellen Antifa". Kai, Christoph & Martin und Anita stellen exemplarisch drei Positionen im Umgang mit politischer Organisierung und Verstetigung der eigenen Arbeit dar. Die gegensätzlichen Pole stellen auf der

---

22 Schubert, U. (2013): Der kurze Sommer der Staats-Antifa. Etappen der Entpolitisierung der 'Bundesprogramme gegen Rechtsextremismus'. In: F. Burschel, Uwe S. & Gerd W. (Hrsg.): Der Sommer ist vorbei... Vom „Aufstand der Anständigen" zur „Extremismus-Klausel": Beiträge zu 13 Jahren „Bundesprogramme gegen Rechts" (S. 75-91). Münster: Edition Assemblage, S. 77.
23 Ebd.: S. 84.
24 Vgl. ausführlicher: ebd. und Obens, H. (2013): Wes Brot ich ess, des Lied ich sing? Antifapolitik zwischen zivilem Ungehorsam und Staatsraison. In: F. Burschel, U. Schubert & G. Wiegel (Hrsg.): Der Sommer ist vorbei... Vom „Aufstand der Anständigen" zur „Extremismus-Klausel": Beiträge zu 13 Jahren „Bundesprogramme gegen Rechts" (S. 93-101). Münster: Edition Assemblage.

einen Seite Christoph und Martin dar, deren Verein sich schrittweise organisatorisch als auch in der pädagogischen Arbeit zu einer etablierten Institution entwickelte. Der Verein hatte Anfang der 2000er Jahre begonnen, sich im Bereich der politischen Bildungsarbeit als Bildungsträger formal zu etablieren, strukturell auszubauen und sein Betätigungsfeld zu erweitern. Inzwischen sei er zu einer „kleine[n] Firma, [zu einem] mittelständische[n] Unternehmen" (Martin) geworden. Auf der anderen Seite steht Anita, die inzwischen seit fast 20 Jahren als Bewegungsantifa politisch engagiert ist. Sie organisiert im Rahmen ihrer Antifa-Arbeit Bildungsveranstaltungen und regt Diskussionen in ihren Gruppen an. Zwar sieht sie eine Konkurrenz zu durchfinanzierten Bildungsträgern, denn das Feld derer, die inzwischen Bildungsarbeit gegen Neonazis, Antisemitismus und Rassismus machen, werde größer und sei kein Alleinstellungsmerkmal der Antifa. Anders jedoch als die „Staats-Antifa" (Anita) sei ihre Antifa-Arbeit unabhängig, dadurch schneller handlungsfähig und radikal gesellschaftskritisch. Zwischen diesen Positionen steht die Auffassung von Kai exemplarisch für die Entscheidung, sich zu organisieren, die Arbeit zu reflektieren und zu verstetigen, aber nicht zu professionalisieren im Sinne einer Verberuflichung des politischen Handelns. Der Verein, in dem Kai aktiv ist, ist seit 1991 Träger der Jugendbildung und war – so Kais Einschätzung – bis 1998 ein fester Partner des Landes Brandenburg. Der Verein, wie er bis heute besteht, hatte sich in dieser Zeit personell und strukturell politisch verändert. Die Folge: Die Finanzierung ging zwar zurück, doch der Verein trat zunehmend als politischer Akteur in Erscheinung: „Wir konnten landesweit Kampagnen machen, die konnten sie nicht übersehen." Heute, u.a. den Anforderungen der Erwerbsarbeit geschuldet, hat der Verein seine landesweite Wirksamkeit eingebüßt.

Ein wichtiger Grund für den Ausbau von Strukturen war die beschränkte Wirkung und Wahrnehmung als Antifa-Aktivist_in. Die Außenwirkung war gering und die Zielgruppe relativ klein. Als Beispiel nennt Martin die Aufarbeitung und Thematisierung der rassistischen Ausschreitung von Rostock-Lichtenhagen 1992: „Wir hatten vor zehn Jahren mal als Antifa-Gruppe eine Bildungsveranstaltung, eine Veranstaltungsreihe. Da hast du dann 20 Leute gehabt. Jetzt auf der Ebene, wo wir es als Lichtenhagen-Projekt mit der Stadt machen, haben wir natürlich eine ganze andere Wirkung. Und können hoffentlich viel breiter arbeiten."

Im Rückblick zeichnet sich für Martin eine Unzufriedenheit gegenüber antifaschistischer Bildungsarbeit ab, die sich nicht in der eigenen Arbeit, sondern in der fehlenden Wertschätzung und dem Desinteresse von Gesellschaft und Staat zeigt. „Mit dem Label Antifa sind Grenzen gesetzt", konstatiert Martin. Als Bildungsträger kommt ihnen dagegen diese Wertschätzung entgegen. Das

jedoch betrachtet Martin kritisch, da nicht der Inhalt, sondern das Label, also
der Träger als Institution ausschlaggebend bei der Betrachtung ist: „Wo man
jetzt als gleiche Person sitzt und auch mit den gleichen Ideen. Das ist schon ein
Unterschied, ob Du als Antifa-Gruppe oder als Bildungsträger auftrittst." Den
stärkeren Einfluss als Bildungsträger gegenüber der Antifa sieht auch Anita. Sie
hat ein ambivalentes Verhältnis zu den „professionellen Antifas". Die staatlichen
Förderstrukturen habe Bewegungsantifas in Lohnarbeit gebracht, was für sie
persönlich nachvollziehbar sei, „weil die dann ihren Lebensunterhalt verdienen
und die Zeit für politische Arbeit nutzen können. Andererseits hat es aber auch
dazu geführt, dass eine Spaltung in haupt- und ehrenamtlich Aktive entstanden
ist: Wissen hat sich stärker bei den Leuten mit Stellen verlagert, Informationshierarchien sind dadurch entstanden. Und leider gehen die Leute dann meist raus
aus den Gruppen, teilweise aus der Szene."

„Ein Balancespiel" – Diskussion um das Verhältnis zum Staat

Die Frage, ob und welche Förderungen angenommen werden können, ist – wie die
Ausführungen zeigten – existenziell für Gruppen und Projekte. Die Akteur_innen stehen im Spannungsverhältnis zwischen radikaler Gesellschaftskritik und
finanzieller Sicherung von Personen und Projekten. Besonders deutlich wird das
an der Finanzierung durch die Bundesprogramme (bzw. Landesprogramme), auf
Grund der normativen Ausrichtung, die Akteur_innen unter Anpassungsdruck
stellen würden, wie Kai ausführt:

> „[...] Man musste die Sprache und die Deutungen, was gesellschaftlich passiert,
> übernehmen. [...] Und natürlich veränderst dich das selber in deiner ganzen politischen Analyse. Die verändert sich je nachdem von welcher Perspektive du auf
> deine Gesellschaft siehst. Wenn du aus einer etablierten Perspektive siehst, dann
> übernimmst du vielleicht auch die Sichtweise des Establishment."

Während Kai die Ablehnung einer strukturellen Finanzierung verdeutlicht,
reagieren Christoph und Martin eher abgeklärt. Ihre Kritik an den Bundesprogrammen äußerte sich erst im Jahr 2010 mit der Einführung der sogenannten
Extremismusklausel[25] gegen die sie zusammen mit anderen Vereinen klagten.

---

25 Die Extremismusklausel wurde von Bundesfamilienministerin Kristina Schröder
Anfang des Jahres 2011 in die Bundesprogramme „Toleranz fördern – Kompetenz
stärken" und „Initiative Demokratie stärken" zusätzlich zu den Förderrichtlinien
und Förderbedingungen in den Bewilligungsbescheid integriert. Die Ausschüttung
der Fördergelder war an die Unterzeichnung der Klausel verknüpft. Mit der Er-

"Aber ansonsten haben wir gesagt, wenn wir unsere Projektziele umsetzen können und dürfen und das der Bund finanziert, warum nicht. So opportunistisch sind wir dann schon", erklärte Christoph. Kai sieht Professionalisierung und Finanzierung durch den Staat allerdings nicht grundsätzlich im Gegensatz zu einer linksradikalen Gesellschaftskritik: „Die Frage ist nur, ist deine kollektive Basis so groß, dass auch dann deine Institution sich verstetigt, dass du auch immer wieder eine kritische Auseinandersetzung führen kannst?" Es bedürfe jedoch deutlich mehr Aushandlung und strategischer Entscheidungen. Was sich hier abzeichnet, ist keine grundlegende Ablehnung von Professionalisierung, denn – so Kai weiter – „Förderung anzunehmen kann auch politische Wirkungsmacht bedeuten". Ähnlich ambivalent sehen auch Christoph und Martin ihr Verhältnis als etablierter Träger zur Politik und Verwaltung. Mit ihrer Politischen Bildung bewegen sie sich im System, setzen aber „mit kleinen Nadelstichen" kritische Impulse. Auch in der Wahrnehmung von Politik und Verwaltung seien sie die „kritischen Geister".

Fazit: Von „gelebter" zu reflektierter Praxis

Der Beitrag hat anhand von Expert_inneninterviews den hohen Stellenwert Politischer Bildung in der Arbeit von Antifas gezeigt. Während zu Beginn der Neunzigerjahre Bildungsarbeit als Teil des politischen Engagements „gelebt" wurde und Angebote und Konzepte aus der Praxis heraus entstanden, entwickelte sich aus der Notwendigkeit, sich mit bestimmten Fragen auseinanderzusetzen – auch mit dem Älterwerden der Bildner_innen – ein reflektierter und theoretischer Zugang. Politische Bildung dient(e) der Aneignung von Wissen und der Einwicklung einer eigenen Handlungsfähigkeit, der Selbstorganisierung und Vernetzung sowie der politischen Teilhabe. Auch heute ist Politische Bildung ein fester Bestandteil von Antifa-Gruppen: Informationsabende oder ganze Veranstaltungsreihen, Exkursionen und Bildungsfahrten sowie Plena und Vernetzungstreffen als Lernorte sind über die Jahre mehr oder weniger beständig, die diversen Zeitschriften als Ort der Werbung und Reflexion gibt es fast nicht

---

klärung mussten die Antragssteller_innen versichern, im Sinne der „freiheitlich demokratischen Grundordnung" zu agieren und mit keinen „Extremist_innen" zusammenzuarbeiten. Daraufhin seien alle Kooperationspartner_innen zu überprüfen. Initiativen, die gegen diese „Demokratieerklärung" protestierten, nannten diese jedoch Extremismusklausel. Sie interpretierten sie als einen ordnungspolitischen Eingriff in demokratische Prozesse.

mehr – sie sind abgelöst durch Internetseiten, Blogs und soziale Medien. Einige Strukturen agieren als ehrenamtlicher Zusammenschluss, andere können durch ihre Arbeit zwei Dutzend Mitarbeiter_innen eine finanzielle Absicherung bieten. Den kollektiven Strukturen gegenüber stehen Aktivist_innen, die sich individuell im Bereich der Politischen Bildung positioniert haben und freiberuflich oder anderen Trägern ihre Antifa-Bildung anbieten.

Die Ansprüche Politischer Bildung der Antifa lassen sich entlang der Analyse der Expert_inneninterviews (und der unterstützend hinzugezogenen Publikationen) zusammenfassend wie folgt charakterisieren:
- Sie beinhalten eine beständige, radikale Herrschafts- ebenso wie Systemkritik verbunden mit dem Anspruch der Verbesserung der Verhältnisse.
- Antifa-Bildung will in hohem Maße Mitbestimmung in der Gesellschaft befördern, dabei jedoch nicht affirmativ zum System, sondern als kritische Konfrontation mit diesem.
- Das Bildungsverständnis orientiert sich nicht an äußeren, besonders an ökonomischen Aspekten, sondern fühlt sich dem Individuum und seiner Entfaltung verpflichtet.
- Werte wie Gleichberechtigung, Solidarität, Ablehnung von Ungleichwertigkeit, Partizipation und soziale Gerechtigkeit sind elementar.
- Bildungsformate sind anlass- und alltagsbezogen: Eigene Betroffenheit und Bezug zur Lebenswelt stehen trotz darüber hinausgehender Utopien und Ideale im Vordergrund.
- Sie verfolgt das Prinzip „Hilfe zur Selbsthilfe" nach dem Partizipation im Mittelpunkt steht und Paternalismus abgelehnt wird.

Abschließend lässt sich festhalten, dass die Professionalisierung von Strukturen und des pädagogischen Handelns zu einer Ausdifferenzierung des politischen Anspruches führten, was sich in einem spannungsvollen Bezug auf den Staat und dessen Politischer Bildung widerspiegelt. Politische Bildung muss sich immer wieder zwischen dem Anspruch gesellschaftlicher Mitbestimmung und demokratischer Teilhabe auf der einen und radikaler Gesellschafts- sowie Staatskritik auf der anderen Seite austarieren. Nichtsdestotrotz hat die Antifa-Bewegung in Ostdeutschland durch eine „gelebte Praxis" der Politischen Bildung dazu beigetragen die rechte Hegemonie zu brechen und Alternativen für Jugendliche (und Erwachsene) zu bieten.

Alexandra Klei

Erinnern, Fordern, Demonstrieren. Antifaschistische Gedenkpolitik und der Tod von Farid Guendoul in Guben

Als am 14. Februar 1999 mehrere hundert, zumeist junge Menschen durch das Gubener Neubauviertel Obersprucke zum Gedenken an den in der Nacht vom 12. zum 13. Februar in Folge einer Hetzjagd durch rechte Jugendliche verstorbenen algerischen Asylbewerber Farid Guendoul demonstrierten, deutete sich bereits eine Trennung in den Reaktionen auf die Tat an. Während wenige Stunden zuvor bereits zahlreiche Gubener/innen gemeinsam mit Vertreter/innen der brandenburgischen Landesregierung und anderer Offizieller an einer Mahnwache teilgenommen hatten, mit der sie sich gegen „Ausländerfeindlichkeit und politischen Extremismus" positionierten, richteten sich die Teilnehmer/innen der Demonstration gegen einen „rassistischen Konsens". Darüber hinaus benannten die Organisator/innen der Antifa Guben die Täter als „rechtsextrem" und sahen ihre Tat in einer langen Liste rechter Aktivitäten und eines generell rassistischen Klimas in der Stadt. Sie ordneten die Ereignisse damit in einen größeren gesellschaftlichen Kontext ein und bemühten sich, einen Diskurs zu etablieren, in dem die Täter mit ihren Motiven klar benannt und die Tat nicht als Einzelfall in einer ansonsten friedlichen und toleranten Stadtgesellschaft gesehen werden.

In den folgenden Jahren gab es verschiedene Demonstrationen, Kundgebungen und Veranstaltungen, die im Zusammenhang mit einer Erinnerung an Farid Guendoul standen. Daneben fanden die Tat und das sich anschließende Gerichtsverfahren gegen elf Jugendliche/Heranwachsende vor dem Cottbuser Landgericht eine ungewöhnlich hohe Medienaufmerksamkeit. In Guben selbst, einer brandenburgischen Kleinstadt mit weniger als 30.000 Einwohner/innen an der Grenze zu Polen, herrschte, nach einer kurzen Phase öffentlicher Empathie für das Opfer, sehr schnell ein Klima offensiver Abwehr vor. Zudem gab es zahlreiche rechte Angriffe gegen die in der Stadt lebenden Ausländer/innen, bei denen es sich vor allem um Asylbewerber/innen handelte, die in einem eingezäunten Heim am Stadtrand leben mussten.[1] Jeder dieser Aspekte hätte ein

---

1 Für einen Überblick sei auf die Publikation der Prozessbeobachtungsgruppe Guben (Hrsg.): Nur ein Toter mehr ... Alltäglicher Rassismus in Deutschland und die Hetz-

höheres Maß an Aufmerksamkeit und eine eigenständige Fragestellung verdient, im Folgenden soll allerdings der Frage nach der Bedeutung der Etablierung eines institutionalisierten Erinnerns und seiner Funktion für ein antifaschistisches Engagement nachgegangen werden. Dies soll anhand eines bereits kurz nach der Tat etablierten und anschließend mehrfach veränderten Gedenkorts geschehen. Auf der Grundlage der über ihn vermittelten Inhalte soll auch danach gefragt werden, welche Bedeutung das initiierte Erinnern im öffentlichen Raum innehat. Dem materiellen Gedenkort – ein Stein mit einer Tafel –, kommt dabei zudem die Funktion zu, als Träger von Informationen Auskunft nicht nur über den Erinnerungswillen geben zu können, sondern auch über die öffentlich transportierte Sicht auf das Ereignis selbst. Eine Auseinandersetzung mit den unterschiedlichen Debattenbeiträgen wäre eine eigenständige Forschungsfrage, der an dieser Stelle auch vor dem Hintergrund nicht nachgegangen werden kann, dass eine umfangreiche Quellengrundlage fehlt.

Mit der Erinnerung an den Tod eines Opfers rassistischer und rechter Gewalt in Guben ist einerseits ein besonderes Beispiel unter anderem dahingehend ausgewählt, dass das Erinnerungszeichen[2] nicht Ergebnis einer – in anderen Städten oder Gemeinden manchmal monatelangen – Debatte unterschiedlicher Akteur/innen war, sondern von der lokalen Antifa-Gruppe bereits unmittelbar nach der Tat durchgesetzt wurde. Grundsätzlich ist andererseits aber festzustellen, dass Erinnerungszeichen für die Opfer rechter Gewalt mittlerweile an zahlrei-

---

jagd von Guben. Hamburg/Münster 2001, auf das Projekt RE:GUBEN (http://www.re-guben.de/) sowie auf den Artikel von Gabi Jaschke: „Guben – Eine ostdeutsche Kleinstadt." In: telegraph 102/103. Quelle: http://www.todesopfer-rechter-gewalt-in-brandenburg.de/pdf/Gabi-Jaschke_GUBEN-EINE-OSTDEUTSCHE-KLEINSTADT.pdf (abgerufen am 30.10.2016) verwiesen.

2   Als Gedenk- ebenso wie als Erinnerungszeichen sind Formen materiell etablierter Spuren zu verstehen, die einem Gedenken dienen. Dies können sowohl kleine Mahnmale sein als auch Blumen oder Kerzen als Akte individueller Bezugnahme. Der Begriff subsumiert – unabhängig von der Wahl der Mittel – Entscheidungen, am Ort der Ereignisse etwas zurückzulassen, das einen Punkt im Gelände markiert und betont und das auf diese Weise Anlass und Ausdruck einer Erinnerung sein soll. Detlef Hoffmann bestimmt als „Erinnerungszeichen, ‚Dinge' – in der Begrifflichkeit Hannah Arendts –, in die sich Vergangenheit eingeschrieben hat, das Gedächtnis der Dinge soll den Erinnernden Erfahrung vermitteln". Vgl.: Auschwitz im visuellen Gedächtnis. Das Chaos des Verbrechens und die symbolische Ordnung der Bilder. In: Fritz Bauer Institut (Hrsg.) (1996): Auschwitz: Geschichte, Rezeption und Wirkung. Jahrbuch 1996 zur Geschichte und Wirkung des Holocaust. Frankfurt am Main, New York, S. 223-257, hier S. 252.

chen Orten existieren und damit unter anderem auf eine Auseinandersetzung unterschiedlicher gesellschaftlicher Gruppen verweisen. Zum Dritten – auch dies kann verallgemeinernd festgestellt werden – gehören Gedenktafeln wie die in Guben zum gängigen Formenkanon einer materiellen Erinnerungskultur. Auffällig ist, dass sich bisher keine Debatte wahrnehmbar dahingehend entwickelt hat, nach Erinnerungszeichen mit einer spezifischen Ästhetik für diese Opfergruppe zu suchen, wie es zum Beispiel individuell entwickelte Denkmale sein könnten.

Die Tat

Die elf Jugendlichen/Heranwachsenden, die sich ab Juni 1999 vor dem Landgericht Cottbus verantworten mussten, hatten am Abend des 12. und in den ersten Stunden des 13. Februars 1999 bereits in unterschiedlichen Konstellationen den in der rechten Szene beliebten Film „Romper Stomper" gesehen, öffentlich rechte Parolen gegrölt und den Hitlergruß gezeigt, verschiedene Personen in und vor der Diskothek „Dance-Club" beleidigt und angegriffen sowie die Scheiben eines sogenannten Asia-Ladens eingeworfen, bevor sie sich gemeinsam in drei Autos auf die Suche nach einem „Neger" machten, der einen ihrer Kameraden mit einer „Machete" angegriffen haben soll. Auf der in die Innenstadt führenden Bundesstraße sahen sie schließlich die drei Asylbewerber Farid Guendoul, Issaka K. und Khaled B. Sie jagten sie unter Rufen ausländerfeindlicher Parolen und zur Musik der rechtsextremen Band „Landser" zunächst eine Straße entlang, anschließend über eine Grünfläche und einen Parkplatz. Khaled B., der mit Pflastersteinen beworfen und von einem der Angreifer mehrfach getreten wurde, blieb ohnmächtig zwischen parkenden Autos liegen; Farid Guendoul und Issaka K. retteten sich in den Hauseingang der Hugo-Jentsch-Straße 14. Dabei trat Guendoul die Scheibe der Tür ein und verletzte sich die Knieschlagader. K. traute sich anfangs nicht, den Flur wieder zu verlassen, um Hilfe zu holen, da er die Autos der Angreifer die Straße entlangfahren sah. Als es ihm gelang, in ein Taxi zu steigen, konnte er sich dem Fahrer nicht verständlich machen. Dieser erkannte allerdings die bedrohliche Situation und brachte den jungen Mann, verfolgt von den Rechten, in ein nahegelegenes Bistro. Hier wurde Issaka K. von der Polizei festgenommen und anschließend – wiederum verfolgt von den Tätern – in die Polizeiwache gefahren. Die Jugendlichen versuchten dort, in das Gebäude einzudringen. Kahled B. fand zur selben Zeit Zuflucht im „Dance-Club", bevor er ins Krankenhaus ging, wo ihm eine Behandlung verweigert wurde. Farid

Guendoul verblutete wenige Minuten nach dem Durchsteigen der Tür, um 5:18 Uhr stellte ein Notarzt seinen Tod fest.[3]

Guendoul, der in Deutschland unter dem Namen Omar ben Noui gelebt hatte, war nach der Statistik der Bundesregierung[4] das 40. Todesopfer rechter Gewalt im vereinigten Deutschland und das 86. nach einer Dokumentation, die von den Journalist/innen Frank Jansen, Heike Kleffner, Johannes Radke und Toralf Staud recherchiert und zunächst in der Wochenzeitung *Die Zeit* sowie im *Tagesspiegel* veröffentlicht wurde.[5]

Das Gedenken

Neben den Demonstrationen und anderen Veranstaltungen kann die Etablierung eines materiellen Erinnerungszeichens zunächst als der wichtigste Versuch gesehen werden, ein Gedenken an Farid Guendoul und die Tat zu initiieren. Es unterscheidet sich von den erstgenannten Formen zunächst dadurch, dass es dauerhaft im öffentlichen Raum präsent ist und so jenseits von Ritualen an ausgewählten Tagen bestehen bleibt. Daneben bietet es die Möglichkeit indivi-

---

3   Vgl. für eine ausführliche Darstellung der Tat: Alexandra Klei: Die Nacht des 12./13. Februar 1999 in Guben. In: RE:GUBEN. 13.02.2013. Quelle: http://www.re-guben.de/?p=35 (abgerufen am 30.10.2016). Sie geht zurück auf Michaela Christ: Die Jagd. Über den Tod von Farid Guendoul in Guben in der Nacht vom 12. auf den 13. Februar 1999. In: RE:GUBEN. 05.03.2013. Quelle: http://www.re-guben.de/media/jagd.pdf (abgerufen am 30.10.2016).

4   Präsident des Deutschen Bundestages: Kleine Anfrage der Bundestagsabgeordneten Monika Lazar u.a. und der Fraktion Bündnis 90/Die Grünen. Stand der polizeilichen Überprüfung möglicher rechter Tötungsdelikte in den Jahren 1990 bis 2011. Schreiben vom 22.07.2015. Im Internet: https://www.gruene-bundestag.de/fileadmin/media/gruenebundestag_de/themen_az/rechtsextremismus/KA_18_5488.pdf (abgerufen am 28.05.2016). Die darin enthaltene Auflistung umfasst 69 Angriffe mit insgesamt 75 Opfern.

5   Eine Darstellung, welche die einzelnen Fälle darstellt, findet sich bei: Frank Jansen, Heike Kleffner, Johannes Radke, Toralf Staud: 156 Schicksale. In: Zeit online. Aktualisiert am 30.06.2015. Quelle: http://www.zeit.de/gesellschaft/zeitgeschehen/2010-09/todesopfer-rechte-gewalt (abgerufen am 22.07.2016). Insgesamt variieren die Zahlen zum Teil deutlich, so sprach die Amadeu-Antonio-Stiftung für die Zeit von 1990 bis 2011 von 181 Todesopfern. Vgl. u.a. o.A.: 181 Todesopfer durch rechte Gewalt in Deutschland. In: Die Welt vom 20.11.2011. Quelle: http://www.welt.de/politik/deutschland/article13725571/181-Todesopfer-durch-rechte-Gewalt-in-Deutschland.html (abgerufen am 26.05.2016). Farid Guendoul wird hier unter der Ziffer 103 geführt.

duellen Gedenkens. Da es in der Stadt selbst kein Grab gibt, an dem Verwandte oder Freund/innen trauern können, kann das Erinnerungszeichen einen solchen Ort für sie zur Verfügung stellen.

Die Initiative für einen Gedenkort ging bereits kurz nach der Tat von der örtlichen Antifa-Gruppe aus. Sie ließ auf eigene Kosten eine Tafel anfertigen, auf der

> Hier starb am frühen Morgen des 13. Februar 1999
> OMAR BEN NOUI (28 Jahre)
> Er wurde Opfer einer rassistischen Hetzjagd
> von rechten Gubener Jugendlichen
> Wir werden sein Andenken bewahren
> Antifa Guben

zu lesen war und brachte sie direkt am Hauseingang Nr. 14 an. Dem Opfer sollte so unmittelbar dort gedacht werden, wo es starb – Ereignis und Ort wurden miteinander verknüpft. Dies hatte neben der Memorialfunktion eine besondere Brisanz: Immer wieder war diskutiert worden, inwieweit die Hausbewohner/innen den Opfern nicht zur Hilfe gekommen waren, umso mehr, als bekannt wurde, dass Einzelne die Hetzjagd bereits von ihren Fenstern aus beobachtet hatten. Daneben zeigt die Inschrift zwei Aspekte: Farid Guendoul wurde von rechten, rassistisch agierenden Jugendlichen aus der Stadt Guben in den Tod gehetzt. Damit werden die verantwortlichen Täter und ihre Motivation benannt. Zudem dient die Tafel der Selbstvergewisserung der Gruppe *Antifa*; sie ist es, die das Andenken des Opfers zu bewahren verspricht. Mit ihrer Darstellung der Tat ebenso wie mit ihrer Abgrenzung von der Stadt Guben als Akteurin deutet die Antifa Guben das Geschehen und schreibt es zunächst mit der – nicht genehmigten – Anbringung der Tafel im öffentlichen Raum fest.

Proteste der Hausbewohner/innen sorgten sehr schnell dafür, dass die Tafel wieder entfernt werden musste. Gleichzeitig ermöglichten es die erhöhte Aufmerksamkeit und die Empörung vor allem in der überregionalen Presse sowie die Öffentlichkeitsarbeit, die von der Antifa Guben sowie der anlässlich des Gerichtsverfahrens gegründeten Prozessbeobachtungsgruppe[6] geleistet wurde, dass die Debatte um einen Erinnerungsort virulent blieb und schließlich am 16. Juli 1999 zur offiziellen Einweihung einer Gedenkstätte führte. Die Stadt stellte

---

6 Ich gehörte als Mitarbeiterin der Anlaufstelle für Opfer rechtsextremer Gewalt in Südbrandenburg der Prozessbeobachtungsgruppe an und besuchte dabei unter anderem das gesamte Verfahren vor dem Cottbuser Landgericht und war wesentlich für die Öffentlichkeitsarbeit zuständig. Daneben betreute ich in meiner Funktion als Sozialberaterin Freund/innen und Mitglieder der Familie Farid Guendouls.

dafür einen niedrigen Stein auf einer nahe Guendouls Sterbeort gelegenen Wiese zur Verfügung, die Antifa durfte ihre Tafel darauf anbringen. Insgesamt erscheint die Etablierung eines materiellen Erinnerungszeichen mit Blick auf die zeitliche Nähe zum 13. Februar und vor dem Hintergrund, dass – auch im Kontext der Prozesseröffnung am 3. Juni 1999 – die Ereignisse selbst noch sehr präsent und damit Bestandteil einer aktiven Erinnerung und eines kommunikativen Gedächtnisses waren, ungewöhnlich. Die Funktion des Ortes war vor diesem Hintergrund offensichtlich weniger, einem Geschehen zu gedenken, über das ein Konsens herrschte – dann wäre die Initiative zu diesem Zeitpunkt überflüssig gewesen oder zum Beispiel von einer städtischen Einrichtung ausgegangen. Sie wollte zu diesem Zeitpunkt auch nichts in Erinnerung rufen und archivieren, das in eine öffentliche oder gesellschaftliche Vergessenheit zu geraten drohte, falls es nicht in andere Medien übertragen werden kann. Vielmehr scheint es für die Akteur/innen der Antifa dringend notwendig gewesen zu sein, auf die Stellungnahmen und Stimmungen in der Stadt zu reagieren und ein Statement im öffentlichen Raum abzugeben. Dabei stellte die Verschiebung des Standortes einen Kompromiss dar, den sie eingehen musste, um die Anbringung ihrer Tafel überhaupt zu ermöglichen. Damit konnte zwar eine Inschrift etabliert werden, die der Bedeutung der Tat entspricht, diese wirkt nun allerdings seltsam ortlos: Zum einen ist die Standortwahl auf der Wiese gänzlich willkürlich, jeder andere Platz innerhalb eines Radius von 20 Metern wäre ebenfalls in Frage gekommen. Zum zweiten ist die Bezeichnung „hier", deren Aufgabe es ist, Ort und Ereignis zu verknüpfen und in ihrer Verbindung erinnerbar zu machen, nun vollkommen irreführend, da Guendoul nicht auf der Wiese starb. Das Haus als wesentlicher Teil der Geschichte wird ausgeklammert. Die Tat wird damit bezuglos; sie hätte überall stattgefunden haben können. Erschwerend kommt hinzu, dass der/die Betrachter/in, um die Inschrift zu lesen, mit dem Rücken zum Sterbeort Guendouls steht. Vor ihm/ihr liegt nun die Wiese, die von der Bundesstraße begrenzt wird. Es fehlen jegliche visuellen Bezüge, die den Gedenkstein in seiner Lage und damit das erinnerte Ereignis, kontextualisieren könnten.

Die Bedeutung und die Intention, Farid Guendoul mit dieser Tafel zu gedenken, gingen weit darüber hinaus, an ihn als Person zu erinnern. Sie gab den antifaschistischen Gruppen die Möglichkeit, in der konkreten Situation – die aus ihrer Sicht von der Weigerung, sich in der Stadt mit der Tat und ihren Folgen auseinanderzusetzen, geprägt war –, zu intervenieren und eigene Akzente zu setzen. Da es der Antifa Guben bis zu diesem Zeitpunkt nicht gelungen war, den kommunalen Diskurs vorzugeben oder ihn maßgeblich zu bestimmen, ist der Gedenkstein auch ein Verweis darauf, dass sie im Zuge der Reaktionen auf den 13. Februar zu einer Akteurin wurde, die sich öffentlich wahrnehmbar positionieren konnte und der dies, bezogen auf die Einrichtung des Gedenksteins, zunächst ohne ein langwieriges Verfahren in Form einer lokalen Debatte, in der sie eine unter vielen Beteiligten ist, möglich geworden war. Denn die Etablierung des konkreten Erinnerungszeichens bedeutete nicht nur eine – vermeintlich dauerhafte – Anerkennung des Geschehens und seiner Folgen im öffentlichen Raum, sondern vielmehr Deutungsmacht über das Geschehen zu erlangen. Zwar wurde es über den gesamten Zeitraum, in dem eine Berichterstattung stattfand – beginnend mit der Tat bis zum Ende des Gerichtsverfahrens vor dem Cottbuser Landgericht – in den Medien als rassistischer Angriff durch rechte Jugendliche gewertet, in Guben sah man allerdings entweder das Opfer selbst verantwortlich[7] oder/und sich einer diffamierenden Pressekampagne ausgesetzt. Der Gedenkstein mit seinem Text widersprach solchen Sichtweisen deutlich.

In der Folge wurde der Gedenkstein zu einem bekämpften Ort: Bereits wenige Tage nach der Einweihung wurde er – ebenso wie der Hauseingang Nr. 14 und umliegende Häuser – mit Hakenkreuzen und NS-Runen beschmiert, zudem wurden NPD-Aufkleber angebracht,[8] in den folgenden Wochen und Monaten immer wieder bespuckt, mit Bier und anderen Flüssigkeiten bekippt, von Hunden angepinkelt und in der Silvesternacht 1999/2000 schließlich die Tafel unter Zuhilfenahme eines schweren Gegenstandes irreparabel zerstört.

---

7   Friedrich Burschel: „Wenn der so bekloppt ist und durch die Scheibe läuft ..." Guben nach dem Tod des algerischen Asylbewerbers Omar ben Noui/Farid Guendoul am 13. Februar 1999. Februar 1999. Quelle: http://www.ffm-berlin.de/guben.pdf (abgerufen am 26.05.2016). Leicht überarbeitet auch veröffentlicht in: Prozessbeobachtungsgruppe Guben (Hrsg.) (2001): Nur ein Toter mehr... Alltäglicher Rassismus in Deutschland und die Hetzjagd von Guben. Hamburg/Münster: Unrast, S. 47-61. Erinnert sei auch an den damaligen Bürgermeister der nahe gelegenen Stadt Spremberg, der in einem Interview im September 1999 mit der Berliner Morgenpost bezogen auf Farid Guendoul fragte: „Was hat der nachts auf der Straße zu suchen?" und zudem äußerte: „Ein Ausländer, der hier mit einer verheirateten Frau anbandelt, müsse damit rechnen, Ärger zu bekommen." Vgl. u.a. o.A.: Dokumentation der Ereignisse. In: RE:GUBEN. Im Internet: http://www.re-guben.de/?page_id=32 (abgerufen am 29.05.2015). Der im November 2001 neu gewählte Bürgermeister von Guben, Klaus-Dieter Hübner (FDP), sagt über die Nacht des 12./13. Februars 1999: „Das war doch keine Hetzjagd, sondern eher eine Verkettung unglücklicher Umstände." Ebd.

8   Für diese und folgende Angaben vgl. o.A.: Dokumentation der Ereignisse. In: RE:GUBEN. Quelle: http://www.re-guben.de/?page_id=32 (abgerufen am 29.05.2015).

Die Antifa Guben ersetzte sie zunächst und nahm hierfür eine Demonstration am ersten Todestag zum Anlass. Ihre ursprüngliche Inschrift änderte sie nicht. Die Polizei musste den Gedenkstein anschließend zwei Wochen lang nachts bewachen; trotzdem gelang es wiederholt Personen, unter ihnen zwei der angeklagten Täter, die niedergelegten Blumen zu zertreten. In der Nacht vom 3. zum 4. März 2000 wurde die Tafel schließlich vom Stein gerissen und gestohlen; die Polizei hat die Verantwortlichen bis heute nicht ermitteln können. In der nun folgenden innerstädtischen Debatte setzte sich das „Forum gegen Gewalt und Fremdenfeindlichkeit", ein Zusammenschluss von Vertreter/innen verschiedener Parteien, Vereine und anderer Institutionen, damit der politischen und zivilgesellschaftlichen Öffentlichkeit der Stadt, gegen die Position der Antifa für eine neue Tafel mit einer geänderten Inschrift durch:

> Farid Guendoul (28 Jahre)
> verblutet am 13. Februar 1999
> Mahnmal
> gegen Rassismus
> gegen Gewalt
> gegen Fremdenfeindlichkeit
> Die Würde des Menschen ist unantastbar!

Angebracht wurde sie am 8. Mai 2000. Mit diesem Datum wird das Gedenken an Farid Guendoul in einen Zusammenhang zur Erinnerung an das Ende des Zweiten Weltkrieges gestellt; eine Analogie, deren Beziehung sich jenseits einer Vereinfachung historischer und politischer Bezüge nicht ergibt. Einher ging die erneute Einweihung allerdings mit einer Anerkennung des Ortes als „öffentliche Totengedenkstätte"; ein Akt, der die polizeiliche Verfolgung von Vandalismus erleichtern sollte. Auf der Tafel ist bis heute zu lesen, dass Farid Guendoul „verblutet" ist. Die konkrete Bezeichnung seines Todes ist vor dem Hintergrund auffällig, da sonst keine weiteren Angaben zu seinem Tod gemacht werden. Gleichzeitig wird damit eine besonders drastische Art des Sterbens benannt und Leser/innen ein ausgesprochen dramatisches Bild vermittelt. Daneben wird mit den fünf letzten Zeilen der Gedenkstein als Mahnmal umfangreich definiert, dem eigentlichen Ereignis und seinem Opfer sind dagegen nur zwei Zeilen gewidmet. Damit setzt die Inschrift den Schwerpunkt auf die Verweise zur übergeordneten Funktion des Ortes. Das Ereignis und sein Ablauf sind nachgeordnet. Es wird somit – im Gegensatz zur konkret grauenvollen Benennung seiner Todesursache – kein Beitrag zum Verständnis dafür geleistet, was genau an diesem Tag geschah. Auch die mahnenden Forderungen bleiben floskelhafte Allgemeinplätze. Zwar kann der/die Betrachter/in davon ausgehen, dass beide Teile des Textes in einem Verhältnis stehen und der Tod eines Ausländers als Ursache für die Errichtung des Mahnmals verstanden werden. Was genau passierte, bleibt allerdings völlig offen. Mit der neuen Tafel erlangt die Stadt die Deutungshoheit für das Geschehen wenigstens im öffentlichen Raum. Gleichzeitig gibt sie – bzw. die im Bündnis zusammengeschlossenen Gruppen – ein allgemeines Bekenntnis ab und positioniert sich gegen gemeinhin als geächtet anzusehende Haltungen. Gleichzeitig wird Farid Guendoul nicht als Opfer konkret handelnder Personen erinnert, sondern allgemein als Opfer von Rassismus, Gewalt, Fremdenfeindlichkeit und nicht respektierter Menschenwürde. Nach der Ortlosigkeit, die sich bereits aus dem Standort des Gedenksteines ergibt, verwischt der neue Inhalt der Tafel nun auch den Bezug zu den Ereignissen dieser Nacht. Daneben wird sichtbar, wie man – zumindest der erinnerungswillige Teil der Stadt – sie verstanden wissen will: Täterlos.

An dem Umgang mit dem Gedenkort änderte dies in der Folge nichts. Auf ihn wurde weiterhin uriniert, er wurde beschmiert, ein Hakenkreuz wurde eingeritzt. Das bedeutet auch, dass die öffentliche Debatte um seine Existenz zunächst nicht abriss. So forderte eine Initiative um den damaligen Generalsuperintendenten und Vorsitzenden des Brandenburger Aktionsbündnisses gegen Gewalt, Rechtsextremismus und Fremdenfeindlichkeit, Rolf Wischnath, die Tafel solle ins Rathaus verlegt und zahllose Einwohner/innen von Guben wünschten sich öffentlich, sie möge entfernt werden. Sie konnten sich allerdings nicht durchsetzen; am 28. Februar 2001 wurde der Antrag, den Gedenkort zu verlegen, im Stadtparlament mit der knappen Mehrheit von 16 zu 15 Stimmen abgelehnt.[9] Zudem übernahmen im Anschluss für eine kurze Zeit 100 Gubener/innen eine „Patenschaft" für den Gedenkstein;[10] eine Aktion, die Unterstützung für seinen Erhalt in der Bevölkerung nahelegt. Beide Initiativen zogen nach sich, dass der Gedenkstein drei Monate nach dem Ende des Verfahrens vor dem Cottbuser Landgericht als etabliert angesehen werden konnte.

Die heutige Situation

Wer heute den Gedenkstein für Farid Guendoul besuchen will, sollte um seine Existenz und seinen Standort wissen. Gelegen auf der Wiese, zwischen einer Reihe aus kleinen Bäumen und einer dicht befahrenen Straße, deutet nichts darauf

---

9 O.A.: Dokumentation der Ereignisse. In: RE:GUBEN. Im Quelle: http://www.re-guben.de/?page_id=32 (abgerufen am 29.05.2015).
10 Ebd.

Abb. 4: *Gedenkstein für Farid Guendoul. Guben im November 2012*
Quelle: Alexandra Klei

hin, dass dies häufig geschieht. Fußgänger/innen passieren ihn mit Sicherheit selten, kein angelegter Weg führt auf ihn zu oder unmittelbar an ihm vorbei. Die nächsten Wohnhäuser – eine sanierte Reihe von Plattenbauten – befinden sich in einiger Entfernung linkerhand. Sie sind erst nach dem Überqueren des größten Teils der Rasenfläche, dann einer Wohngebietsstraße mit Parkplätzen erreichbar.

Die räumliche Bezugslosigkeit des Erinnerungszeichen hat sich noch verstärkt, nachdem zwischen Januar und Juli 2003 zahlreiche Plattenbauten im Zuge eines allgemeinen Rückbaus im Wohngebiet abgetragen wurden, darunter das Haus mit dem Eingang Hugo-Jentsch-Straße 14. An seiner statt befindet sich heute eine Wiesenfläche mit einzelnen Sträuchern, angrenzend richtete die Stadt einen Park mit einem Kletterfelsen ein. Obwohl es also keine Bewohner/innen mehr gibt, die es als Stigmatisierung empfinden könnten, wenn an ihrem Hauseingang an Farid Guendoul erinnert wird, ist bisher anscheinend niemand auf die Idee gekommen, den vorhandenen Gedenkstein wenigstens an den Ort zu verlegen, an dem der Algerier starb, um so ein Mindestmaß an Zuordnung zu ermöglichen und dem Stein zu einer besseren Sichtbarkeit zu verhelfen. Damit verweisen sowohl seine Lage als auch eine fehlende Debatte um einen besseren Standort darauf, dass in der gegenwärtigen städtischen Erinnerungskultur keine Auseinandersetzung um das Gedenken an Farid Guendoul existiert. Einen weiteren Hinweis darauf gibt der Zustand der Tafel selbst. Sie ist mehrfach zerkratzt, ein wenig verbeult und an einigen Stellen fehlt es der Inschrift an Farbe. Dieser Zustand lässt darauf schließen, dass es heute keine Akteur/innen mehr gibt, denen ein makelloser Zustand als Verweis auf die Würde der Erinnerung an den Toten ein Anliegen wäre. Dies verwundert vor dem Hintergrund, dass der Stein am Todestag Guendouls weiterhin als Anlaufpunkt für das Gedenken einiger Gubener/innen dient. Damit erfüllt der Ort nach wie vor seine Funktion, Menschen hierfür einen Raum zu geben. Gleichzeitig zieht dieses Ritual allerdings offenbar keine Debatte um Gegenwart und Zukunft des Erinnerungszeichens nach sich.

Die Debatte, das öffentliche Interesse an dem Gedenkstein, aber auch die wahrgenommenen Zerstörungen und Angriffe gegen ihn endeten mit dem Urteil vor dem Cottbuser Landgericht und der Entscheidung der Stadt für den Erhalt des Mahnmals. Dies hat verschiedene Ursachen. Für die Verantwortlichen der Stadtpolitik bedeutete die endgültige politische Anerkennung des Gedenksteins auch, einen Schlusspunkt setzen zu können, mit dem sie ihre Sicht auf das Ereignis festschreiben. Bestätigung dafür konnten sie einerseits aus dem Urteil des Landgerichts ziehen, das die Tat lediglich als fahrlässige Tötung wertete und damit die Täter von einer unmittelbaren Verantwortung für den Tod freisprach. Dies entsprach einer Sicht, die zahlreiche Gubener/innen teilten. Verstärkt haben dürfte dies, dass keiner der Täter allein für seine Beteiligung an der Hetzjagd zu einer Gefängnisstrafe verurteilt wurde. Zweifellos bestätigte dies den Eindruck, dass in dieser Nacht nicht wirklich etwas Schlimmes passiert war. Zum anderen bedeutete das Ende des Prozesses das Ende medialer Aufmerksamkeit. Die Stadt erhielt die Ruhe, die sie sich seit rund zwei Jahren gewünscht hatte.[11]

Die Antifa Guben löste sich in den folgenden Jahren auf, da die in ihr organisierten Personen die Stadt Guben verließen. Damit fehlte die wichtigste Initiative, sich mit dem Gedenken an Farid Guendoul und mit dem Umgang mit rechten Gewalttaten auseinanderzusetzen. Das bedeutete zum einen, dass die nach wie vor aktive rechte Szene und die von ihr verübten Angriffe weniger öffentliche Aufmerksamkeit erhielten. Zum zweiten ließen die Mobilisierung und das überregionale Interesse an einem Gedenken an Guendoul als Opfer rechter Gewalt ganz allgemein innerhalb der linken Szene deutlich nach. Neben den fehlenden Akteur/innen vor Ort kam erschwerend hinzu, dass die Gedenkkundgebungen oder -demonstrationen mit den antifaschistischen Protesten gegen Neonazi-Aufmärsche anlässlich der Bombardierung der Stadt Dresden konkurrierten. Die Erinnerung an ein Todesopfer rechter Gewalt war diesem Anliegen im bundesdeutschen Kontext deutlich nachgeordnet. Schließlich fehlt für die wenigen antifaschistischen Jugendlichen in Guben – sollten sie vom Tod Guendouls Kenntnis haben – heute der Bezug zu ihrem Alltag, der nach wie vor häufig von einer Situation tatsächlicher oder möglicher Gewalt geprägt ist. Aktuelle Initiativen konzentrieren sich zudem auf eine Unterstützung von Flüchtlingen und/oder Proteste gegen rechte Kundgebungen.

Die Etablierung des Gedenkortes in Guben weist einige Merkmale auf, die ihn von anderen Gedenkorten an die Opfer rechter Gewalt unterscheiden. Während in anderen Städten oder Gemeinden die Bemühungen um ihre Einrichtung mit (großer) zeitlicher Verzögerung zur Tat erfolgten und das Erinnerungszeichen[12]

---

11 Die Haltung, sich selbst als Opfer wahrzunehmen, hielt in Guben noch lange an. So bezeichnete im Rahmen der Gedenkveranstaltungen einer überparteilichen Initiative am 13. Februar 2009 der Bürgermeister Klaus-Dieter Hübner (FDP) in einer Pressemitteilung den „Vorfall" von 1999 als „zu den schwarzen Tagen unserer Stadt". Er sah dabei die Gubener/innen „über Jahre hinweg stigmatisiert und angeprangert". Wichtiger als die Erinnerung an die tragischen Ereignisse sei es ihm zufolge dann, „vor allem nach vorn (zu) schauen". Vgl. o.A.: Dokumentation der Ereignisse. In: RE:GUBEN. Quelle: http://www.re-guben.de/?page_id=32 (abgerufen am 29.05.2015).

12 Beispielhaft sei hier auf die Erinnerung an Amadeu Antonio verwiesen, der am 25. November 1990 in Eberswalde (Brandenburg) von einer Gruppe Neonazis ins Koma geprügelt wurde und wenige Tage später an den Folgen der Tat starb. Auch hier konnte

dann das Ergebnis eines Kompromisses war, fand in Guben die Debatte immer am vorhandenen Objekt statt. Dabei gab die Antifa Guben bereits unmittelbar nach der Tat die Parameter vor und ließ sich zunächst nicht auf eine Diskussion über die zu erinnernden Inhalte ein. Der Stadt und ihren Initiativen blieb es überlassen, sich dazu zu verhalten. Dies änderte sich, als die städtischen Akteur/innen gezwungen waren, selbst aktiv zu werden. Statt eine eigene Form der Erinnerung zu etablieren, übernahmen sie den von der Antifa initiierten Ort und überformten ihn mit ihrer Deutung und Lesart der Ereignisse.

Auffällig ist, dass eine Auseinandersetzung über die Gestaltung, das heißt die Form und das Material des Gedenkortes zu keinem Zeitpunkt geführt wurde. Anders als für ein Erinnerungszeichen an die Ausschreitungen gegen Ausländer/innen 1991 in Hoyerswerda (Sachsen)[13] gab es keinen Wettbewerb oder eine Debatte über die Ästhetik oder künstlerische Gestaltung. Offensichtlich spielen – im Unterschied zum Umgang mit einigen Erinnerungsorten für die Opfer des Nationalsozialismus – ästhetische Aspekte in der Debatte keine Rolle. Das deutet darauf hin, dass nach wie vor die Frage „ob" einem Ereignis und seinen Opfern gedacht wird, eine größere Aufmerksamkeit zukommt als

---

bereits kurze Zeit später – 1991 – eine Tafel in der Nähe des Tatortes angebracht werden. Anders als in Guben blieb die Auseinandersetzung mit einem Gedenken und seinen Formen allerdings bis in die Gegenwart aktuell und konzentrierte sich nicht auf dieses Erinnerungszeichen. So gründeten Jugendliche anlässlich des 16. Todestages die Kampagne „Light me Amadeu" und regten gemeinsam mit anderen Vereinen eine Straßenumbenennung an; eine Initiative, die in der Folge zu teils erbitterten Reaktionen innerhalb der Stadtgesellschaft führte. Im November 2012 beschloss die Stadtverordnetenversammlung ein Erinnerungskonzept, das unter anderem vorsah, dem Bürgerbildungszentrum bei seiner Einweihung den Namen „Amadeu-Antonio-Haus" zu verleihen, einen „Amadeu-Antonio-Preis" auszuschreiben und die Gedenktafel neu zu gestalten. Die Forderung nach einer Straßenumbenennung wurde bis heute nicht erfüllt. Vgl. für eine ausführlichere Darstellung u.a. Amadeu Antonio. Quelle: http://www.todesopfer-rechter-gewalt-in-brandenburg.de/gedenken-eberswalde-amadeu-antonio.php (abgerufen am 18.06.2016).

13 Hier wurde im September 2014 das Denkmal „Offene Tür, offenes Tor" (Martina Rohrmoser-Müller) eingeweiht, das aus einem von der Stadt ausgeschriebenen Wettbewerb hervorging. Vgl. K. Erik Franzen: „Verklemmtes Gedenken." In: Frankfurter Rundschau vom 21.09.2014. Quelle: http://www.fr-online.de/kultur/denkmal-hoyerswerda-verklemmtes-gedenken,1472786,28475656.html (abgerufen am 18.06.2016). Notwendig wäre mit Blick auf die Pogrome im Jahr 1991, an die das Mahnmal eigentlich erinnern soll, eine Auseinandersetzung und eine Analyse der Aussagen, die es durch seine Ästhetik und Form vermittelt.

der Frage nach dem „wie", das lediglich in der Inschrift, damit der Deutung des Geschehens, (umfangreich) debattiert wird.

Trotzdem muss für den Gedenkstein in Guben festgehalten werden, dass ihm unabhängig von seiner Lage, seinem Zustand und seiner Bedeutungslosigkeit innerhalb eines innerstädtischen Gedenkdiskurses aufgrund seiner Funktion als materieller Erinnerungsträger die Funktion zukommt, die Information vom Tod Farid Guendouls öffentlich zugänglich aufzubewahren. Auf diese Weise kann er Anlass für nachfolgende Generationen sein, sich dieser Geschichte ihrer Stadt anzunehmen und in der Folge andere Formen des Gedenkens zu diskutieren.

Gedenken und Antifa

Die Idee, Gedenkorte für die Opfer rechter Gewalt zu etablieren, ist zunächst getragen von dem Anliegen, an den Einzelnen zu erinnern, damit ihn und die Umstände seines gewaltsamen Todes nicht zu vergessen. Zudem sind, dafür, dass Gedenken nicht allein als privater Akt stattfinden kann, neben Ritualen und Daten eben auch gestaltete Orte notwendig, die den Platz, damit die Möglichkeit geben, sich mit anderen zum Erinnern zu versammeln und so als Teil einer gesellschaftlichen Gruppe zu agieren.

Micha Brumlik bezeichnete Gedenken als wertendes Erinnern einer Gesellschaft.[14] Vor diesem Hintergrund ist es nicht als zweckfreier Akt einer Gruppe von Akteur/innen zu sehen, das allein dem Opfer gewidmet ist, sondern ist vielmehr verknüpft mit übergeordneten Anliegen, mit politischen Forderungen und Stellungnahmen, es ermöglicht Deutungsversuche gesellschaftlicher Realitäten. Da Erinnerung per se als etwas Positives – „Those who cannot remember the past are condemned to repeat it." (George Santayana) – und die vermeintliche Opposition des Vergessens als etwas Negatives verstanden werden, können diejenigen, die sich für eine Erinnerung/ein Gedenken einsetzen, sich damit bereits als Kollektiv betrachten, das einer positiv konnotierten Agenda folgt, also „auf der richtigen Seite" steht und sich damit von anderen Gruppierungen unterscheidet oder abgrenzt.

Keiner der Akteur/innen der Antifa Guben kannte Farid Guendoul, und wenn Asylbewerber/innen nach rassistischen/rechtsextremen Angriffen sterben,

---

14 Micha Brumlik: Individuelle Erinnerung – kollektive Erinnerung. Psychosoziale Konstitutionsbedingungen des erinnernden Subjektes. In: Hanno Loewy, Bernd Moltmann (Hrsg.) (1996): Erlebnis – Gedächtnis – Sinn. Authentische und konstruierte Erinnerung. Frankfurt am Main: Campus, S. 31-45.

dürfte dies allgemein für antifaschistische Gruppen gelten. Die Trauer aufgrund eines persönlichen Verlustes spielt demnach hier als Auslöser für ein Gedenken bzw. die Motivation, ein solches im öffentlichen Raum zu verankern, keine Rolle. Gleichwohl ist allerdings von einem hohen Maß an Emotionalität auszugehen; der tragische Tod, seine Umstände und das Agieren der Täter erzeugen nicht nur Trauer und Erschrecken, sondern auch Wut. Der Tod steht häufig für eine bereits seit längerem als bedrohlich und gefährlich wahrgenommene Situation.

Sich dann wahrnehmbar für die Etablierung eines Gedenkzeichens einzusetzen, gibt antifaschistischen Gruppierungen zuallererst die Möglichkeit, innerhalb einer städtischen und politischen Öffentlichkeit zu agieren und dabei zu einer wahrgenommenen Akteurin zu werden. Indem sie dabei den Tod des Einzelnen in einen größeren Kontext – regelmäßige Angriffe Rechter gegen als nicht-deutsche oder linke Jugendliche wahrgenommene Personen, rassistische Einstellungen in der Bevölkerung, als Warnung vor den Folgen rechten Gedankenguts etc. – stellt, bekommen das Gedenken und seine Etablierung einen Zweck und eine Funktion. Dem Tod des Einzelnen werden auf diese Weise zudem Sinnkonstruktionen zugeschrieben, indem er zum Beispiel „mahnen" soll.

Die Verknüpfung von Erinnerung mit einem Zweck ist kein Novum für antifaschistische Gedenkpraxis, sondern zeichnet, Brumliks allgemeine Aussage macht die bereits deutlich, alle Formen institutionalisierten Erinnerns aus. Die Inanspruchnahme des „richtigen Gedenkens" wird so immer auch ein Argument, sich von vergangenen Erinnerungspraktiken abzugrenzen oder das Handeln anderer gesellschaftlicher Akteur/innen zu diskreditieren. Daneben haben Forderungen nach einem Gedenken für antifaschistische Gruppen allerdings besondere Funktionen. Denn betrachtet man ihre Situation vielerorts, lässt sich diese zuallererst als marginalisiert bezeichnen. Dabei sind sie oft die ersten und manchmal über lange Zeit die einzigen, die rechte Angriffe als solche bezeichnen und publik machen, rechte Strukturen beobachten, rassistische Tendenzen zur Kenntnis nehmen und benennen und an den/die Toten erinnern. Einen Gedenkort zu fordern ebenso wie ritualisierte Gedenkveranstaltungen geben ihnen so zudem den Rahmen, den Tod des Einzelnen mit politischen Einschätzungen sowie mit gesellschaftlichen Forderungen und Stellungnahmen öffentlich wahrnehmbar vorzutragen und in der Folge – wenn es ihnen gelingt, dass die städtische Politik und/oder andere gesellschaftliche Initiativen auf ihr Anliegen reagieren – als aktive Akteurin in einer Debatte aufzutreten und sich zu etablieren.

Hilde Sanft

Girls don't cry – Antifa und feministische Politik im Osten

Auch wenn viele Entwicklungen in außerparlamentarischen linken und emanzipatorischen Bewegungen in Ost- und Westdeutschland durchaus ähnlich verliefen, prägten die unterschiedlichen Geschlechterbilder und -rollen in der alten Bundesrepublik und in der DDR auch die Praxis der unabhängigen Antifa-Bewegung in Ost- und Westdeutschland. In Westdeutschland organisierten sich in den Siebzigerjahren als Reaktion auf Männerdominanz und patriarchale Strukturen in außerparlamentarischen Bewegungen viele Frauen in feministischen Gruppen und Zusammenhängen; in der männerdominierten autonomen Antifa-Bewegung der Achtzigerjahre entstanden Anfang der Neunzigerjahre „Fantifa"-Gruppen, die feministische Politik mit antifaschistischer Arbeit verbanden. Nachlesen lässt sich dieser Ansatz in dem Buch „Fantifa. Feministische Perspektiven antifaschistischer Politik", das zugleich an die fortgesetzte Notwendigkeit feministischer Perspektiven in antifaschistischer Politik erinnert.[1] Auch in der DDR formierte sich in den Achtzigerjahren eine unabhängige Frauenbewegung, die die staatlicherseits behauptete Gleichung „mehr erwerbstätige Frauen = mehr Emanzipation" in Frage stellte. Gleichzeitig gehörte die Selbstverständlichkeit von lohnarbeitenden Frauen zur Sozialisation der Wendegeneration im Osten. Für junge Frauen, die in der unabhängigen Antifa-Bewegung der Wende- und Nachwendezeit in Ostdeutschland politisiert wurden, waren feministische Themen wie Proteste gegen die Rückschritte in der Abtreibungsgesetzgebung nach 1990 selbstverständlicher Bestandteil ihrer Aktivitäten. Für die alltägliche politische Praxis in der Antifa-Bewegung aber waren feministische Inhalte für die allermeisten ostdeutschen Aktivistinnen bis Ende der Neunzigerjahre sekundär.

Im Gespräch mit Tara (46), Carolin (40), Kris (37) und Michelle (28) über ihre Sozialisation in verschiedenen Generationen der autonomen Antifa-Bewegung im Osten wird deutlich, wie sehr äußere Rahmenbedingungen die Bedeutung feministischer Inhalte und Politik in der Antifa-Bewegung beeinflusst haben – oder

---

1 Herausgeber_innenkollektiv (2013): Fantifa. Feministische Perspektiven antifaschistischer Politik. Reihe Antifaschistische Politik. Band 5. Münster: Edition Assemblage.

eben auch nicht. Obwohl die vier Gesprächspartnerinnen aus unterschiedlichen ostdeutschen Bundesländern kommen, sind sie sich in einer zentralen Aussage weitgehend einig: Die Bedrohung durch Neonazis, die Versuche, einmal erkämpfte linke Freiräume zu erhalten und die Notwendigkeit, sich gegen rechte Dominanz zur Wehr zu setzen, prägten ihren Alltag – und ihre politische Praxis. Daraus resultierte oft ein pragmatischer Umgang mit Männerdominanz und Sexismus in der Szene.

Hilde Sanft: Wie seid Ihr überhaupt zur Antifa gekommen und welche Erfahrungen waren dafür ausschlaggebend?

Tara: Ich bin in einer Kleinstadt in Brandenburg aufgewachsen. In den Achtzigerjahren der zu Ende gehenden DDR kam ich als 16-Jährige in der Ausbildung mit Nazis in Berührung. Ich habe mich als linke, staatsferne Jugendliche verstanden und in unserer Region war die Naziszene zu DDR-Zeiten ziemlich aktiv. Schon damals bin ich wegen meines Aussehens in der S-Bahn angemacht worden und mir wurden Schläge angedroht. Dann bin ich nach Berlin gegangen, und da gab es die viel stärkeren, konkreteren Berührungspunkte in der Wendezeit bzw. kurz nach der Wende mit den Naziangriffen auf die besetzten Häuser in Ost-Berlin.
Carolin: Ich habe mein Abitur noch in einer Kleinstadt in Mecklenburg-Vorpommern gemacht und war in einer Szene, in der Politik keine Rolle spielte. Nazis gab es dort damals reichlich, aber sie stellten für mich persönlich keine Bedrohung dar. Einerseits entsprach ich nicht ihrem Feindbild, andererseits hatten sie Angst vor meinem damaligen Umfeld. Das änderte sich, als ich kurz nach 1989 in eine größere Stadt zog und dort in einem linken Zentrum aktiv wurde. Die Bedrohung durch Nazis war alltäglich und prägte den politischen Alltag. Alle, die sich irgendwie als links verstanden, einte diese Bedrohung und sie mussten gemeinsam einen Umgang damit finden. Der Selbstschutz und die militante Auseinandersetzung auf der Straße waren die prägende politische Sozialisation für mich und viele andere – und nicht so sehr theoretische Debatten.
Kris: In Dresden und im Umland war man in den Neunzigerjahren links oder rechts. Rechts zu sein war eher der Mainstream. Als Jugendliche habe ich dann Treffpunkte aufgesucht, wo andere alternative Jugendliche abhingen, dort kam auch der Kontakt zur „Antifa" zu Stande. Richtig aktiv geworden bin ich dann Mitte bzw. Ende der Neunzigerjahre, da Dresden als Aufmarschort der Nazis insbesondere zum 13. Februar[2] immer mehr an Bedeutung gewann.

---

2   Der Jahrestag britischer und US-amerikanischer Luftangriffe auf Dresden am 13. Februar 1944 war ab 1990 Anlass für neonazistische Aufmärsche, an denen

Michelle: Auch ich bin in einer ostdeutschen Kleinstadt aufgewachsen – allerdings zehn Jahre nach dem Fall der Mauer. Als ich um die 2000er-Jahre mit linker Politik angefangen habe, war gerade die Zeit der Antikriegsdemos. Viele in meinem Umfeld wurden aktiv, wir trafen uns im linken Zentrum, um Aktionen zu planen – wir befassten uns dort mit einer breiten Palette an linken Themen. Als die aktionistische Phase abebbte, blieb noch ein Kern von Leuten. Wir verstanden uns als Antifa-Gruppe, und das war auch wichtig, denn die Naziszene wurde zu der Zeit bei uns in der Stadt wieder aktiv, Demonstrationen und Angriffe folgten. Zwar waren deren Aktivitäten nicht vergleichbar mit den frühen Neunzigerjahren. Aber für viele von uns war die Präsenz und Gewalt von Neonazis prägend.

Hilde Sanft: Waren Frauen bzw. Mädchen in den Zusammenhängen, in denen Ihr Euch bewegt habt, eher eine Minderheit?

Carolin: Die lokale linke Szene war damals sehr heterogen. Wir kamen aber alle an den gleichen Orten zusammen und kannten uns daher. Ich bewegte mich eher in Kreisen, die sich vor allem mit Antifa-Politik im engeren Sinne beschäftigten. Dort gab es ganz klar mehr Männer als Frauen. Ich hatte aber auch Kontakt zu Kreisen, die sich eher mit Umweltschutz beschäftigten oder aus der Frauenbewegung der Wendezeit kamen. Dort waren die „Kräfteverhältnisse" oft ganz anders und auch die politische Praxis. Uns verband jedoch die notwendige Auseinandersetzung mit einer dominanten und präsenten Naziszene als kleinster gemeinsamer Nenner. Eine stärkere Ausdifferenzierung setzte erst ein, als diese Bedrohung in unserer Stadt ab Mitte der Neunzigerjahre langsam weniger den politischen Alltag bestimmte.

Tara: In der Szene gab es immer mehr Männer als Frauen – aber zumindest Anfang der Neunzigerjahre waren auch sehr viele Frauen dabei. Damals sind total viele junge Frauen in linken Gruppen, besetzten Häusern, aber auch in eher bürgerbewegt geprägten Gruppen und Strukturen politisch aktiv gewesen. Junge Frauen und Mädchen waren einfach ein ganz normaler Teil der linken Szene. Sie haben Strukturen mitgetragen und geprägt und viele Aufgaben übernommen und Aktionen mitgemacht. In der Antifa-Gruppe, in der ich in den Neunzigerjahren aktiv war, waren wir fast zur Hälfte Frauen.

Kris: In den gemischtgeschlechtlichen Teilen der Antifa-Bewegung gab es immer einen klaren Männerüberhang. Die Frauen, die aktiv waren, waren durchset-

---

sich in den 2000er-Jahren bis zu 7.000 Neonazis aus dem In- und Ausland beteiligten.

zungsstark. Ich würde sagen, die Antifa-Bewegung war zu dieser Zeit geprägt von Personen – sowohl Männern als auch Frauen –, die ihre Interessen und Ziele meinungsstark vertreten konnten. Es bestand ganz klar ein Defizit an Empathie und Sensibilität für „leise Töne". Dieses dominante Auftreten resultierte sicher auch aus der immanenten Bedrohungslage, tat aber inhaltlichen Debatten und der Offenheit der Bewegung für weniger durchsetzungsstarke Personen nicht gut. Das Klima war – dies würde ich durchaus selbstkritisch sagen – rau und schreckte bestimmt viele ab – gerade Frauen, aber auch andere, die marginalisierten Minderheiten angehörten. Die Antifa-Bewegung war dominiert von jugendlichen, weißen, heterosexuellen Männern.

Michelle: Ich kann mich der Einschätzung von Kris anschließen. Es gab nicht unbedingt wenige Frauen, sie waren jedoch weniger sichtbar. In meiner ersten Antifa-Gruppe war es eigentlich relativ deutlich, dass die Schlüsselpositionen durch männlich sozialisierte Personen besetzt waren. Ich bin seit Jahren in verschiedenen Gruppen und Zusammenhängen unterwegs, in denen es teilweise auch heute noch so ist.

„Wer sich 'bewährt' hatte, gehörte dazu."

Hilde Sanft: Gab es eine geschlechterspezifische Arbeitsaufteilung in Euren Antifa-Gruppen oder Zusammenhängen?

Tara: Eigentlich nein – jedenfalls nicht in der Gruppe, in der ich aktiv war. Wir haben Nazi-Outings gemacht, Kundgebungen und vor allem öffentliche Aktionen. Alles, was die Organisationsstruktur betraf – also Redebeiträge schreiben und halten, Sachen organisieren, Flugblätter schreiben, layouten und verteilen – wurde sowohl von Frauen als auch Männern in der Gruppe übernommen. In der Gruppe gab es viele Alphatiere und zwar sowohl Frauen als auch Männer. Bei militanten Aktionen hingegen gab es meiner Erinnerung nach einen ganz klaren Männerüberhang. Das war hauptsächlich die Spielwiese von Männern; Frauen waren eher selten dabei. Ich kann mich auch noch gut an Gespräche darüber erinnern, dass Frauen aus Ost-West-Strukturen rausgeflogen sind, weil sie nicht bei militanten Aktionen mitgemacht haben. Interessanterweise betraf das Gruppen, in denen der Anteil von West-Antifas größer war und Ost-Antifas eher eine Minderheit waren.

Carolin: Auch bei uns gab es zahlreiche dominante Personen – sowohl Männer als auch Frauen. Und auch bei uns suchten und führten die körperliche Auseinandersetzung mit Neonazis eher die Männer. Aber nicht nur. Wer, wann und wie dabei war, war weniger eine Frage des Geschlechts, sondern hing stark von

der Situation ab. Wer sich „bewährt" hatte, gehörte dazu. Wer nicht, wurde eher rausgehalten, um die anderen nicht zu „gefährden" – egal, ob Mann oder Frau. Heute sehe ich diese Praxis kritisch, aber damals war sie Alltag. Andererseits ist für mich die Solidarität, gerade auch in gefährlichen Situationen, bis heute ein prägendes Moment dieser Zeit permanenter Alarmbereitschaft – und die war definitiv nicht an das Geschlecht gebunden.
Kris: Ich bewegte mich eher in Recherchezusammenhängen, auch hier waren Frauen zwar in der Minderheit aber „auf Augenhöhe". Aufgaben, Veröffentlichungen, Aktionen, Delegierte etc. wurden gemeinsam besprochen und die Verteilung abgewogen. Hier ging es um Kenntnisse, Präferenzen, Zeitkontingente, Sicherheit und gute Teamarbeit – die Genderfrage spielte keine Rolle. Wir waren nicht nur ein politischer, sondern auch ein freundschaftlicher Zusammenhang.
Michelle: Als ich anfing, wurden Geschlechterklischees unhinterfragt reproduziert. Ein schlichtes Beispiel: Transparente malen. Mann macht das Layout, baut Technik auf, gemalt aber haben die Frauen. Genauso war es in unserem linken Zentrum: Bei Konzerten standen die Frauen an der Bar und die Männer haben sich um den Schutz gekümmert. Mir ging das total gegen den Strich.

Hilde Sanft: In den Neunzigerjahren haben autonome Frauen- und Lesbengruppen vor allem in West-Berlin und Westdeutschland zahlreiche Aktionen gemacht und viele Texte geschrieben, darunter auch harsche Kritikpapiere am 'Mackertum' und der Praxis männlicher Dominanz der autonomen Antifa-Bewegung. Hat das für Euch irgendeine Rolle gespielt – individuell oder als Gruppe?

Carolin: Bis Mitte der Neunzigerjahre spielte dies alles für uns kaum eine Rolle. Wir hatten ganz andere Probleme. Wir mussten uns erst unsere Räume erkämpfen und diese verteidigen. Gleichzeitig lud diese Situation aber natürlich auch immer dazu ein, notwendige Debatten nicht auszutragen. Wurde Mackertum in unseren Kreisen mal thematisiert, so fanden sich immer ganz schnell Personen, die meinten, dass wir dafür gerade keine Zeit hätten. Ich gehörte mitunter selbst dazu. Als es dann erste Versuche von Frauen gab, sich unabhängig von den Männern zu organisieren, konnte ich damit längere Zeit wenig anfangen. Aus heutiger Sicht finde ich das damalige lange Verdrängen notwendiger Debatten nachvollziehbar. Gleichzeitig denke ich aber, dass eine frühere und intensivere Auseinandersetzung mit Mackertum in der eigenen Szene wichtig gewesen wäre. An unserem damaligen Handeln – und unserer Argumentationslinie – haben sich viele Jüngere orientiert, und es prägt die Antifa-Szene teilweise bis heute. Immer wieder habe ich dann in den folgenden Jahren gehört, eine Auseinandersetzung mit Sexismus in den eigenen Kreisen sei ein politischer „Luxus", den wir uns gerade nicht leisten können.

Tara: Die autonome Frauen- und Lesbenbewegung hatte gar nichts mit meiner politischen Praxis zu tun. Trotz alledem haben wir diese Debatten wahrgenommen. Und es wurde von uns erwartet, dass wir uns dazu verhalten. Aber mir waren diese Bewegung und auch die Kritik total fremd. Zum einen, weil ich für mich selbst das Problem überhaupt nicht gesehen habe. Weil ich mich politisch immer in gemischtgeschlechtlichen Zusammenhängen bewegt habe und das immer unproblematisch fand. Und weil ich immer den Eindruck hatte, dass ich den Mackern etwas entgegensetzen, ehrlich in meiner Kritik sein konnte und weder belächelt wurde noch deswegen irgendwo rausflog. Und zum anderen, weil ich der Ansicht war, diese Diskussion lenkt total ab von der unglaublichen gefährlichen Situation mit den Nazis hier auf der Straße. Ich hatte keine Lust, mir derartige Theoriedebatten zu leisten, während im Alltag und auf der Straße die Luft brennt. Die ganze Diskussion und die damit verbundenen Forderungen gingen völlig an meiner Realität vorbei. Ich fand die eigentlich lächerlich und störend und war davon total genervt.

Kris: Nicht wirklich, das war eigentlich auch eher vor „meiner Zeit". Die Auseinandersetzung mit Sexismus und Mackertum begann eher aus eigenem Erleben. Dann haben wir uns schon mit Texten auseinandergesetzt und positioniert. Die Thematisierung von Sexismus und Mackertum war und ist in der Antifa-Bewegung ein wiederkehrendes Thema. Die Antifa-Bewegung in Ostdeutschland Ende der Neunzigerjahre hatte aus meiner Perspektive wenig mit den westdeutschen Debatten und Aktionen der Achtziger und beginnenden Neunziger Jahre zu tun, insofern waren die Debatten nicht wirklich relevant.

Michelle: Die Debatten der Achtziger und Neunzigerjahre habe ich natürlich nicht erlebt – und alte Papiere nachzulesen war für uns junge Aktivistinnen jetzt auch nicht so spannend. Für uns gab es ein linkes, antifaschistisches Ideal – das versuchten bzw. versuchen wir zu leben. Antifa heißt für mich ja nicht nur, gegen Nazis zu sein. Sexismus ist auch immer ein Thema. Aber im Antifakontext wird das bis heute fast ausschließlich von weiblich sozialisierten Personen angesprochen. Ein feministischer Anspruch ist zwar in vielen Antifakontexten da, schließlich will niemand sexistisch sein. Aber es fehlt oft eine Reflexion des eigenen Verhaltens. Leider wird dominantes Auftreten in der Szene von heute auch gefeiert – gerade wenn es um Recherche oder Militanz geht.

Hilde Sanft: Zu den klassischen Situationen bei Demonstrationen in den Neunzigerjahren gehörten auch Frauen- und Lesbenblocks. Garantiert gab es dann immer irgendwelche Ost-Männer, die meinten, dass sie provozierend durch genau diesen Block laufen mussten. Wie waren Eure Reaktionen auf diese ja doch sehr durch die westdeutsche Autonomen-Bewegung geprägten Strukturen mitsamt ihrem strikten Verhaltenskodex, Regeln und politischen Vorgaben?

Tara: In den Neunzigern bin ich auch auf den klassischen Frauendemos gewesen, weil es da meiner Meinung nach um wichtige Themen ging. Ich kann mich daran erinnern, dass ich irgendwann auch mal bei einer Demo in Bonn war, um dagegen zu protestieren, dass das DDR-Abtreibungsrecht gestrichen werden sollte. Bei der Demo waren nur Frauen. Ich fand einen Teil der Themen schon total wichtig, aber ich konnte in dem Zusammenhang mit der Kritik an der Antifa-Bewegung recht wenig anfangen. Ich hab nur gedacht, habt ihr keine anderen Sorgen? Wenn ich zurückdenke, kann es gut sein, dass ich ein anderes Verständnis hatte von einer scheinbaren Gleichberechtigung. Im Osten war uns ja eingetrichtert worden, dass wir gleichberechtigt leben. In meinem Umfeld sind alle Mütter arbeiten und alle Kinder in die Kita gegangen. Wir hatten ja eine ganz andere Sozialisation als die westdeutsche autonome Frauen- und Lesbenbewegung. Kurzum, heute würde ich vermutlich einiges anders sehen. Ich frage mich im Nachhinein auch, ob ich irgendetwas nicht gesehen habe. Weil ich einerseits aufgrund meiner Sozialisation keinen Blick für patriarchale Strukturen hatte und weil uns einfach die Nazis im Nacken saßen. Der Druck war zu groß, als dass wir uns Zeit für so eine Theoriediskussion genommen hätten. Ich fand aber auf der anderen Seite auch diese Verbissenheit von einem Großteil der Frauen-und Lesbenszene wirklich befremdlich. Von mir und meinen Freundinnen hatte ich immer den Eindruck, dass wir das Selbstbewusstsein hatten, bei Mackerverhalten auch selbstbewusst zu reagieren und ein anderes Verhalten einzufordern. Allerdings würde ich in der Rückschau auch selbstkritisch sagen, dass bei den größeren Antifa-Vernetzungstreffen sowohl in der Ost-Antifa-Bewegung als auch in den Ost-West-Strukturen – obwohl da natürlich auch Frauen dabei waren – fast nur Männer geredet und gesagt haben, wo es längs geht.
Carolin: Solche Demos habe ich damals nicht selbst miterlebt, aber die Diskussionen darum landeten natürlich auch bei uns. Wir fanden sie eher befremdlich, weil sie wenig mit unserer alltäglichen Situation und politischen Praxis zu tun hatten. Es gab einige Autonome aus dem Westen, die sich auf diese Praxis einließen und uns massiv unterstützten. Viele andere erlebten wir eher als bevormundend und wenig hilfreich. Sie hatten keine Ahnung wie unser Alltag aussah, wollten uns aber trotzdem die Welt erklären. Gleichzeitig gab es bei uns eine starke Abwehr gegenüber Reglementierungen. Wir wollten uns weder vom Staat noch von der

westdeutschen linken Szene etwas vorschreiben lassen. Deshalb brachen wir den Kontakt zu Personen und Gruppen, von denen wir uns keine Hilfe versprachen, schnell wieder ab. Auch an diesem Punkt waren wir sehr pragmatisch. Wir vernetzten uns eher mit Strukturen, die so ähnlich tickten wie wir und die waren meistens aus dem Osten. Ein gewisses Spannungsverhältnis zwischen Ost und West erlebten wir auch Jahre später noch, als wir uns stärker an überregionalen Vernetzungen beteiligten. Ich denke, dies lag vor allem an den doch sehr unterschiedlichen politischen Biografien.

Michelle: Für mich ist es inzwischen selbstverständlich, dass es FLTI*[3]-Blöcke, Räume und Veranstaltungen gibt. Aber es gibt nach wie vor Männer, die sich daran stören und die dann Sprüche machen, so in die Richtung 'wenn ihr jetzt eine Frauengruppe gründet, dann ist das sexistisch. Also kann ich eine Männergruppe machen'. Früher habe ich da eher ein Auge zugedrückt und mich dabei erwischt, wie ich auch „wichtigere" Sachen vorgeschoben habe, wenn z.B. die Nazis wieder extrem Stress verursachten. Ich finde es inzwischen wichtig, ohne die Auseinandersetzung mit männlich sozialisierten Personen meine politischen Vorstellungen ausleben zu können. Es ist schon sehr aufreibend, wenn du dich ständig behaupten musst und Kämpfe in eigenen politischen Zusammenhängen führen musst. Aber auf dem Land arbeitest du dann doch eher pragmatisch zusammen. Wir sind nicht so viele, also arbeitest du mit denen, die da sind.

Hilde Sanft: Gab es eigentlich irgendwann auch einen Punkt, an dem Frauen in der Ost-Antifa gesagt haben: 'Hey Jungs, es gibt hier ein strukturelles Problem?' Oder seid Ihr einfach rausgegangen?

Michelle: In meiner ersten Antifa-Gruppe, da war ich 16/17, gab es diesen Gedanken öfter. Wir Frauen in der Gruppe wollten eigentlich eine eigene Gruppe gründen. Auslöser war neben der internen Aufgabenverteilung auch die Debatte um eine Vergewaltigung in der Szene. Inzwischen ist Feminismus deutlich präsenter und mehr Gruppen beschäftigen sich damit. Mit Frauen, die auch seit Jahren in gemischtgeschlechtlichen Zusammenhängen aktiv waren, haben wir vor ein paar Jahren eine Fantifa gegründet, eine Gruppe ohne Cis-Männer. Nicht um uns

---

3 FLTI* steht für Frauen, Lesben, Transgender und Intersexuelle Personen, das * soll zusätzlich die Vielfalt anderer Genderidentitäten symbolisieren. In der Regel werden FLTI* Räume als Schutz- und Freiräume ohne Cis-Männer verstanden. Cis bezeichnet die Übereinstimmung der Geschlechtsidentität mit dem biologischen, bei der Geburt zugewiesenen Geschlecht.

aus den Debatten rauszuziehen, sondern um eine positive Alternative zu bieten. Wir sind darüber hinaus auch weiter in gemischten Zusammenhängen unterwegs und wollen FLTI* in anderen Antifa-Gruppen und linken Projekten empowern.
Kris: In Dresden gab es eine sehr heftig geführte Sexismusdebatte, die in Gewalt gipfelte. Nachdem die Auseinandersetzung nicht nur verbal-aggressiv auf Plena geführt und Papiere geschrieben wurden, kam es schlussendlich zu einer Spaltung eines Teils der 'Szene'. Hausverbote, persönliche und politische Angriffe führten zu einem jahrelangen Bruch von Zusammenhängen, die zuvor teilweise freundschaftlich auf jeden Fall aber politisch verbunden waren. Die Auseinandersetzungen in der Dresdner Antifa blieben zumindest dem ostdeutschen Teil der Szene nicht verborgen und führten zu Solidarisierungen auf den verschiedenen 'Seiten'. Nichtsdestotrotz blieb ein großer Teil der Personen, wenn dann auch in unterschiedlichen Zusammenhängen aktiv. Man sollte nicht vergessen, dass es gerade auch für uns Frauen eine Menge Rückhalt gab, ich würde sagen, es war heftig aber hat positiv gesehen zur Standpunktbildung und Akzeptanz beigetragen. Standards und Ansprüche an die gemischtgeschlechtliche Antifaarbeit waren gesetzt.
Tara: Es gab ja durchaus einzelne Frauen, die auf patriarchales Verhalten aufmerksam gemacht haben, weil sie anders sozialisiert waren, eher aus der Ost-Frauen-Bewegung kamen und dadurch mehr Standbeine hatten. Diese Frauen haben vieles auch damals schon deutlich kritischer gesehen, immer wieder Debatten angestoßen oder ein anderes Verhalten der Männer eingefordert. Mein politischer Bezugsrahmen hat sich dann aber ziemlich schnell verändert – ich bin aus reinen Ost-Zusammenhängen rausgegangen und in gemischten Ost-West-Antifa-Gruppen aktiv geworden.
Carolin: Weil die Bedrohung durch Nazis nachließ, veränderte sich unsere Szene ab Mitte der Neunzigerjahre allmählich. Es gab jetzt mehr Raum für andere Themen und bundesweite Debatten wurden präsenter. Gleichzeitig verschwand für viele der kleinste gemeinsame Nenner, sich gegen Nazis wehren zu müssen und sie sahen keinen Grund mehr, sich zu engagieren. Vor allem jene mackerhaften Typen, deren antifaschistische Praxis zuvor ausschließlich auf der Straße stattfand, zogen sich zu dieser Zeit zurück. Über Sexismus wurde also bei uns zu einem Zeitpunkt intensiver diskutiert, als die heftigsten Macker langsam aus unseren Kreisen verschwanden und die strikte Trennung zwischen „Straße" und „Theorie" an Bedeutung verlor. Ich war in den folgenden Jahren dann weiterhin vor allem in der klassischen Antifa-Arbeit zu Hause und erlebte etliche interne Sexismusdebatten. Einige haben uns vorwärts gebracht, andere habe ich als destruktiv erlebt.

„In Zeiten, in denen auch in der Szene Individualisierung und Entsolidarisierung um sich greifen, bin ich jedoch nur verhalten optimistisch."

Hilde Sanft: In meiner Erinnerung gibt es eine Schlüsselsituation in Bezug auf die Gender-Frage: Wir hatten als gemischte Antifa-Gruppe aus Berlin viel Kontakt zu Gruppen im Berliner Umland. Und die allererste Frage bei einem Zusammentreffen von drei Frauen aus unserer Gruppe und drei Männern aus einer brandenburgischen Kleinstadt-Antifa-Gruppe war: „Wo sind denn Eure Männer geblieben?" Und dann fiel auch noch der Satz, dass sie immer die Frauen aus der Gruppe zum Flugblätter verteilen 'vorschicken' würden, weil die Leute dann nicht so abgeschreckt würden. Nach dieser Begegnung dachte ich: Okay, der Genderdiskurs ist auf den Nullpunkt zurückgedreht. Lange Zeit war das für mich prototypisch für ländliche Ost-Antifa-Gruppen der Neunzigerjahre. Es sei denn, Ihr widersprecht mir jetzt.

Tara: Ich fand schon, dass immer auch toughe Frauen in den Gruppen dabei waren – z.B. in Strausberg oder Neuruppin, aber Peerleader waren die Männer. Aus Gründen, die ich selbst nicht nachvollziehen kann, gab es sehr schnell nach der Wende eine Generation jüngerer Frauen, die das, was vorher selbstverständlich war, wieder aufgegeben haben, weniger Verantwortung übernommen haben, sich weniger zugetraut haben, weniger selbstbewusst waren.
Carolin: Wir hatten zunächst wenig Kontakt zu ländlichen Gruppen. Einerseits gab es diese kaum oder wir kannten sie nicht. Andererseits waren wir vollauf mit der Situation in unserer Stadt beschäftigt. Natürlich kamen aber immer auch Personen zum Studieren in die Stadt und suchten Anschluss zur Szene. Die meisten von ihnen übernahmen dann relativ schnell den aktuellen Diskurs. Auf Partys und Konzerten hatten wir es aber gerade am Einlass immer wieder mit Personen zu tun, die sich als links verstanden und übelst sexistisch auftraten. Ich persönlich war mit ihnen zunächst eher nachsichtig, auch wegen meiner eigenen Geschichte. Wenn aber alle Versuche scheiterten, ihnen verständlich zu machen, wie wir hier miteinander umgehen und warum wir das tun, gab es auch schon mal eine Schelle.

Hilde Sanft: Aus Eurer Perspektive von heute: Wenn Ihr Euch die jugendlichen Antifas anschaut, habt Ihr dann den Eindruck, dass die Gender-Debatte da mittlerweile angekommen ist und sich etwas verändert hat im Vergleich zu den Neunzigerjahren?

Tara: Also ich weiß ehrlich gesagt gar nicht, ob ich das einschätzen kann. Ich begegne heute sehr toughen, selbstbewussten Frauen genauso wie ich sehr toughen, selbstbewussten Männern begegne – und zwar in unterschiedlichen Antifa-Gruppen. Die Frauen, die sich in diesen Zusammenhängen durchgeschlagen haben und mit über 20 immer noch dabei sind, sind das nicht ohne Grund – weil da eben die Gender-Debatte angekommen ist. Prinzipiell erlebe ich es immer noch so, dass es die Frauen sind, die die Verhältnisse reflektieren, Veränderungen einfordern, die sich auflehnen gegen Macker-Gehabe – auch gegenüber Männern, die von sich selber sehr in Anspruch nehmen, dass sie ja gar nicht 'so' sind. Die Mädchen und Frauen, die jetzt noch politisch aktiv sind, sind diejenigen, die ein hohes Selbstbewusstsein haben und sich durchgeboxt haben. Aber ich würde mal hoffen, dass so eine feministische Debatte natürlich bei jungen Männern und bei jungen Frauen etwas bewirkt und verändert hat.

Carolin: Das Thema Sexismus ist heute in der Szene viel präsenter als Anfang/Mitte der Neunzigerjahre. Das heißt nicht, dass damit alles gut ist, aber es gibt zumindest ein kollektives Grundwissen darum, was okay ist und was nicht. Macker können nicht mehr so leicht so tun, als wären sie sich gar keiner Schuld bewusst und werden nach meiner Beobachtung auch eher für Dinge zur Rechenschaft gezogen, die damals nur für ein müdes Lächeln gesorgt hätten. Allerdings gibt es immer wieder auch Situationen, in denen die beiden alten Pole wieder deutlich werden. Die Macker von der „Straßen-Antifa" auf der einen und die Frauen und Typen, die sehr versiert in akademischen Diskursen sind, diese aber kaum vermitteln können oder wollen, auf der anderen Seite. Ich war schon damals der Meinung, dass beides zusammengehen muss, wenn wir vorwärts kommen wollen. Dies gilt heute immer noch. In Zeiten, in denen auch in der Szene Individualisierung und Entsolidarisierung um sich greifen, bin ich jedoch nur verhalten optimistisch.

Michelle: Ich falle wohl auch nicht mehr unter den Begriff jugendlich. Was ich von der jüngeren Generation mitbekomme, freut mich sehr. Viele junge Frauen, die sich engagieren und für die der Feminismus ganz selbstverständlich dazugehört und die sich überhaupt nicht unterbuttern lassen. Was sich auch positiv verändert hat: Die „leisen" Töne werden mehr gehört und es findet eine – wenn auch sehr langsame – Öffnung der Szene für FLTI* und nicht-weiße Menschen statt. Aber was meine Generation betrifft, da stimme ich Tara zu: Die wenigen Frauen in der Szene mussten sich durchboxen und für mich fühlt es sich auch immer wieder aufs Neue wie ein Kampf an. Du musst mindestens das Doppelte geben, um die gleiche Anerkennung zu bekommen.

Resümee

Die Auseinandersetzung mit Neonazis dominierte lange Zeit den Alltag und die politische Praxis der Antifa-Bewegung und damit auch der Interviewpartnerinnen. Für Theoriedebatten blieb da kaum Zeit. Heute sehen die Aktivistinnen diese Haltung kritischer: Erst mit dem temporären Rückgang von Neonaziaktivitäten Mitte der Neunzigerjahre kamen auch andere Themen auf die Agenda, Sexismus in den eigenen Gruppen und Zusammenhängen wurde thematisiert und diskutiert – manchmal bis hin zur Spaltung.

Seit einigen Jahren gibt es nun wieder Frauen- und gemischtgeschlechtliche Gruppen, die sich innerhalb der Antifa-Bewegung mit feministischen Themen auseinandersetzen. Die interviewten Aktivistinnen sind bis heute Teil davon, ihre unterschiedlichen Erfahrungen spiegeln wichtige Aspekte und Meilensteine dieser Bewegung.

Marek Winter[1]

Antideutsch in Ostdeutschland – Versuch einer Rekonstruktion

Eine Vorbemerkung

Der folgende Text versucht, die Geschichte des antideutschen bzw. antideutsch beeinflussten Teils der ostdeutschen Antifa zu skizzieren, zu einer Zeit, in der eine antideutsche Antifa als (wie lockerer auch immer) ostdeutschlandweiter politischer, kultureller und persönlicher Zusammenhang nicht mehr existiert. Die Deutung der Ereignisgeschichte, die damit vorgenommen wird, ist bestimmt von den Erlebnissen und politischen Reflektionen des Autors, der Teil dieser Strömung war. Das Folgende kann also als EINE antideutsche Perspektive auf die Geschichte der Antifa in Ostdeutschland gelesen werden. In einer Zeit, in der Viele, die sich in den Achtziger und Neunzigerjahren linksradikal betätigt haben, Erinnerungsliteratur verfassen, lohnt es zu fragen, warum man sich mit der Geschichte der entsprechenden politischen Strömungen befassen sollte. Der Autor beantwortet diese Frage so: Im Zuge der Neunzigerjahre rezipierten und formulierten ostdeutsche Antifas antideutsche Kritik. Etwa von 1997/98 bis 2005/6 dominierte diese die theoretischen Debatten in den (ostdeutschen) Antifazusammenhängen. Im bundesweiten Vergleich lässt sich immer noch beobachten, dass antideutsche Positionen in ostdeutschen linksradikalen Gruppierungen verbreiteter sind bzw. dort eher als Teil eines pluralen linken bis linksradikalen Meinungsspektrums anerkannt werden, als in westdeutschen Zusammenhängen. Die Ursache dafür liegt nicht nur darin, wie es heute hin und wieder erscheint und dargestellt wird, dass in Leipzig fleißig geschrieben wurde, sondern auch und gerade darin, dass in Orten wie Schwerin[2], Erfurt[3],

---

[1] Ich danke Thomas Stange für die Anregung zu diesem Artikel, für kritische Kommentare und andere Blickwinkel. Die hier vertretenen politischen und historiographischen Positionen, sowie sämtliche Fehler verantworte ich alleine.
[2] Autonome Antifa Schwerin [aas].
[3] Besetztes Haus Erfurt auf dem ehemaligen Betriebsgelände der Firma Topf&Söhne.

Bernau⁴, Belzig⁵ oder Rudolstadt⁶ sich junge Linke und Linksradikale, in dem Gefühl, das Geschriebene/Gehörte hätte etwas mit ihnen selbst zu tun, auf relativ hohem Niveau mit linker Theorie auseinandersetzten. Die Geschichte dieser Strömung darzustellen ist der Versuch, die Bedingungen, unter denen diese Kritik entwickelt wurde und Verbreitung fand, zu reflektieren und damit einen Beitrag für künftige Diskussionen zu leisten.

Gollwitz und Co. – die Haltung zum Volk als Trennlinie

In den Neunziger und frühen 2000er Jahren gab es das schon einmal: besorgte BürgerInnen und AsylkritikerInnen. In dem Dorf Bornstedt, gelegen am Stadtrand Potsdams und in die Brandenburgische Landeshauptstadt eingemeindet, unterzeichnete im Sommer 2002 fast die Hälfte der AnwohnerInnen eine Unterschriftensammlung gegen die Unterbringung von Asylsuchenden in einem Heim für jüdische Kontingentflüchtlinge aus der Sowjetunion. Die Stimmung in Bornstedt wurde von einem Einheimischen bei einer Bürgerversammlung auf den Punkt gebracht: „Egal ob Neger, Juden oder Obdachlose – die wollen wir hier alle nicht!"⁷

Dagegen wurde am 13. Juli 2002 demonstriert: in der Potsdamer Innenstadt. Der Demonstration waren heftige Diskussionen unter den aufrufenden Gruppen und in der linken Szene der Stadt vorangegangen. Während die Antifaschistische Aktion Potsdam (AAPO) und die Jugendantifa Progress das Konzept einer „Strafexpedition"⁸ nach Bornstedt favorisierten, hofften andere noch da-

---

4   Autonome Jugendantifa Bernau [AJAB].
5   Antideutscher SchülerInnenzirkel Belzig.
6   Antideutscher Zirkel Rudolstadt.
7   Zit. n.: [Rede-]Beitrag der Kampagne [gegen Wehrpflicht, Zwangsdienste und Militär Potsdam] auf der Demonstration „Kein Sommer für Bornstedt" am 13.07.2002 in Potsdam, http://www.geocities.ws/notimby/presse/born2002.html (abgerufen am 30.08.2016).
8   Der Begriff „Strafexpedition" steht für ein in autonom-antifaschistischen Zusammenhängen der Neunzigerjahre entwickeltes Demonstrationskonzept, bei dem es vorwiegend darum ging, symbolisch und militant in von rassistischer Gewalt und rechter Dominanz geprägten Ortschaften (vorwiegend des ländlichen Raumes) zu intervenieren, um gegenüber der dortigen Bevölkerung eine Drohkulisse aufzubauen, die von weiteren rassistischen Attacken abschrecken sollte. „Es ist lange, viel zu lange her, dass wir als die einzig wirksame Handlung etwas propagierten, was von den meisten despektierlich als „Strafexpedition" bezeichnet wurde. Sie besagte, dass das

rauf, die AnwohnerInnen vor Ort überzeugen zu können, sich antirassistisch zu positionieren. Als Kompromiss einigte man sich darauf, nicht am Ort des Geschehens, sondern im Stadtzentrum, dem Sitz der für den Umgang mit dem „Bürgervotum" letztlich entscheidenden Institutionen, zu demonstrieren, unter dem an den Ärzte-Song „Scheint die Sonne auch für Nazis?" angelehnten Motto „Kein Sommer für Bornstedt!". Auf der Demonstration trugen Mitglieder von AAPO und Progress die Fahnen der Siegermächte des 2. Weltkrieges UdSSR, USA, Großbritannien und Frankreich, ein weiterer Teilnehmer trug eine Israelfahne. Nachdem dies schon bei der Auftaktkundgebung zu Diskussionen geführt hatte, trennte sich bald ein Teil der TeilnehmerInnen von der Demo und ging nach Hause. Damit war für Potsdam die Spaltung zwischen Antideutschen und „Szene" vollzogen.

Diese Geschichte des Bruches zwischen Antideutschen und „Szene" hat sich zu dieser Zeit in vielen ostdeutschen Orten ereignet. Bei allen lokalen Spezifika steht dieses Geschehen durchaus paradigmatisch für Entwicklungsprozesse in der ostdeutschen linken Szene, nach deren Betrachtung die Darstellung, die Antideutschen hätten sich nach den Anschlägen in den USA vom 11. September 2001 und den folgenden militärischen Auseinandersetzungen wegen der positiven Bezugnahme auf Israel, die USA und den Irakkrieg vom Rest der Szene abgespalten, als deutlich verkürzt erscheint.

Der Prototyp des hier für Potsdam skizzierten Konfliktes ist verbunden mit dem Namen der Gemeinde Gollwitz in Brandenburg. 1997 protestierten BürgerInnen und LokalpolitikerInnen des Dorfes gegen die Einrichtung einer Unterkunft für jüdische Kontingentflüchtlinge aus der Sowjetunion im Gutshaus des Ortes. Das Geschehen wurde schnell medial thematisiert. Von linker Seite wurde auf das Verhalten der Gollwitzer unterschiedlich reagiert. Während ein Teil der Linken versuchte den Rassismus und Antisemitismus, den die Gollwitzer, die sich alle Mühe gaben, den Begriff „Volksmob"⁹ zu füllen, zu skandalisieren,

---

Er- und Ausleben von Vernichtungsphantasien und -praktiken mit hohen Kosten verbunden sein muss. Erst wenn es auch dem blödesten aus der Meute (oder aus der Nachbarschaft) klar gemacht worden ist, dass der Kostenaufwand sichtlich höher läge als die Wonne und die Lebensfreude, die man sich von der Übung versprechen möchte, kann darauf gehofft werden, dass notgedrungen auf die Glückseligkeit verzichtet werden würde." Café Morgenland: Freitaler Geruch, http://www.cafemorgenland. net/archiv/2015/2015_juli_Freitaler.html (abgerufen am 30.08.2016).
9   Als „Volksmob" wird in antideutscher Terminologie in Anlehnung an die Pogrome von Hoyerswerda, Rostock etc. die sich im Ausleben des Hasses auf AusländerInnen, Gemeinschaftsfremde, „Kinderschänder" zusammenfindende Klassen-, Schichten-,

verteidigte ein anderer Teil die Gollwitzer als Wendeverlierer und Opfer einer Kampagne westdeutscher Medien. Die frisch gespaltenen Zeitungen *Jungle World* und *junge Welt*, die fortan als Leitmedien der antideutschen und der antiimperialistischen Linken wahrgenommen wurden, positionierten sich auf verschiedenen Seiten, die *Jungle World* contra Gollwitz die *junge Welt* pro.

Jugendantifa vs. „Hausis" – ein linker Generationenkonflikt

Dass antideutsche Positionen in Ostdeutschland einmal eine solche Bedeutung bekommen würden, dass sich am Verhältnis zu ihnen die bedeutendste und nachhaltigste Spaltung der Linken in den vergangenen 30 Jahren festmacht, war 1990 nicht abzusehen. An den Anfängen der antideutschen Strömung in der deutschen Linken waren Ostdeutsche nicht beteiligt. Die „Nie wieder Deutschland"-Demonstrationen, die sich 1990 gegen die befürchtete Etablierung eines vereinigten Deutschlands als „IV. Reich" richteten, wurden von Linken aus der alten BRD organisiert und getragen.[10] Theoretische Debatten fanden in der ostdeutschen Linken kaum statt. Diese war vielmehr damit beschäftigt, gerade eroberte Freiräume gegen Nazis zu verteidigen. Angesichts des Pogroms von Rostock-Lichtenhagen hatten 1992 linke und linksradikale MusikerInnen, KünstlerInnen und TheoretikerInnen, beeinflusst von den Protesten gegen die deutsche Wiedervereinigung 1989/90, die „Wohlfahrtsausschüsse" gegründet, eine Initiative, die der „kaum verhüllte[n] große[n] Koalition aus Parlament, Naziterror, Normalbürgern, Polizei und Medien", die „in einem zynischen Zusammenspiel gemeinsam mit der 'Lösung der Asylantenfrage' beschäftigt war"[11] Widerstand entgegensetzen sollte. Der Versuch der Wohlfahrtsausschüsse in einer Veranstaltungstournee früh-antideutsche Positionen in den Osten zu tragen, endete in einem Desaster. Ein Gespräch, eine Auseinandersetzung zwischen westdeutschen Antideutschen und ostdeutschen HausbesetzerInnen und Antifas

---

Geschlecher- etc. Grenzen überschreitende und in diesem Moment aufhebende Vergemeinschaftung von „normalen BürgerInnen" und Neonazis bezeichnet.

10 Gerber, Jan (2010): Nie wieder Deutschland? Die Linke im Zusammenbruch des „realen Sozialismus", Freiburg: ça ira Verlag.

11 Wohlfahrtsausschuss Hamburg: Etwas Besseres als die Nation – Zur Begründung der Tour. In: Wohlfahrtsausschüsse (Hrsg.) (1994): Etwas Besseres als die Nation – Texte und Materialien zur Abwehr des gegenrevolutionären Übels. Berlin, Amsterdam, S. 45-51.

über unterschiedliche Lebensrealitäten, Standpunkte, Bewertungen und Kritiken kam nicht zustande.[12]

Wenige Jahre später stieß antinationale Theoriebildung im Osten auf andere Resonanz. Was hatte sich geändert? Ein wichtiger Grund waren neue AkteurInnen auf dem Spielfeld. Tendenziell war es die zweite und dritte Generation ostdeutscher Antifas, die sich antideutsch zu positionieren begann. Es waren Jugendliche, die sich von antinationaler und antideutscher Kritik – das war zu diesem Zeitpunkt noch nicht voneinander geschieden – begeistern ließen:

> „Mit einem Theoriemix aus Neomarxismus und postmodernen Ansätzen suchte man Antworten darauf, warum ein Mythos solch Wirksamkeit entfaltete und die Menschen über Heimatideologien zur Affirmation der Verhältnisse, zu freiwilligem Verzicht und begeistertem Gehorsam erzieht. Gerade angesichts der langen Geschichte nationalrevolutionärer und vaterländisch-sozialdemokratischer Nationenbezüge der Linken nun eine antinationale Orientierung zu entwickeln, das war das damals formulierte Programm und wir waren davon elektrisiert."[13]

Diese Linken waren noch in der DDR geboren, ihre Politisierung hatte aber maßgeblich nach deren Ende stattgefunden bzw. sie hatten an die DDR keine bewussten politischen Erinnerungen mehr. Sie trennte von ihren VorgängerInnen dramatische Erfahrungsunterschiede. Sie hatten nicht mehr die Repression in der DDR erlebt, nicht oder nur am Rande die linke Aufbruchsstimmung 1989/90 und bekamen die ostdeutsche HausbesetzerInnenbewegung vor allem in ihrer Verfalls- und Endphase mit. Der oft ebenso dogmatische wie simple Antikommunismus und Anarchismus älterer ostdeutscher Linker erschien den Jüngeren bald als Fossil aus anderen Zeiten. Gleichzeitig wurden sie mit der fast vollständigen rechten Dominanz, den „No-Go-Areas" und Braunzonen politisiert. Der Nazi und die ihn deckende Gesellschaft standen ihnen von Anfang an als Feind gegenüber, im Gegensatz zu älteren Linken, die tatsächlich noch manchen Nazi als früheren Freund, Klassenkameraden, Kumpel in Erinnerung hatten.[14] Um sich von der sie umgebenden Gesellschaft, die die Wiedervereinigung und den

---

12 Schweiger, David: Vorwärts und nicht vergessen – Eine kleine Geschichte und Typologie der ostdeutschen Linken anhand der Auseinandersetzungen mit der Leipziger Gruppe „the future is unwritten" im Bündnis „... umsGanze!". In: Phase 2 Nr. 48 (2014).

13 Schuster, Uli: Die Antideutschen und die Radikale Linke 1 – Warum Linke in den 90er Jahren antideutsch wurden und warum sie es heute bleiben. In: incipito 11 (2004).

14 Vgl. aus antideutscher Perspektive: „Es waren nicht geringe Teile der alten Ostlinken, die mit den Brandstiftern sympathisierte oder zumindest Verständnis für die

damit verbundenen Rückgewinn deutscher Souveränität feierte, abzugrenzen, begannen junge Linke, sich positiv auf die Anti-Hitler-Koalition zu beziehen, auch auf die Rote Armee. Das sorgte durchaus für Wut und Unverständnis bei älteren anarchistisch-antikommunistisch-antimilitaristisch sozialisierten Linken. Es handelte sich so auch um einen Generationenkonflikt in der Szene.[15]
Die politischen Divergenzen gingen einher mit kulturellen. Die Teile der Antifa, die sich antideutsch positionierten bzw. mit antideutschen Positionen sympathisierten, wandten sich von Szene-Dresscodes, Punk oder verwandten Subkulturen ab und der Popkultur zu. Auf einmal trug man „Carhartt", trank auf Antifaparties Prosecco und tanzte zu Madonna. Dies wurde von vielen als Befreiung von den starren Codes und Normen der Szene empfunden – aber von anderen als Provokation, als anti-autonome und prokapitalistische Positionierung. Dass keine zehn Jahre nach Ende der DDR, die Verhältnisse in gegen- und subkulturellen Nischen von jüngeren Linken als bedrückend und eng empfunden werden konnten, verwundert auf den ersten Blick. Der Grund dürfte auch darin gelegen haben, dass es außerhalb dieser oft von rigiden Szenecodes bestimmten Räume keine nazifreien Alternativen zum Feiern und Ausgehen gab.

Gegen die Versöhnung mit der deutschen Geschichte

Gollwitz war für die politischen Debatten deswegen von besonderer Bedeutung, weil der Protest gegen die Unterbringung der MigrantInnen klar antisemitisch motiviert war. Diese Motivation in ihrer historischen Reminiszenz erschien als Beweis für die Kontinuität der volksgemeinschaftlich-nationalsozialistischen Gesinnung der Deutschen, die 1997 ein wichtiges Diskussionsthema in der antifaschistischen Linken war[16].

Wendeverlierer aus dem Osten hegte ...", Ox Y. Moron: Querfront gegen die Antifa. In: Lirabelle 13 (2016), S. 7-12, S. 10.

15 „Besonders innerhalb der Antifa grassiert der Antideutsche Virus. Die Antifa, nach dem fast völligen Zusammenbruch der autonomen- und linksradikalen Szene, eine der letzten noch halbwegs funktionierenden Strukturen, zeigt sich besonders anfällig für die Ideologie der Antideutschen. Ihr traditionell sehr junges Potential nutzt offensichtlich Antideutsche Themen bewusst zur Abgrenzung gegen das linke oder linksliberale Elternhaus aber auch gegen das traditionelle autonome und linksradikale Politikverständnis." Wolf, Dietmar: „ICH FÜR MEINEN TEIL BIN MIT DEN ANTIDEUTSCHEN FERTIG" Robert Kurz und die Antideutsche Ideologie. In: telegraph 110 (2004).

16 Kunstreich, Tjark: Globale Gollwitz Linke. In: Jungle World 26/07.

In der Pogromwelle Anfang der Neunzigerjahre war für viele Linke offensichtlich geworden, dass die Erklärung, Rassismus und Antisemitismus seien Spaltungsmanöver der Herrschenden, mit dem Ziel die Untertanen davon abzuhalten, ihre „wirklichen Interessen"[17] wahrzunehmen, nicht haltbar war. Stattdessen erkannte man an, dass Leute, die MigrantInnen (und Linke) jagen und umbringen, nichts anderes wollen, als ebendiese zu jagen und umzubringen. Diese Erkenntnis wurde auf die Geschichte bezogen übersetzt in die Erkenntnis, dass der Nationalsozialismus keine Diktatur gegen die Mehrheit der Bevölkerung gewesen war, sondern von dieser maßgeblich getragen und exekutiert wurde.[18]

Gollwitz erschien damit als die Bestätigung der Thesen Goldhagens, dessen Buch „Hitlers willige Vollstrecker" 1996, also ein Jahr zuvor, erschienen war und eine der zentralen vergangenheitspolitischen Debatten des wiedervereinigten Deutschlands auslöste. Das Erleben des „deutschen Mobs" hatte bedeutende Teile der Antifa für die Befassung mit historischen Debatten, an denen diese Zeit nicht arm war, sensibilisiert.

Der Debatte um Goldhagens Thesen vorausgegangen war 1993 die Einweihung der Neuen Wache als „Zentrale Gedenkstätte der Bundesrepublik Deutschland für die Opfer von Krieg und Gewaltherrschaft" in Berlin, die das Verschwinden deutscher Schuld hinter der Erinnerung an „alle Opfer von Gewaltherrschaft" symbolisierte. Das Jahr 1995 begann mit dem Gedenken an den Bombenangriff auf Dresden, es folgte der 50. Jahrestag des Kriegsendes, anlässlich dessen in Politik und Gesellschaft darüber räsoniert wurde, ob man in Deutschland nun eigentlich endlich über die erlittene Niederlage im 2. Weltkrieg trauern dürfe. Die Eröffnung der Wehrmachtsausstellung im selben Jahr in Hamburg mobilisierte schließlich bis weit in die politische Mitte Empörung über die angebliche Hetze gegen die saubere Wehrmacht und eine der größten Nazi-Demonstrationen nach 1945 folgte.[19] Auf die Goldhagen-Debatte folgte 1998 der Skandal der „Walser-Rede". Der Schriftsteller Martin Walser bezweifelte anlässlich der Verleihung des Friedenspreises des Deutschen Buchhandels unter dem Applaus des deutschen intellektuellen Establishments, dass „die Bevölkerung sympathisiert mit denen,

---

17 Vgl. z.B. die um die Jahrtausendwende nicht unbedeutende trotzkistische Organisation Linksruck in Linksruck Nr. 179 (09.06.2004), http://www.linksruck.de/artikel_930.html (abgerufen am 30.08.2016).
18 Kunstreich, Tjark: Globale Gollwitz Linke. In: Jungle World 26/07.
19 Schuster, Uli: Die Antideutschen und die Radikale Linke 1 – Warum Linke in den 90er Jahren antideutsch wurden und warum sie es heute bleiben. In: incipito 11 (2004).

die Asylantenheime angezündet haben" und beklagte die Instrumentalisierung von Auschwitz, „unserer Schande zu gegenwärtigen Zwecken".[20]

Im Kosovokrieg 1999 entschied sich die rot-grüne Bundesregierung für einen Bundeswehreinsatz gegen Serbien. Diese Entscheidung wurde damit gerechtfertigt, dass der Einsatz deutscher Soldaten dort notwendig sei, um ein neues Auschwitz auf dem Balkan zu verhindern. Nicht trotz, sondern wegen der deutschen Geschichte sollte Deutschland nun auch als militärische Ordnungsmacht auftreten. In der radikalen Linken war umstritten, wie man sich in diesem Konflikt zu positionieren habe. Während große Teile der Linken für Äquidistanz zum *Milošević*regime und zur Nato plädierten, sprachen sich die Antideutschen für explizite Solidarität mit Restjugoslawien gegen Deutschland aus.[21]

Geschichtspolitik wurde so zum Schwerpunkt antideutscher Politik. Dabei wurde mit einem Theoriemix aus Neomarxismus und postmodernen Ansätzen versucht zu verstehen, wie sich deutscher Nationalismus, wie sich die deutsche Nation konstituiert.[22] Dabei orientierte man sich grundsätzlich an Sonderwegstheorien, die den deutschen Nationalismus mit der historischen Entwicklung in den bürgerlichen Nationalstaaten der westlichen Alliierten der Anti-Hitler-Koalition kontrastierten.[23] Die Analyse der Veränderungen des deutschen Selbstbildes, die Intervention in diese Diskurse und ein, die offiziöse Geschichtspolitik angreifendes Gedenken an den Kampf der Anti-Hitler-Koalition[24], waren das maßgebliche Aktionsfeld antideutscher Gruppen. Zum Fokus derartiger Aktivitäten wurde Dresden. Hier grassierten Mythen über den „anglo-amerikanischen Bombenterror" gegen eine harmlose, friedliche Stadt, konnten (Neo-)Nazis lange ungehin-

---

20 Walser, Martin: Erfahrungen beim Verfassen einer Sonntagsrede, http://www.friedenspreis-des-deutschen-buchhandels.de/sixcms/media.php/1290/1998_walser.pdf, S. 11 (abgerufen am 30.08.2016).

21 Stock, Christian; Müller, Jochen; Günther, Stephan: Helden oder Barbaren – Der Streit um nationale Befreiungsbewegungen und nationalistische Kriegsgegner verkommt zum Stellungskrieg der Linken. In: Jungle World 31/1999.

22 Schuster, Uli: Die Antideutschen und die Radikale Linke 1 – Warum Linke in den 90er Jahren antideutsch wurden und warum sie es heute bleiben. In: incipito 11 (2004).

23 Pankow, Horst: Ist die antideutsche Position antiquiert? Über den Zusammenhang von Sonderweg und Modell Deutschland. In: Bahamas 18 (1995).

24 Ein geradezu paradigmatisches Beispiel dafür hier: Game over Krauts; Aufruf zur antifaschistischen Demonstration in Rostock anläßlich des 59. Jahrestages der Kapitulation Deutschlands am 08. Mai 2004, https://komplex-schwerin.de/2004/05/08/game-over-krauts-8-mai-1945 (abgerufen 30.08.2016).

dert und unwidersprochen an Gedenkveranstaltungen für den Bombenangriff teilnehmen und hier fand von 2000 bis 2010 die größte regelmäßig stattfindende Nazidemonstration in Deutschland statt. Vor diesem Hintergrund stand die internationale Kampagne zum Wiederaufbau der Frauenkirche aus antideutscher Sicht prototypisch für den deutschen Umgang mit der Geschichte des 2. Weltkrieges.[25]

In geschichtspolitischen Auseinandersetzungen trennten sich die Antideutschen und Antinationalen. Kernfrage war, ob man alle Nationalismen und Nationalstaaten gleichermaßen ablehnen und bekämpfen solle (Antinationale) oder ob man gegen Deutschland andere Staaten verteidigen müsse (Antideutsche). Ein Beispiel dafür war das Grenzcamp im sächsischen Zittau 1999, das unter dem Motto „Keine Grenze ist für immer" stattfand. Ein Slogan, der von antideutscher Seite hart kritisiert wurde, da er die deutsch-polnische Grenze in Frage stelle, was angesichts der jahrelangen Nichtanerkennung der Oder-Neiße-Grenze durch die BRD problematisch sei.[26]

Gegen den rechten Konsens – Probleme der Begründung antifaschistischer Positionen

Das Erleben von Hoyerswerda und allem was danach kam, erschütterte bei vielen das Verständnis des Begriffs „Faschismus". Es sei daran erinnert, dass sowohl eine Sozialisation in der DDR, als auch ein aktiv sein in antifaschistischen Kreisen bis weit in die Neunzigerjahre hinein eine Vorstellung von Faschismus vermittelte, die sich auf die „Dimitrow-These"[27] zurückführen ließ. So orientierten sich die Gruppen der Antifaschistischen Aktion – Bundesweite Organisation (AA/BO) daran; sie bestimmte die Faschismusanalyse bei AntiimperialistInnen und Autonomen.[28] Damit waren die Verhältnisse in Ostdeutschland aber nur unter großen Verrenkungen zu erklären. Gleichzeitig warf die Situation praktische Fragen auf. Die Mischung aus militantem Kampf gegen Kader und Strukturen sowie Bündnisarbeit wie sie die westdeutsche Antifa im Kampf gegen neonazis-

---

25 Schneider, Mark: Lügen und Legenden – Die Bombardierung Dresdens, Referat auf der Infoveranstaltung in Leipzig zu den Aktivitäten am 12. und 13. Februar 2005 in Dresden. In: incipito 16 (2005).
26 Beitrag zur Diskussion um das Motto „Keine Grenze ist für immer". In: Grenzcampreader 99 (Onlineausgabe), https://www.nadir.org/nadir/archiv/Antirassismus/grenzcamp99/grenze3.htm (abgerufen am 30.08.2016).
27 Demnach ist der Faschismus an der Macht die „terroristische Diktatur der am meisten reaktionären, chauvinistischen und imperialistischen Elemente des Finanzkapitals".
28 Antifakalender 1998.

tische Parteien und Organisationen entwickelt hatte, funktionierte nicht gegen nationalistisch radikalisierte und brutalisierte Massen. Das Bündnis gegen Rechts (BgR) Leipzig versuchte diese Verhältnisse mit der Bezeichnung „rechter bzw. rassistischer Konsens" auf den Begriff zu bringen. Darunter verstand es ursprünglich das Zusammenspiel von Naziszene, einer Bevölkerung, die die rassistischen Positionen der Nazis teilte und kommunalen und staatlichen Institutionen, die den Nazis nicht nur nichts entgegensetzten, sondern diese oft genug förderten. Dieser Begriff, erweitert zur „rechten Alltagskultur", erfuhr eine überregionale Verbreitung im Zuge des 1999 vom BgR organisierten „Verstärkerkongress", auf dem offensiv antideutsche Positionen in die Antifa hineingetragen wurden.[29]

Im Sommer 2000 orientierte sich, nach einem Anschlag auf jüdische MigrantInnen aus Russland in Düsseldorf, die rot-grüne Bundesregierung auf die staatliche Bekämpfung des „Rechtsextremismus" und rief nach einem weiteren Anschlag auf die Düsseldorfer Synagoge den „Aufstand der Anständigen" aus. Kernstück dieser Kampagnen wurde die staatliche Förderung 'zivilgesellschaftlicher' Projekte gegen Rechts. Im Angesicht dieser Verstaatlichung wandte sich das BgR von Anti-Nazi-Protesten ab und der Kritik an der Zivilgesellschaft[30] zu. Ihrer Ansicht nach zeigte der „Antifa-Sommer", dass die Zivilgesellschaft weiter auf autoritär, also von oben angestoßene Mobilisierungen setze, diese sich aber auch gegen Nazis richten könnten. Gerade darin zeige sich, dass Zivilgesellschaft ein modernes Projekt zur Beschaffung nationaler Identität in Deutschland sei und entsprechend kritisiert werden müsse.[31] Derartige Positionen wurden auch andernorts vertreten.[32] In einer Phase der Desorientierung – der Antifa-Sommer

---

29 Dadarin, Juri: Mehr als eine unabgeschlossene Phase unserer Jugend – Wie die Zeitschrift gegen die Realität zwischen Anspruch und Wirklichkeit vermittelt und warum sie sich dafür ändern muss. In: Phase 2 40 (2011).

30 Unter Zivilgesellschaft wird in diesem Kontext die Gesamtheit demokratisch-affirmativ engagierter StaatsbürgerInnen und ihrer Organisationen (Gewerkschaften, Kirchengemeinden, BürgerInneninitiativen, Vereine etc.) verstanden, die sich im Rahmen der „freiheitlich-demokratischen Grundordnung" gegen NeofaschistInnen und NeonationalsozialistInnen betätigen.

31 Schuster, Uli: Die Antideutschen und die Radikale Linke 1 – Warum Linke in den 90er Jahren antideutsch wurden und warum sie es heute bleiben. In: incipito 11 (2004).

32 So ein Bericht zu einem Kongress, auf dem die Brandenburger Antifa- und Antiraszene versuchte Konsequenzen aus dem „Aufstand der Anständigen" zu ziehen: „In vier Arbeitsgemeinschaften wurde am Wochenende versucht, praktische Schlußfolgerungen aus der gegenwärtigen Situation zu ziehen. In der AG 'Sommerloch' fand eine Auseinandersetzung über eine mögliche Vereinnahmung durch den 'staatlichen

traf die radikale Linke unerwartet – war antideutsche Kritik ein Angebot, die antagonistische Haltung gegenüber den bestehenden Verhältnissen, die sich vorher in Antifapolitik ausgedrückt hatte, beibehalten zu können, obwohl die Anti-Nazi-Positionen auf einmal durch die „Mitte der Gesellschaft" übernommen wurden. So gab der 2000er Antifa-Sommer der Entwicklung antideutscher Positionen in der (ostdeutschen) Linken einen kräftigen Schub, schuf aber gleichzeitig Voraussetzungen für den Niedergang antideutscher Antifazusammenhänge.

Denn nach 2000 stand die Antifa in Ostdeutschland vor einem Problem. Einerseits gab es gute Gründe, die 'Zivilgesellschaft' zu kritisieren und ihr jede Kooperation zu verweigern, ja ihr sogar Widerstand entgegenzusetzen. Andererseits waren Nazis noch immer in vielen Gegenden Ostdeutschlands eine relevante Gefahr und antifaschistische Gruppen zu schwach, diesen Zustand zu ändern. In Folge des Antifa-Sommers tat sich nun in regional unterschiedlicher Form die Möglichkeit auf, in breiten Bündnissen mit 'zivilgesellschaftlichen Strukturen' und staatlichen Institutionen dagegen vorzugehen. Diese Option, die sich mit antideutscher Kritik nicht vertrug, wurde nach und nach auch in weiten Teilen v.a. des nördlichen Ostdeutschlands ergriffen.[33] Am Beispiel Dresden wird das deutlich. Jahrelang hatten antideutsche Antifas hier gegen Naziaufmärsche und bürgerliches Gedenken protestiert, waren eine wahrnehmbare Stimme des Protestes, konnten aber die Aufmärsche praktisch nicht verhindern. 2009 gründete sich das Bündnis „Nazifrei! – Dresden stellt sich quer". Geprägt von der Interventionistischen Linken (IL), gelang es diesem, effektive Massenblockaden zu organisieren und die Naziaufmärsche zum Erliegen zu bringen. Dies geschah um den Preis, dass die radikale Kritik am bürgerlichen Dresdener Gedenken gegenüber den Anti-Nazi-Protesten deutlich zurücktrat. Auffälligerweise sind die Regionen im Süden Ostdeutschlands, in denen staatliche Institutionen und 'zivilgesellschaftliche Strukturen' sich derartigen Bündnissen und dem Kampf gegen Neonazis bis heute verweigern, die Gegenden, in denen weiterhin antideutsche Gruppen aktiv sind.

Antifaschismus' des Herrn Thierse statt. Die meisten Teilnehmer verstanden nicht, warum die Antifaschistische Aktion Potsdam ihre Kampagne gegen Kioske eingestellt hat, die Nazizeitungen verkaufen. Auch die Forderung, sich jetzt aus allen bürgerlichen Bündnissen gegen Rassismus und Faschismus zurückzuziehen, wurde mit Kopfschütteln zur Kenntnis genommen." Fischer, Ralf: Ständiger Aufstand – Brandenburger Antirassisten und Antifaschisten trafen sich in Potsdam. In: junge welt, 13.12.2000.

33 Siehe z.B. der auf den Säulen polizeiliche Repression und breite gesellschaftliche Bündnisse beruhende „Brandenburger Weg" der Bekämpfung des „Rechtsextremismus".

Und Israel?

Eine pro-israelische Haltung war in der ostdeutschen Antifa zu Beginn nur Beiwerk, das im Zuge der Rezeption antideutscher theoretischer Ansätze[34] in den Neunzigerjahren mit übernommen wurde. Die Ausgangslage für die Entwicklung pro-israelischer Positionen war in Ostdeutschland dabei vergleichsweise günstig. Es gab keine langjährig existierende antiimperialistische[35] Szene. Antiimperialismus und Solidarität mit der PLO waren in der DDR Sache des Staates gewesen, in Abgrenzung dessen die ostdeutsche radikale Linke entstand. Eine breitere und tiefergehende Auseinandersetzung mit dem staatlichen Antizionismus erfolgte zwar erst relativ spät.[36] Dennoch war unter diesen Bedingungen der auch in der ostdeutschen radikalen Linken verbreitete Antizionismus für diese nicht in dem Maße identitätsbildend wie für die westdeutsche Linke. Das erleichterte es in den geschichtspolitischen Debatten der Neunzigerjahre vielen Antifas, sukzessive pro-israelische und zunehmend israelsolidarische Positionen zu beziehen. Im Zuge dieser Debatten wurde eine Analyse des Nationalsozialismus entwickelt und rezipiert, die den Vernichtungsantisemitismus als dessen Kern benannte. In diesem Zusammenhang entstand ein Verständnis für das Wesen des Antisemitismus, auf dessen Basis die Gründung eines jüdischen Nationalstaates als Bedingung der Möglichkeit bewaffneter Selbstverteidigung der Juden verteidigt wurde. Dazu kam, dass die traditionelle Ikonographie der linken Palästinasolidarität, auf dem Befreiungskampf „des Volkes" gegen „die Besatzer" und den heroischen Kampf mit einfachen Waffen wie Steinen oder Molotow-Cocktails beruhte. Dies stieß bei Antifas, denen nach den aktuellen Erfahrungen mit völkischen Mobilisierungen alles, was sich auf „Volk" bezog, verdächtig erschien, eher auf Abwehr. Mit der 2. Intifada ab 2001 erschien die Existenz Israels akut bedroht und die Israelsolidarität rückte ins Zentrum politischer Aktivitäten. Im Zuge der Weiterentwicklung israelsolidarischer Positionen wurde verstärkt die Kritik am Antizionismus der (westdeutschen) Linken rezipiert und daran anschließend

---

34 Vor allem der Auseinandersetzung mit der Friedensbewegung anlässlich des Golfkrieges 1990 in der Zeitschrift konkret.

35 Im Gegensatz zum Sprachgebrauch der 2000er Jahre, der als Antiimps die Gegner der Antideutschen in den Szeneauseinandersetzungen der Neunzigerjahre meint, handelte es sich bei den Antiimperialisten in den Achtziger und Neunzigerjahren um eine Strömung der radikalen Linken, deren Schwerpunkt auf der Solidarität mit nationalen Befreiungsbewegungen im Trikont lag.

36 Siehe die Veranstaltungsreihe „Stalin hat uns das Herz gebrochen" der Naturfreundejugend Berlin 2007.

die eigene Szene kritisiert. Dies löste Aggressionen aus, die teils in körperliche Angriffe auf israelsolidarische Antifas gipfelten. Diese wiederum wurden als antisemitisch interpretiert und bestätigen so die Annahme einer antisemitischen linken Szene. Die Auseinandersetzung mit dem Antisemitismus der Linken gewann damit an Wichtigkeit. Aus Antifazusammenhängen heraus entstanden nun explizit antideutsche Zirkel, die diese Auseinandersetzung forcierten.[37] Vermehrt wurden von antideutschen Antifas Israel-Fahnen auf linken Demos mitgetragen. Dies führte regelmäßig zu Widerstand von anderen Linken, die behaupteten, es wäre ein alter Grundsatz, dass auf linken Demos keine Nationalfahnen getragen werden dürften.[38] Die Auseinandersetzungen um das Mitführen von Israel-Fahnen bestimmte für einige Zeit das Demonstrationsgeschehen und war Gradmesser und Austragungsort der Konflikte um kulturelle Hegemonie innerhalb der radikalen Linken. Zwar konnten sich die Antideutschen in diesen Auseinandersetzungen in der Regel nicht durchsetzen, sie waren aber andererseits so stark, dass bestimmte Positionen als Standard in der Szene verankert werden konnten, weitaus stärker als im Westen Deutschlands.

Sehnsuchtsort USA

Ähnlich, wenn auch mit gewichtigen Unterschieden, entwickelte sich das Verhältnis zu den USA. In den geschichtspolitischen Debatten, vor allem um den Bombenangriff auf Dresden, war mit dem Erinnern an den Kampf US-amerikanischer und britischer Soldaten ein Gegengewicht zum dominanten DDR-Geschichtsnarrativ gesetzt worden, wonach die Rote Armee für die Befreiung vom Faschismus zuständig war, während die „anglo-amerikanischen" Bombenangriffe auf ostdeutsche Städte vorweggenommene feindliche Akte des Kalten Krieges darstellten.[39] Nach den Attentaten vom 11. September 2001 und mit dem Golfkrieg ab 2003 wurde der positive Bezug auf die USA und auf deren militärisches Handeln ausgeprägter und positiver. In den Diskussionen

---

37 Vgl.: Studentische Initiative gegen Antisemitismus und Antizionismus an der Universität Potsdam (sigaa_up): Eingriffe: Antisemitismus und Universität Potsdam, Potsdam 2003.
38 Die Behauptung der Existenz eines solchen Konsenses ist im Allgemeinen nicht haltbar, hat für die ostdeutsche radikale Linke aber eine gewisse Wahrheit, da Symbole befreiungsnationalistischer Bewegungen hier nicht in dem Maß zur linken Demokultur gehör(t)en, wie im Westen.
39 Schubert, Gunnar (2009): Die kollektive Unschuld. Wie der Dresden-Schwindel zum nationalen Opfermythos wurde. Hamburg.

fungierte von Seiten der Antideutschen die USA, mit dem verfassungsrechtlich verbürgten Recht auf das Streben nach Glück (pursuit of happiness) als Statthalter der Versprechen der bürgerlichen Revolution und damit als Gegenbild zum Zustand ostdeutscher postfaschistischer und postrealsozialistischer Gesellschaft, in der bürgerliche Demokratie formal zwar verwirklicht war, deren materielle Grundlagen (vor allem ein selbstbewusstes staatsskeptisches Bürgertum) aber in der Regel fehlten. Den miefigen, autoritären, Konsens erzwingenden, Außenseiter aus den politischen Diskursen ausschließenden Verhältnissen, wie sie die Nachwendedemokratie in weiten Teilen prägten und prägen, wurde ein Idealbild der US-amerikanischen Demokratie gegenübergestellt.

Unter diesen Bedingungen stellten die Jahre 2002 bis 2004 die Hochzeit antideutscher Antifa dar: Im Zuge des Krieges einer USA-geführten Koalition gegen den Irak gab einerseits die deutsche Friedensbewegung, die zum Bombardement Belgrads geschwiegen hatte, aber nun mit Schröder den Schulterschluss gegen den Krieg der USA suchte, Anlass zu scharfer Kritik und andererseits erschien der nachholende Export der bürgerlichen Demokratie in den arabischen Raum möglich. Im Zuge des dritten Golfkrieges wurde die Befreiungstat US-amerikanischer Soldaten im 2. Weltkrieg auf die Konflikte im Nahen Osten projiziert und die Hoffnung auf Durchsetzung bürgerlich-demokratischer Verhältnisse dort an das militärische Agieren der USA geknüpft. Mit der vermiedenen Auseinandersetzung mit dem Fakt, dass sich diese Hoffnung nicht erfüllte und dass demokratisches Nation-building im Irak scheiterte, ist dann (nicht nur, aber durchaus auch) der Niedergang antideutscher Politik verbunden.

Das Ende?

Ab etwa 2005/6 zerfielen die meisten antideutschen Antifa-Gruppen bzw. aus der Antifa entstandenen antideutschen Gruppen oder lösten sich auf. Ein in diesem Zeitraum unternommener, von Berliner und Brandenburger Antifas ausgehender Versuch, eine überregionale, wenn nicht gar bundesweite Organisierung antideutscher Gruppen (angelehnt an das Vorbild der AA/BO) zu gründen, verlief im Sande ohne politische Relevanz zu entwickeln. In dem Zerfallsprozess kulminierten verschiedene politische Entwicklungen. So wandten sich in Folge des Antifa-Sommers und der beginnenden staatlichen Bekämpfung des offenen Neofaschismus diverse Linke vom praktischen wie theoretischen Antifaschismus ab und anderen Themenfeldern zu. Einige Antifa-Gruppen transformierten sich zu Gruppen, die sich als „kommunistisch", „linksradikal" u.ä., verstanden und einem allgemeineren Politikansatz folgten, der die Auseinandersetzung mit dem

„kapitalistischen Normalvollzug" in den Mittelpunkt stellte. Weiter existierende Antifa-Gruppen begannen mit Blockadekonzepten zu experimentieren, für deren Erfolg breite Bündnisse mit der Zivilgesellschaft notwendig waren. Generell verebbte die Welle autonomer antifaschistischer Aktivitäten, die von den Erfahrungen der Neunzigerjahre getragen wurden.

Gleichzeitig veränderten sich die Antideutschen. Dies in verschiedener Hinsicht. Wer bis knapp nach der Jahrtausendwende antideutsche Positionen bezog, hatte vorher i.d.R. eine klassisch autonome/linksradikale Politisierung durchlaufen, die Annäherung an antideutsche Standpunkte ging regelmäßig einher mit einer kritischen Revision zuvor selbst vertretener Überzeugungen. Dies änderte sich dahin gehend, dass ab Anfang der 2000er Jahre Jugendliche zu antideutschen Gruppen stießen, die dort ihre gesamte Politisierung erfuhren. Der Wegfall des selbstkritischen Elements antideutscher Politik machte sich in einem zunehmend identitären Auftreten jüngerer Antideutscher bemerkbar und einer Verflachung politischer und theoretischer Diskussionen.

In inhaltlicher Sicht fokussierten sich antideutsche Positionen zunehmend auf Israel und den Nahen Osten. Die Auseinandersetzung mit deutscher Geschichtspolitik ließ nach. Die Auseinandersetzung mit Antisemitismus verlagerte sich zunehmend auf eine geopolitische Ebene und der größere Teil der antideutschen Strömung transformierte sich zu einer Israel-Soli-Bewegung, die sich in einen breiten Strauß unterschiedlichster – von liberal über sozialdemokratischen bis linksradikal reichender, miteinander heftig im Streit liegender – Strömungen auffächerte.

Mit dem Ende der politischen Strukturen, die die geschichtspolitischen Auseinandersetzungen der Neunziger frühen 2000er Jahre getragen hatten, wurden aber zentrale Fragestellungen dieser Debatten keineswegs obsolet. Anlässlich des 20. Jahrestages von Mauerfall und Wende kam es ab 2009 zu einer Diskussion zwischen der Leipziger Initiative gegen jeden Extremismusbegriff (INEX) auf der einen und Gruppen aus dem kommunistischen „Um´s Ganze-Bündnis" auf der anderen Seite. Zwischen politischen Gruppen also, deren Traditionslinien sich zurück ins Antifamilieu der späten Neunziger, frühen 2000er Jahre zurückverfolgen lassen. Im Kern ging es um die Frage, ob es einen deutschen Sonderweg gäbe, der spezifisch kritisiert werden müsse, oder ob das Problem der „kapitalistische Normalvollzug" sei, der die Verhältnisse in Deutschland nicht anders strukturiere als in anderen westlichen Industriestaaten. Diese Diskussion ist bis heute nicht abgeschlossen.

Benjamin Winkler

Gemeinsam gegen Rechts? Das komplizierte Agieren von Antifa-Gruppen und Zivilgesellschaft am Beispiel der Stadt und Region Leipzig

Seit nunmehr 30 Jahren gibt es in Ostdeutschland eine starke, verfestigte rechte und neonazistische Szene. Sie entstand in einem Klima des nationalistischen und völkischen Aufbruchs, der vielerorts in den Post-Wende-Jahren herrschte. Freilich liegen ihre Anfänge weiter zurück – in den Achtzigerjahren der DDR. Die Szene oder vielmehr das rechte Milieu umfasst rechte Parteien, neonazistische Kameradschaften, Vereine, Initiativen und nicht zuletzt ein mehr oder weniger offenes Bündnis mit anderen Kräften, die von konservativem Milieu über Polizei und Justiz bis hin zum Verfassungsschutz reichen[1]. Umklammert wird dieses unheimliche Bündnis aus einem rassistischen und nationalistischen Normalzustand, der in vielen Köpfen beheimatet ist. Linke Gruppen gaben diesem Erscheinungsbild einen treffenden Titel: rechter Konsens[2].

Aus dem Milieu der DDR-Friedens- und Bürger_innenbewegung, der Umweltinitiativen, der Punkszene und der Hausbesetzer_innenszene entstand in den Neunzigerjahren ebenso eine Szene von antifaschistischen Gruppen. Gleichzeitig entstand vor allem in den größeren Städten eine Zivilgesellschaft, bestehend aus Vereinen, Verbänden, Initiativen und losen Zusammenschlüssen. Einen ersten

---

1 Die Kollaboration von konservativem Milieu oder Sicherheitskreisen mit Neonazis und extrem rechten Gruppen kann in diesem Beitrag nicht detailliert beschrieben werden. Die Existenz entsprechender Beziehungen haben andere Autor_innen hinlänglich dargestellt. Sie reichen von Polizeibeamt_innen, welche Neonazi-Täter_innen decken und deren Straftaten nicht verfolgen bis hin zu Verfassungsschutzmitarbeiter_innen, die halfen, mit dem höchst umstrittenen V-Mann-System die Neonazi-Szene aufzubauen.

2 Der Begriff wurde vor allem durch das Leipziger „Bündnis gegen Rechts" (BgR) geprägt. Eine Demonstration im Oktober 1997 im thüringischen Saalfeld trug den Titel „Gegen jeden rechten Konsens – Antifaschismus läßt sich nicht verbieten! Stoppt faschistische und rassistische Übergriffe!" Quelle: https://www.nadir.org/nadir/initiativ/bgr/aufrufe/saalfeld.htm (abgerufen am 12.10.2016).

Gemeinsam gegen Rechts?

Aufwind erfuhr diese einerseits durch öffentlichkeitswirksame Proteste gegen Neonaziaufmärsche wie beispielsweise 1998 in Leipzig[3] und andererseits durch das Auflegen staatlicher Förderprogramme Mitte der Neunzigerjahre[4].

Viele Gemeinden, Kommunen und Stadtteile in den Großstädten waren durch den beschriebenen rechten Konsens geprägt. Linkes oder antifaschistisches Engagement fand oft schwer Akzeptanz. Antifa-Gruppen und Zivilgesellschaft standen vor der Herausforderung einen Umgang mit rechtem Dominanzstreben zu finden. Gleichzeitig galt es, vor allem auf der Seite von antifaschistischen Gruppen, eigene Akzente zu setzen. Das Verhältnis beider Akteur_innen war von Beginn an wechselhaft, konfliktbehaftet und verlief dynamisch. Während Antifa-Gruppen in den Großstädten häufig stark genug waren, um als eigenständige politische Akteure zu wirken, waren die Gruppen oder vielmehr Netzwerke von Einzelpersonen in den ländlichen Gegenden häufig in größerem Maß von einer Zusammenarbeit mit der Zivilgesellschaft abhängig. Unabhängig von Klein- oder Großstadt entstanden in den Neunziger und 2000er Jahren überall dort „Bündnisse gegen Rechts", wo Neonazi-Demonstrationen stattfanden oder rechte Akteur_innen durch massives Auftreten auffielen. Diese Bündnisse waren und sind Spielräume, um das gemeinsame Agieren von Antifa und Zivilgesellschaft zu erproben, damit zu scheitern oder erfolgreich zu sein. Im Folgenden soll versucht werden, das dynamische Verhältnis von Antifa und Zivilgesellschaft anhand einiger Ereignisse und Aktivitäten zwischen den Jahren 2008 und 2012 in Leipzig nachzuzeichnen und zu beschreiben.

Zunächst ist es wichtig, die Begriffe „Antifa" und „Zivilgesellschaft" zu klären. Mit Zivilgesellschaft soll im Folgenden eine Sammlung überwiegend nicht-staatlicher Organisationen, Personen-Netzwerke, Initiativen und Zusammenhänge gemeint sein, die sich im kommunalen oder ländlichen Raum politisch betätigen und dabei insbesondere im Bereich der Anti-Rechts oder Anti-Nazi-Arbeit aktiv sind. Traditionell bilden sich zivilgesellschaftliche Gruppen

---

3   Unter der Überschrift „Stiefelnazis in Leipzig" erschien auf der Website „Infopartisan" ein Bericht über die Gegen-Aktivitäten zur NPD-Großdemo in Leipzig zum 1. Mai 1998: http://www.infopartisan.net/archive/trend/trend98/mai/t390598.html (abgerufen am 12.10.2016).

4   In der Folge der rassistischen Pogrome der Neunzigerjahre und der steigenden Anzahl „rechtsextremer" Straftaten startete die Bundesregierung erste staatliche Förderprogramme, welche Initiativen dazu befähigte, soziale oder politische Arbeit gegen Rechts umsetzen zu können. Den Anfang bildete das Programm „Aktionsprogramm gegen Aggression und Gewalt" (1992–1996). Es beinhaltete u.a. den stark umstrittenen Ansatz der sozialen Arbeit mit rechten Jugendlichen.

aus kirchlichen Organisationen, Wohlfahrtsorganisationen, Gewerkschaften, Vereinen und Verbänden der sozialen Arbeit sowie dem Milieu der Musik- und Kulturschaffenden. Zusätzlich werden sie durch politische Akteur_innen, in der Regel Einzelpersonen aus Parteien unterstützt.[5] Ihren besonderen Ausdruck finden zivilgesellschaftliche Aktivitäten in netzwerkartigen Strukturen oder temporären Bündnissen, die sich entweder zu einem bestimmten politischen Zweck oder im Kontext von Kommunal- und Stadtteilpolitik zusammenfinden. Mit dem „Aufstand der Anständigen"[6] und der daraufhin einsetzenden staatlichen Förderpolitik manifestierte sich die Zivilgesellschaft und baute feste Strukturen wie beispielsweise eine professionelle Beratung gegen Rechtsextremismus und eine Beratung für Betroffene rechter Gewalt auf. Während die Zivilgesellschaft vor allem in Großstädten ein dichtes Netz bildete, hat sie es bis heute in den ländlichen Gebieten Ostdeutschlands schwer, Fuß zu fassen.[7] Häufig gibt es nur vereinzelt entsprechende Strukturen, die wiederum einen harten Kampf um ihre Existenz führen. Eine weitere wichtige Säule der Zivilgesellschaft sind Landtags- oder Bundestagsabgeordnete der Parteien DIE LINKE, B'90/Die Grünen und SPD. Sie verfügen häufig über Mittel und Möglichkeiten, zivilgesellschaftliche Strukturen dauerhaft auszubauen. Anders als in Westdeutschland war die Zivilgesellschaft im Osten lange Zeit durch einen Mangel an migrantischen Organisationen geprägt. Nur langsam entstanden auch hier Gruppen, Netzwerke

---

5   Eine gute Zusammenfassung zur Zivilgesellschaft findet sich auf der Internetseite der Bundeszentrale für politische Bildung: http://www.bpb.de/politik/grundfragen/deutsche-verhaeltnisse-eine-sozialkunde/138713/dimensionen (abgerufen am 12.10.2016).

6   Mit dem „Aufstand der Anständigen" verbindet man heute einen Appell des Altkanzlers Gerhard Schröder (SPD), der im Oktober 2000 nach einem Anschlag auf eine Synagoge in Düsseldorf dazu aufrief, nicht mehr Wegzuschauen und Zivilcourage zu zeigen. In den folgenden Monaten richtete sich dieser Appell auf ein Engagement gegen Rechtsextremismus, was wenig später mit einer staatlichen Förderlandschaft ausgebaut wurde. Viele ehemals Ehrenamtliche bekamen die Möglichkeit zu einer professionellen Arbeit zur Abwehr von Rechtsextremismus.

7   In Großstädten wie Berlin, Leipzig oder Rostock gibt es in der Regel mehrere Vereine und Initiativen, welche eine professionelle Beratung für Betroffene rechter Gewalt anbieten. Auch gibt es Anlaufstellen für die Beratung rund um Diskriminierung. In den Schulen und Ausbildungsstellen der Städte gibt es oft entsprechende Angebote der politischen Bildung und im Falle einer Neonazi-Demo finden sich schnell Aktive, die Gegenproteste organisieren. In den ländlichen Gegenden Sachsens, Mecklenburg-Vorpommerns usw. gibt es hingegen weder professionelle Beratungs- und Unterstützungsangebote, noch gibt es eine große Anzahl aktiver Menschen.

und Strukturen, die von Migrant_innen getragen wurden. In vielen Regionen Ostdeutschlands fehlen sie bis heute.

Mit dem Begriff „Antifa" oder „Antifa-Gruppen" sind autonome oder halbformelle Zusammenhänge gemeint, die sich entweder lokal oder überregional gegen rechte, neonazistische Kräfte organisieren und die den rechten Konsens bekämpfen. Anders als die Zivilgesellschaft entstanden diese vor allem aus einer linken oder links-alternativen Jugend-Subkultur, beispielsweise der Punkbewegung und der Hausbesetzer_innenbewegung der ehemaligen DDR.[8] Hinter dem Konzept „Antifa" stand die Überzeugung, dass der Kampf gegen Neonazis untrennbar verbunden sei mit dem Kampf gegen staatlichen Rassismus, Nationalismus und polizeiliche Repression. „Antifa" ist aber immer auch ein Konzept gewesen, das vor allem im Kontext von Demonstrationen und Aktionen Anwendung fand. Symbolisch dafür steht das Tragen und Zeigen der „Antifa-Fahne", die ihren Ursprung in der Weimarer Republik hat. Die Fahne ist als Symbol des antifaschistischen Kampfes bis weit in das sozialdemokratische, gewerkschaftliche Lager akzeptiert. Antifaschistische Aktionskonzepte fanden und finden ebenso bei vielen Menschen Gefallen. Zu den bekanntesten Formen gehören offensive Gegendemonstrationen zu Naziaufmärschen oder versuchte Massenblockaden. Antifa-Gruppen definieren bewusst den Aktionsraum eigenständig und orientieren sich dabei weniger an geltenden gesetzlichen Bestimmungen wie beispielsweise zivilgesellschaftliche Gruppen. Antifa-Gruppen enden zudem mit ihrer Kritik an Neonazis oder Rassismus nicht bei offensichtlichen Vertreter_innen rechter Ideologie. Besonders in den Bereichen der Migrationspolitik, der Sicherheitspolitik oder der Kritik am Kapitalismus treten Antifa-Gruppen radikaler als zivilgesellschaftliche Gruppen auf. Sie orientieren sich stärker an linksradikalen Konzepten, wie beispielsweise einer klassenlosen, herrschaftsfreien Gesellschaft und zielen auf eine internationale oder anti-nationale Solidarität. Insbesondere die aus Antifa-Gruppen propagierte Kritik am Staat und dessen Repräsentanten der Polizei ist für die Zusammenarbeit mit zivilgesellschaftlichen Akteur_innen eine Herausforderung. Weiterhin ist für viele antifaschistische Gruppen das

---

8 In diesem Beitrag kann nicht ausführlich auf die Entstehung der Antifa in Ostdeutschland eingegangen werden. Ihre historischen Anfänge liegen in Deutschland in den Zwanziger- und Dreißigerjahren, als die Antifaschistische Aktion gegründet wurde. In der DDR wurde die Antifa gewissermaßen verstaatlicht, indem sich der DDR-Staat als antifaschistisch erklärte. Dies verhinderte freilich nicht, dass weiterhin alte wie neue Nazis in der DDR leben konnten. Zum Weiterlesen: Keller/Kögler/Krawinkel/Schlemermeyer (2011): Antifa. Geschichte und Organisierung, Stuttgart: Schmetterling-Verlag.

Anwenden von Gewalt (Militanz) zur Abwehr rechter Aktivitäten ein akzeptiertes Mittel. Zugleich ist dies aber auch Gegenstand antifaschistischer Debatten und Diskurse, aus denen immer wieder hervorging, dass es keine unumstrittene Militanz in den Antifa-Gruppen gibt. Eines der bekanntesten Konzepte ist der antifaschistische Selbstschutz, beispielsweise wenn es zu Attacken von Neonazis auf Szene-Treffpunkte oder Flüchtlingsunterkünfte kam.

Auf Grundlage der Beschreibung der kontextualen Bedingungen unter denen es zur Zusammenarbeit zwischen Antifa-Gruppen und Zivilgesellschaft kommt, werden im Folgenden drei Thesen entworfen, die deren Verhältnis beschreiben. Diese werden fortan weiterentwickelt, wenn die konkrete Beziehung beider Gruppen in der Stadt und Region Leipzig dargestellt wird.

1. Die Erfahrungen der Menschen in den ostdeutschen Kommunen und Räumen in den Neunzigerjahren sind vielerorts von starken rechten und neonazistischen Kräften geprägt. Wahlergebnisse rechter Parteien, Aufmärsche rechter Kameradschaften, Gewalt und Bedrohung gegen nicht-rechte Menschen und Migrant_innen sowie alltagsrassistische Einstellungen und Verhalten der Mehrheitsgesellschaft sind Indikatoren eines, von manchen Antifa-Gruppen umschriebenen rechten Konsenses der Gesellschaft.

2. Mit dem Ziel rechte und neonazistische Demonstrationen und Aufmärsche zu verhindern oder diesen wenigstens etwas entgegenzusetzen, entstehen in vielen Städten „Bündnisse gegen Rechts" oder vergleichbare Zusammenhänge. In diesen Bündnissen treffen verschiedene Akteur_innen der Zivilgesellschaft und der Antifa-Gruppen aufeinander und arbeiten konstruktiv zusammen. Dies könnte man auch als eine Form der zweckgebundenen oder zwanghaften Zusammenarbeit beschreiben.

3. Während zivilgesellschaftliche Akteur_innen häufig auf eine praktische und realpolitische Veränderung im Nahraum abzielen, das kann z.B. heißen, die Unterbringung von Geflüchteten im eigenen Ort zu verbessern, zielen Antifa-Gruppen stets auf eine Verknüpfung kommunaler beziehungsweise nahräumlicher Ereignisse mit gesellschaftspolitischen und utopischen Gedanken. Dies kann beispielsweise heißen, die Unterbringung der Geflüchteten im eigenen Ort mit einer Forderung nach einer radikal anderen Asyl- und Migrationspolitik zu verbinden. Hierin liegt letztendlich eine Ursache des widersprüchlichen Zusammenarbeitens beider Akteur_innen.

Ebenso nicht vergessen werden darf, dass staatliche Akteur_innen, vor allem Sicherheitspolitiker_innen, Geheimdienste und Sicherheitsorgane, viel daran setzen, die Zusammenarbeit zwischen Zivilgesellschaft und Antifa-Gruppen zu sabotieren. Antifaschistisches Engagement fällt nach dem Verständnis vor allem konservativer Politiker_innen unter den Duktus des Extremismus. Regelmäßig erscheinen Berichte oder Publikationen, die davor warnen „die Antifa" mit an den Tisch zu setzen.⁹ In den vergangenen Jahren kam es in den meisten „Bündnissen gegen Rechts" zu entsprechenden Folge-Diskussionen, die nicht selten damit endeten, dass die örtliche Anti-Rechts-Szene geschwächt wurde. Auch dies ist eine wichtige Grundlage zum Verständnis des Verhältnisses.

Antifaschistische Politik im Stadtteil – Zwischen Kooperation und Disput mit der Zivilgesellschaft

Der Artikel bezieht sich im Folgenden auf die Jahre 2008 bis 2012. In dieser Zeit organisierten antifaschistische Gruppen aus Leipzig verschiedene Proteste und Kampagnen gegen Strategien rechter und neonazistischer Akteur_innen. Dabei kam es zu verschiedenen Formen der Zusammenarbeit und Kooperation. Der Artikel zeichnet einige dieser Ereignisse nach und untersucht das Verhältnis von Antifa und Zivilgesellschaft in Leipzig.

Fall 1: Leipzig-Reudnitz und Leipzig-Stötteritz 2008

2008 veränderte sich das Erscheinungsbild der Neonaziszene in Leipzig. Gab es in den Jahren zuvor vor allem zentrale Großdemonstrationen, die ebenso zu groß angelegten Gegendemonstrationen führten[10], wechselten die Neonazis nun ihre Strategie. In den Stadtteilen Reudnitz-Thonberg und Stötteritz kam es zu einer Reihe neonazistischer Aktivitäten, die von Spontandemonstrationen bis hin zu brutalen Übergriffen reichten. In den betroffenen Stadtteilen entstanden

---

9 In Sachsen erstellt das Landesamt für Verfassungsschutz regelmäßig Dossiers, die zivilgesellschaftliche Netzwerke davor warnen, mit Antifa-Gruppen oder Personen der Antifaszene zusammenarbeiten. Als Indikatoren für deren Gefährlichkeit müssen spärlich zusammengesammelte und willkürlich interpretierte Datenbestände herhalten. Davon betroffen sind auch Musiker_innen. So wurde beispielsweise 2013 in Riesa ein Konzert der Band „Feine Sahne Fischfilet" abgesagt, weil diese im Verfassungsschutz Erwähnung fand.

10 Gemeint sind hier vor allem die Demonstrationen des Hamburger Neonazis Christian Worch, der zwischen 2001 und 2007 mehrere Großdemonstrationen in Leipzig anmeldete und durchführte. Jedes Mal mobilisierte die Antifaszene überregional zu Gegenaktivitäten. Mehrfach gelang es, diese Aufmärsche zu blockieren. Seitens der Leipziger Zivilgesellschaft beteiligten sich ebenso viele Akteur_innen an den Gegendemonstrationen. Zentraler Streitpunkt war immer die Frage der „Gewalt" beziehungsweise der „Militanz".

zudem Wohngemeinschaften und Treffpunkte von Neonazis, allgemein stieg der Anteil sichtbarer Neonazis im Stadtbild an. Logische Begleiterscheinung war eine Verschärfung des Alltags für nicht-rechte Menschen und Migrant_innen. Die Stadtteile waren damals noch arm an organisierter Zivilgesellschaft, vor allem verglichen mit den südlichen Stadtteilen, wie beispielsweise dem linksalternativen Connewitz[11].

Aufgrund diverser Übergriffe sowie dem Angriff auf ein von Studierenden bewohntes Haus entschlossen sich verschiedene Antifa-Gruppen zu einer Demonstration in den besagten Stadtteilen. Diese fand am 1. März 2008 unter dem Motto „Nicht mehr euer Bier"[12] statt. Schon der Titel sollte deutlich machen, dass die Antifa-Gruppen die Ursache im Erstarken der lokalen rechten Kräfte nicht unabhängig von einer Verantwortung der Bewohner_innen entsprechender Wohnviertel sahen. Im Aufruf zur Demonstration wurde ihnen vorgeworfen die Entwicklung entweder zu unterstützen oder zumindest zu tolerieren. Organisiert wurde die Demonstration überwiegend durch Gruppen und Personen, die mehrheitlich nicht in den betroffenen Stadtvierteln wohnten oder aktiv waren.

Parallel zu diesem Prozess schlossen sich einige örtliche Politiker_innen, Anwohner_innen und Kulturschaffende zu einer Initiative „Buntes Reudnitz" zusammen. Diese organisierte kleinere Veranstaltungen, die vor allem das Ziel hatten, auf die rechten Umtriebe vor Ort aufmerksam zu machen. Anfangs kam es zu einer Zusammenarbeit mit antifaschistischen Gruppen, beispielsweise indem diese den Saalschutz bei Veranstaltungen stellten. Auf der Demonstration im März kam es hingegen zu einem offenen Disput. Das zum Teil militante Auftreten einiger Aktivist_innen und die Sprechchöre (u.a. „Nie wieder Deutschland!") standen im Widerspruch zum lokalen Agieren der Initiative, welche sich vor allem für Veränderungen im eigenen Kiez einsetzte. Nachdem es zu einem Streit über die Inhalte von Reden und Sprechchören kam, verließ die Mehrheit der Mitglieder der Initiative die Demonstration. Im Internet sowie in Szene-Kneipen setzte

---

11 Der Leipziger Süden gilt über die Stadtgrenzen hinweg als Ort, an dem es Neonazis oder rechten Gruppierungen nicht leicht fällt, Fuß zu fassen. Die dazugehörigen Stadtteile verfügen über verschiedene Kultur- und Polittreffpunkte der antifaschistischen Szene. In den Neunzigerjahren kam es regelmäßig zu Angriffen und Übergriffen von Neonazis, die abgewehrt wurden.

12 Der Aufruf zur Demonstration wurde über die Internetseite des Conne Island Newsflyers veröffentlicht: http://www.conne-island.de/nf/152/20.html (abgerufen am 12.10.2016).

sich der Streit fort.[13] Von Seiten der Mitglieder der Initiative „Buntes Reudnitz" sowie Teilen der Leipziger Zivilgesellschaft wurde beklagt, dass die Demonstration Neonazis auf der einen Seite und sozialdemokratisch bzw. gewerkschaftlich geprägte Akteur_innen auf der anderen Seite gleichsetzte. Zudem hatten sie den Eindruck, dass es den antifaschistischen Gruppen nicht um einen breiten Konsens gegen Neonazis, sondern vielmehr um Fundamentalkritik ging. Von Seiten der Antifa-Gruppen wurde den zivilgesellschaftlichen Gruppen dagegen vorgeworfen, dass diese kein Reflexionsvermögen besäßen und beispielsweise nicht erkennen könnten, welcher Zusammenhang zwischen eigenen Inhalten und Neonazis bestände.

Diese Ereignisse sind gewissermaßen symbolisch für das Verhältnis zwischen Antifa-Gruppen und Zivilgesellschaft in Leipzig. Während auf der einen Seite, aus dem Blickwinkel eines gesellschaftlichen „rechten Konsens" ein Aufruf verfasst wird, der zu einer reinen Antifa-Demonstration führt, bemüht sich die zivilgesellschaftliche Seite um lokale Anschlussfähigkeit. Sie will den Bürger_innen vor Ort die Gefahren durch Neonazis verdeutlichen und gleichzeitig Verantwortung für den eigenen Kiez übernehmen. Sowohl Sprache als auch Aktionsformen sind unterschiedlich. Da es vorab kaum Verabredungen über das Agieren gegeben hatte, schien der Konflikt vorprogrammiert.

Nach der Demonstration setzten beide Akteur_innen ihre Aktionen in den Stadtteilen fort. Die Demonstration führte dazu, dass die Stadtöffentlichkeit begann, sich stärker für die Stadtteile zu interessieren. Das führte einerseits dazu, dass vermehrt linke Aktivist_innen dorthin zogen, andererseits organisierte die Bürger_innenbewegung weitere Veranstaltungen wie beispielsweise ein Filmfest im Herbst 2008.

Das Fallbeispiel zeigt noch eine weitere interessante Dynamik. Antifaschistische Gruppen in einem Ballungsgebiet agieren sowohl lokal im Sinne von Stadtteilpolitik als auch darüber hinaus, indem sie die Ereignisse aus dem Nahraum mit anderen Politikfeldern verknüpfen. Die Chance für eine konstruktive Zusammenarbeit scheint besonders dann gegeben, wenn die Angriffe der Neonazis besonders stark sind und es eine gewisse Notwendigkeit zur Solidarität gibt. In der Regel verzichten beide Akteur_innen dann auf eine Über-Betonung eigener Forderungen. Weiterhin ist das vergleichsweise starke Auftreten der antifaschistischen Gruppen auf der Demonstration damit zu erklären, dass Leipzig über eine

---

13 Auf einer Internetseite kann ein Teil des damaligen Dialogs nachempfunden werden: http://www.leipzig-netz.de/index.php5/WAK.Debatte.Demo-20080301 (abgerufen am 12.10.2016).

starke antifaschistische Szene verfügt, die es erlaubt, eigene Positionen offensiv zu vertreten. Andernorts sind antifaschistische Gruppen marginaler und damit auf mehr Kooperation mit der Zivilgesellschaft angewiesen.

Ein weiteres Konfliktfeld ist das Verhältnis der Zivilgesellschaft zu den Bewohner_innen eines Stadtteils, in dem zuvor neonazistische oder rechte Aktivitäten stattfanden. Einerseits kann auch die Zivilgesellschaft nicht die Augen davor verschließen, dass es Bündnisse zwischen Neonazis und Bewohner_innen gibt. Ein Indikator dafür können Kneipen sein, in denen sowohl Neonazis, Rechte als auch nicht-rechte Menschen einkehren oder Fußballvereine, die eine rechte Fanbasis haben. Beides gab es in den betroffenen Stadtteilen 2008. Andererseits ist die Zivilgesellschaft bemüht, dass sich real etwas ändert und dafür braucht sie Verbündete vor Ort. Daraus ergibt sich eine schwierige politische Existenzgrundlage, die nicht selten dazu führt, dass Positionen entstehen, die von antifaschistischer Seite angegriffen werden.

Dies ist in Stadtteilen, in denen es bereits breite politische Netzwerke gibt, weniger problematisch. Für die Antifa-Gruppen ist das Problem einfacher. Sie haben vor allem Interesse an einer Stärkung eigener Strukturen vor Ort. Diese entstehen aber überwiegend nicht aus dem Umfeld der bisherigen Bewohner_innen, sondern vielmehr aus dem Zuzug von Aktivist_innen anderer Stadtteile oder Städte. Exemplarisch zeigte sich das auch in der weiteren Folge der Ereignisse im Leipziger Osten. Nach und nach veränderte sich das Wohnumfeld in den Stadtteilen, vermehrt zogen Studierende, Künstler_innen und Alternative dorthin. Dies begünstigte das Entstehen entsprechender Infrastruktur wie beispielsweise einem autonom organisierten Treff- und Veranstaltungsort im ehemaligen rechten Kiez.

Für eine erste Zusammenfassung kann gesagt werden, dass der städtische Raum sowohl Chancen als auch Risiken für eine Zusammenarbeit zwischen Antifa und Zivilgesellschaft bietet. Beide Gruppen verfolgen nur auf den ersten Blick das gemeinsame Ziel – die Bekämpfung des Neonazismus. Hinter den Kulissen geht es beiden Gruppen um weitere Ziele, die sich häufig konträr gegenüberstehen. Beide vereint wiederum, dass sie grundsätzlich in einem Klima operieren, auf das sie reagieren müssen. Starke rechte Aktivitäten erfordern Antworten.

Fall 2: Leipzig-Lindenau 2008 bis 2014

Einige Monate später bot sich antifaschistischen Gruppen und Zivilgesellschaft erneut ein Raum, gemeinsame Politikansätze oder gegenseitige Akzeptanz unterschiedlicher Konzepte auszuprobieren. Der Leipziger Osten verlor durch die oben beschriebenen Ereignisse seine Attraktivität und Sicherheit für Neonazis.

Diese zogen fortan in westlichere Stadtteile, die über scheinbar weniger starke Gegenkräfte verfügten. Im Winter 2008 eröffnete die NPD im Leipziger Stadtteil Lindenau in der Odermannstraße 8 ein „Abgeordnetenbüro" – auch bekannt als „nationales Zentrum". Das Umfeld dieser Neonazis war dasselbe wie zuvor im Leipziger Osten. Die ersten Protestformen gegen die Odermannstraße 8 bestanden, ähnlich wie zuvor bei vielen anderen rechten Aktivitäten, in spontanen Demonstrationen und Besuchen durch antifaschistische Gruppen. Schnell sollte sich zeigen, dass die Ausgangslage in Lindenau eine andere als im Leipziger Osten war. Mit Institutionen wie dem „Theater der Jungen Welt"[14] oder dem „Erich-Zeigner-Haus"[15] gab es im Leipziger Westen bereits eine üppige Zivilgesellschaft, die es verstand sich zu wehren. Schnell wurden aus dem Milieu der lokalen Zivilgesellschaft Proteste organisiert oder Demonstrationen veranstaltet. Durch die größere Bekanntheit des NPD-Zentrums im Vergleich zu den Aktivitäten im Leipziger Osten mischte sich auch die Stadtpolitik ein. Auf dem Lindenauer Markt fanden beispielsweise regelmäßig Kulturveranstaltungen mit namhaften Künstler_innen statt.

In den folgenden Wochen und Monaten konnte ein Interaktionsmuster beobachtet werden, mit dem Antifa und Zivilgesellschaft im Stadtteil auf das „nationale Zentrum" reagiert haben. Den Anfang bildeten spontane Demonstrationen, militante Angriffe und Aufklärung der Bewohner_innen durch Antifa-Gruppen. Diese und die lokale Berichterstattung der Medien machten den ganzen Stadtteil auf die neuen Nachbarn aufmerksam. Gleichzeitig waren Zivilgesellschaft und Stadt aufgefordert, eigene Akzente zu setzen. Auch die Kommunalpolitik musste umgehend prüfen, ob eine verwaltungstechnische Schließung des NPD-Zentrums möglich sei. Nachdem dies scheiterte, stand für die meisten Bewohner_innen fest, dass sie zunächst mit den Neonazis als Nachbarn leben müssten. Das führte zu einer gewissen Politisierung und Aktivierung des Kiezes. Anders als in Leipzig-Reudnitz und Leipzig-Stötteritz hatten die Neonazis und die NPD hier weniger offene oder versteckte Sympathien. Die Ablehnung der Neonazis war allgegenwärtig. Kaum eine Kneipe oder ein Geschäft, von dem Proteste gegen das Neonazi-Zentrum nicht unterstützt wurden. Die Dunkelziffer der Unterstützer_innen blieb freilich ungeklärt. Da nach und nach eigene Aktionen und Aktivitäten aus dem Kiez entstanden, schien es den antifaschistischen Gruppen möglich, die Verantwortung für die Proteste abzugeben. Dies geschah weniger als offizielle Übergabe oder im Rahmen einer gemeinsamen Planung, sondern war

---

14 Siehe auch: http://www.theaterderjungenweltleipzig.de (abgerufen am 12.10.2016).
15 Siehe auch: http://www.erich-zeigner-haus-ev.de (abgerufen am 12.10.2016).

vielmehr eine dynamische Entwicklung. Auf der einen Seite wurde es für Antifa-Gruppen schwerer, Aktivist_innen nach Leipzig-Lindenau zu mobilisieren, auf der anderen Seite führte die Politisierung des Stadtteils zu einer gewissen Form der Sättigung, da wichtige Ziele erreicht wurden. Eine wichtige Aufgabe blieb jedoch bei der Antifa, da sie von anderen hätte kaum geleistet werden können: Regelmäßig informierten antifaschistische Gruppen und deren Internetseiten über bevorstehende Ereignisse der NPD im Neonazi-Zentrum. Dies waren für die örtliche Zivilgesellschaft wichtige Informationen, da sie beispielsweise ermöglichten, eigene Aktionen umzusetzen.

Der Protest gegen das Zentrum wurde nun in die offizielle Politik örtlicher zivilgesellschaftlicher Gruppen übernommen. So wurde das NPD-Zentrum fortan im Rahmen der 8. Mai-Feierlichkeiten des Erich-Zeigner-Hauses auf dem zentralen Lindenauer Markt thematisiert, das Theater der Jungen Welt nahm thematisch passende Stücke ins Programm auf. An der Fortexistenz des NPD-Zentrums änderte dies allerdings nichts.

Nach rund zwei Jahren der Koexistenz des „nationalen Zentrums" mit den Bewohner_innen des Stadtviertels entschlossen sich antifaschistische Gruppen aus Leipzig zu einer Kampagne, die eine Wiederbelebung der Proteste auslösen sollte. Die Kampagne „Fence off" wollte darauf hinwirken, dass das NPD-Zentrum geschlossen wird und die Nazis keinen sicheren Rückzugsraum haben.[16] Gleichzeitig wurden die Bewohner_innen aufgefordert, sich nicht mit dem Zentrum abzufinden. Zu diesem Zeitpunkt hatte das Zentrum auch eine überregionale Bedeutung für die Neonazi-Szene in Sachsen.

Die Kampagne beinhaltete weniger eine offene oder versteckte Konfrontation gegenüber der örtlichen Zivilgesellschaft. Gleichwohl die Kampagne durch autonome Antifa-Gruppen organisiert wurde und örtliche zivilgesellschaftliche Kräfte kaum einband, verstand sie sich nicht als gegen die anderen Protestformen gerichtet. An Demonstrationen innerhalb der Kampagne, nahmen bis zu 2000 Menschen teil. Sie schaffte es auch, dass sich Antifa-Gruppen aus dem Umland sowie aus anderen nahegelegenen Großstädten mit dem Nazi-Zentrum beschäftigten. Zum Abschluss Ende 2012 stand das Neonazi-Zentrum noch stärker isoliert im Stadtteil da. Ein weiterer Effekt war, dass Polizei und Verwaltung darauf eingestellt waren, dass das NPD-Zentrum eine Gefahr für die örtliche

---

16 Eine Nachzeichnung der „Fence-Off"-Kampagne kann in einem Interview mit Aktivist_innen im Antifaschistischen Infoblatt Nr. 96 nachgelesen werden: https://www.antifainfoblatt.de/artikel/%C2%BBfence-off%C2%AB-eine-kampagne-gegen-neonazis-leipzig (abgerufen am 12.10.2016).

Sicherheit darstellte. Den Behörden war schließlich klar, dass Aktivitäten der Neonazis in der Regel durch Antifa-Gruppen begleitet würden.

Innerhalb der nächsten zwei Jahre nahm zudem die Bedeutung des Neonazi-Zentrums für die Szene ab. Im Herbst 2014 zogen die Nazis endgültig aus.[17] Rückblickend lässt sich sagen, dass die antifaschistischen Gruppen damit eine dynamische Intervention im Stadtteil vollzogen, die einerseits den Stadtteil lebendig hielt, sich mit den Neonazis zu beschäftigen und andererseits eigene Akteur_innen ermutigte, weitere Aktivitäten zu unternehmen. Zusammengenommen führten die Maßnahmen von Antifa-Gruppen und Zivilgesellschaft zu einer effektiven Verhinderung der Nutzung der Odermannstraße 8 als „Bürgerbüro" im Stadtteil. Durch das relativ eigenständige Agieren von Antifa-Gruppen und örtlicher Zivilgesellschaft gelang es, ihre jeweiligen Zielgruppen anzusprechen. Beide Akteur_innen hatten wenig Anreiz, die Aktionsformen der anderen zu bekämpfen, da man sich zumindest in der Wahrnehmung des NPD-Zentrums als Störung oder Provokation einig war.

Fall 3: Antifa-Proteste in der Stadt Wurzen 2008 bis 2009

Antifa-Gruppen aus Leipzig unternahmen in den 2000er Jahren Versuche, antifaschistische Politik und Aktionsformen in benachbarte Kleinstädte zu tragen. Darunter waren beispielsweise Wurzen (Landkreis Leipzig), Colditz (Landkreis Leipzig) und Geithain (Landkreis Leipzig). Der 50 Kilometer-Radius um Leipzig war – politisch betrachtet – deutlich konservativer und rechtsaffiner als die Stadt Leipzig. Bundesweit bekannt wurde Wurzen in den Neunzigerjahren. Die örtliche Neonazi-Szene machte jahrelang durch erhebliche Dominanz und Gewalt gegen Andersdenkende und Migrant_innen auf sich aufmerksam. Regelmäßig kam es zu Demonstrationen gegen Neonazis, zu denen bundesweit mobilisiert wurde.[18] Gegen Ende der Neunzigerjahre entstanden vielerorts Vereine, die zum einen als Antwort gegen das rechte Klima gedacht waren, zum anderen eine Unterstützungsstruktur für Betroffene rechter Gewalt und für nicht-rechte Ju-

---

17 Der Auszug ist vor allem auf finanzielle Engpässe der NPD zurückzuführen. Nachdem die Partei 2014 mit 4,9 Prozent der Zweitstimmen aus dem Landtag flog, traten offensichtlich Lücken bei der Finanzierung auf. Die NPD gab das Zentrum eigenständig auf. Freilich wird auch die geringe Motivation vieler Neonazis, in den Kiez zu Veranstaltungen zu kommen, ursächlich sein.

18 Siehe Antifaschistisches Infoblatt (AIB) Nr. 96: https://www.antifainfoblatt.de/artikel/wurzen-zentrum-der-neonazistischen-formierung-im-muldentalkreis (abgerufen am 12.10.2016).

gendliche darstellten. Mitte der 2000er Jahre gab es Vereine wie beispielsweise „Netzwerk für demokratische Kultur e.V." (NDK, Wurzen) oder „Vive le Courage" (Mügeln) in vielen kleineren und mittleren Städten in der Region Leipzig. Anders als örtliche antifaschistische Jugendgruppen, pflegte die Antifaszene aus Leipzig nur eine marginale Zusammenarbeit mit diesen Vertreter_innen der regionalen Zivilgesellschaft. Die Antifa verstand sich eher als Korrektiv, das immer dann agierte, wenn es nicht mehr anders ging. Kam es mal wieder zu einem Neonazi-Angriff im Umland mobilisierte die Leipziger Szene breit und brachte eigene Inhalte und eigenes Auftreten gleich mit. Sowohl die vor Ort aktiven Antifaschist_innen als auch die Zivilgesellschaft hatten es nach solchen Demonstrationen häufig schwer, im Ort weiter Akzeptanz zu finden. Nicht selten begrüßten diese es aber auch, wenn Unterstützung aus Leipzig kam.

In den kleineren Städten um Leipzig ließ sich häufig ein ähnliches Muster beobachten. Nicht-rechte Jugendliche versuchten etwas gegen den tristen, rechten Alltag zu unternehmen, gründeten eine Punk-Band oder veranstalteten ein antirassistisches Fußballturnier. Neonazis griffen diese Events an oder bedrohten sie massiv. Konservative Politiker_innen und viele Bewohner_innen verharmlosten die Gefahr durch die Neonazis und sahen die Schuld eher bei den Nicht-Rechten.[19] Diese Dynamik zu durchbrechen, haben sich nur wenige Akteur_innen zur Mission gemacht. Abseits spontaner oder angemeldeter Demonstrationen in Folge von Neonazi-Attacken gab es jedoch auch eigene Aktivitäten, die durch Akteur_innen der Antifaszene aus Leipzig und der örtlichen Szenen organisiert wurden.

Wie schwer dies sein konnte, zeigte sich anhand eines Ereignisses in Wurzen. Jährlich riefen hier antifaschistische Personen zu einem „Antirassistischen Sonntagsspaziergang" auf. Diesem Aufruf folgten 2008 auch einige Unterstützer_innen aus Leipzig. Von Beginn an wurden die Teilnehmenden durch rund 100 Neonazis aus Wurzen und Umgebung verfolgt, begleitet und verbal attackiert. Nur mit Mühe gelang es Demonstrierenden und Polizei, dass es nicht zu schlimmen Gewalttaten gekommen war. Den Demonstrierenden zeigte sich eine Stadt, die keinerlei Sympathien für eine antirassistische Demonstration bereithielt und die Neonazis in der Stadt agieren ließ, obwohl diese offen gewalttätig waren. Es

---

19 Exemplarisch kann hierfür auf Ereignisse in der Stadt Colditz verwiesen werden. Zwischen 2008 und 2009 kam es hier immer wieder zu brutalen Angriffen von Neonazis auf Nicht-Rechte und Migrant_innen. In einem Artikel auf der Seite „Netz gegen Nazis" sind einige davon nachgezeichnet: http://www.netz-gegen-nazis.de/artikel/wenn-rechtsextreme-politik-bestimmen-7726 (abgerufen am 12.10.2016).

gab weder Unterstützung durch die Stadt noch durch die Zivilgesellschaft wie beispielsweise das NDK. Diese Demonstration musste den Eindruck hinterlassen, dass das lokale Agieren gegen Rechts davon geprägt sei, dass man entweder nur im Untergrund existieren kann oder seine eigenen Positionen so sehr verändert, dass sie auch von einer konservativen Stadtgesellschaft akzeptiert werden. Letzteres wurde seitens der Leipziger Antifa dem NDK vorgeworfen.

Ein Jahr später mobilisierten Leipziger Antifa-Gruppen nach Wurzen. Schon im Vorfeld wurde in der Lokalpresse vor dem „Schwarzen Mob" aus Leipzig gewarnt. Die Demonstration verfolgte ein bereits aus Leipzig bekanntes Ziel: Stärke gegen Neonazis und rechtes Umfeld zeigen. Eine Stärkung örtlicher Akteur_innen, wie beispielsweise dem NDK, stand nicht auf dem Programm.[20] Nach diesen Ereignissen verlor die Antifaszene wieder das Interesse an Wurzen und seinen Problemen. Die Attraktivität für Neonazis verlor Wurzen freilich nicht.

Das Beispiel Wurzen soll zeigen, dass die Zusammenarbeit zwischen Antifa und Zivilgesellschaft in kleinen Städten, die von einem starken rechten Klima geprägt sind, ähnlich konfliktbehaftet ist, wie dies bereits in Stadtteilen von Leipzig beschrieben wurde. Hinzu kommt aber das schwierige Verhältnis zwischen Antifa-Gruppen des städtischen Raums und örtlichen Antifaschist_innen. Letztere sind häufig auf eine Zusammenarbeit mit der Zivilgesellschaft angewiesen (Beispiel: Raum für Konzerte). Erstere wollen zwar lokale Gruppen stärken, dafür aber nur in seltenen Fällen eigene Inhalte und Aktionsformen aufgeben. Es kann sich eine Dilemma-Situation bilden.

Zusammenfassung und Ausblick: Akzeptanz der unterschiedlichen Politikansätze und temporäre Kooperation

Vor dem Hintergrund eines starken Dominanzstrebens von Neonazis, rechten Akteur_innen und konservativer Politik lässt sich eine sukzessive Zusammenarbeit zwischen Antifa und Zivilgesellschaft beobachten, die dann stark und erfolgreich ist, wenn sie sich auf die Stärken beider Akteur_innen konzentriert.

An dieser Stelle kann auf die zu Beginn des Textes erhobene 1. und 2. These verwiesen werden, in denen auf den weit verbreiteten „rechten Konsens" und die sich daraus ergebende Zusammenarbeit von Antifa-Gruppen und nicht-rechter

---

20 Die vermeintliche Nicht-Einbindung des NDK und anderer Akteur_innen aus Wurzen wurde durch das NDK kritisiert: http://www.ndk-wurzen.de/Aktuelles/Pressespiegel/Demo-gegen-Rassismus--LVZ-MTL--20-03-2009-/448d517s130/ (abgerufen am 12.10.2016).

Zivilgesellschaft eingegangen wurde. Nach der Analyse der drei Fallbeispiele zeigt sich ein Zusammenhang zwischen der Stärke der Bedrohung durch Neonazis oder andere rechte Kräfte und der Motivation zur Zusammenarbeit beider Akteur_innen. Es kann davon ausgegangen werden, dass ein wahrgenommener rechter Konsens, beispielsweise ein weit verbreiteter Alltagsrassismus, untätige oder mit Neonazis sympathisierende Behörden sowie starke Neonazi-Kräfte dazu führen, dass sowohl Zivilgesellschaft als auch Antifa-Gruppen die Notwendigkeit zum gemeinsamen Handeln erkennen. Voraussetzung dafür ist aber, dass sich die zivilgesellschaftlichen Gruppen eindeutig von rassistischen oder nationalistischen Positionen der anderen Gruppen und Bewohner_innen distanzieren. In Leipzig-Reudnitz und Stötteritz ließ sich dies zunächst nicht beobachten, da die Gruppen erst seit kurzer Zeit existierten und ihr Verhältnis zum Kiez und seinen Bewohner_innen noch nicht geklärt hatten. In Leipzig-Lindenau existierten zivilgesellschaftliche Gruppen schon vor der Entstehung des Neonazi-Zentrums und eine antifaschistische oder antirassistische Positionierung lag vor. Da es zudem kaum wahrnehmbare Neonazi-Bewohner_innen gab, fiel es der Antifa leicht, eher die NPD und die Neonazis als die Bewohner_innen in den Fokus der Kritik zu nehmen.

Antifa und Zivilgesellschaft nutzen zum Teil unterschiedliche Methoden und Konzepte. Konzentrieren sich aber beide auf den Nutzen für die Erreichung gemeinsamer Ziele, muss dies nicht zwangsläufig konfliktbehaftet verlaufen. Antifa-Gruppen beobachten meist detailliert die Aktivitäten der Neonazis und Rechten, woraus wertvolle Informationen entstehen, die für die Zivilgesellschaft wichtig sind. Zudem haben sie insbesondere unter jungen Menschen ein erhebliches Mobilisierungspotenzial, das über den städtischen Raum hinausgeht. Sie verfügen als nicht-staatliche und non-formale Organisationen über die Kompetenz und Fähigkeit, staatliches Handeln zu kritisieren, ohne dass automatisch Personen dafür haften. Sie ermöglichen somit eine Diskurserweiterung. Ergänzend zur 3. These, in der es um die unterschiedliche Weite des Politikfeldes beider Akteur_innen ging, kann gesagt werden, dass es kein unbedingter Widerspruch sein muss, wenn zivilgesellschaftliche Gruppen vor allem das praktische Agieren im Stadtteil in den Blick nehmen und antifaschistische Gruppen dazu beitragen, dass das Lokale ebenso durch einen größeren Rahmen wahrgenommen wird. Beides ist möglich, wenn von beiden Akteur_innen keine absoluten Deutungshoheiten angestrebt werden.

Ebenso nicht unwichtig, Antifa-Gruppen verfügen über wirkungsvolle Strategien, Neonazis zu schwächen und zu bekämpfen. Nicht-staatliche Zivilgesellschaft bemüht sich um einen Anschluss an die Bewohner_innen einer Stadt oder eines

Stadtteils. Sie kann und will nicht radikale Kritik üben, die geeignet wäre, lokale Bündnisse zu verunmöglichen. Wie bereits in den Thesen beschrieben, bleibt dies die größte Herausforderung im gemeinsamen Agieren. Wenn Antifa einerseits „mit allen Mitteln" Neonazis bekämpfen will und dabei auch militante Formen anwendet, wird sich andererseits Zivilgesellschaft mindestens immer in einem Rechtfertigungsmodus befinden, da es erklärtes Ziel ist, große Teile der bürgerlichen (Stadt-)Gesellschaft für die eigenen Ziele zu gewinnen.

Zivilgesellschaftliche Gruppen verfügen aber über reale Kräfte, die Verhältnisse im Stadtteil zu verändern. Nicht selten schaffen sie damit auch eine Basis für das Entstehen neuer antifaschistischer Netzwerke, die wiederum einen Effekt auf das Klima des Stadtteils oder der Stadt haben. Es ist also nicht nötig, dass beide Akteur_innen in jedem Punkt einer Meinung sind oder jede Aktionsform teilen. Viel wichtiger wäre es, wenn sie sich gemeinsam als Teil eines Interventionsprozesses verstehen, für den es nicht nur einen, sondern viele Akteur_innen braucht.

Christin Jänicke / Benjamin Paul-Siewert
Nachwort zur dritten Auflage
Nicht abgeschlossen – Geschichte für die Zukunft
Von 1989 ins Jahr 2019

Die dritte Auflage des Sammelbandes „30 Jahre Antifa in Ostdeutschland" erscheint 30 Jahre nach dem Fall der Berliner Mauer 1989. Sie erscheint in einem Jahr, in dem viel über die Deutung dieses Ereignisses diskutiert werden wird, einem Jahr in dem die Suche nach einer ostdeutschen Identität die Talkrunden, Schlagzeilen und Parteitage ebenso prägen wird wie die Suche nach Erklärungen für eine im Wahljahr 2019 entscheidende Frage: Warum wählt der Osten überdurchschnittlich rechts? Nicht nur die bundesdeutsche Politik wird sich mit der Erinnerung des Herbstes 1989 beschäftigen, auch die außerparlamentarische DDR-Opposition und linke Gruppen werden ihre Deutung der Geschichte und ihrer Rolle darin präsentieren. Das damit verbundene Ringen um Deutungsmacht berührt einen Wunsch, der uns seit der Veröffentlichung des Sammelbandes 2017 mehrfach erreichte. Es ist das Bedürfnis nach einer abschließenden, möglichst wertenden Bestandsaufnahme und nach einem Urteil: Sind wir gescheitert, oder waren wir erfolgreich?

Für die Antifa in Ostdeutschland muss solch ein Resümee unseres Erachtens aber schon deshalb ausbleiben, weil noch zahlreiche thematische, regionale und zeitliche Aspekte einer genauen Betrachtung bedürfen. Außerdem: abgeschlossen ist nichts, sondern vielmehr in Bewegung, wie uns die politische Lage in diesem Lande gegenwärtig wieder einmal lehrt. Daher bieten wir zur aktuellen Orientierung fünf Schlaglichter zur Geschichte, Gegenwart und Zukunft von Antifa in Ostdeutschland an.

(1) Nach 30 Jahren Antifa in Ostdeutschland blicken wir 2019 fortsetzend auf drei Jahrzehnte 'Herbst 1989' zurück. In einem Workshop zum Thema „Linksradikale Organisierung zwischen Selbstverwirklichung und Systemfrage" berichteten zuletzt Zeitzeug_innen der „Antifa Potsdam" und vom staatlich unabhängigen „Revolutionären Autonomen Jugendverband" aus Ost-Berlin

Nachwort zur dritten Auflage

über ihre Erlebnisse und Visionen in den damaligen Monaten des Umbruchs. Die biographischen Erzählungen zeichneten ein ganz anderes Bild als die offizielle Geschichtsschreibung der Bundesrepublik. Ihnen ging es nicht um eine Vereinigung beider deutscher Staaten oder Marktwirtschaft; und um mehr als Presse- und Reisefreiheit. Sie wünschten sich einen Antifaschismus, der seinen Namen verdient, und einen antiautoritären, basisdemokratischen Sozialismus mit kollektiver Selbstverwaltung und Volkseigentum. Ein salopper Slogan wie 'Gegen Faschos, SED und Kapital' fasst dies wohl treffend zusammen. Zunächst auf den Anti-SED-Demonstrationen in Berlin und Leipzig mit antifaschistischen, schwarz-roten-Blöcken vertreten, vernahmen die Aktivist_innen damals recht schnell, dass sie die ‚Massen' weder auf der Straße noch in den volkseigenen Betrieben für sich gewinnen würden und mit den Bürgerrechtler_innen wenig gemein hatten. Zwar kamen zur „Anti-Kohl-Demonstration" am 19. Dezember 1989, anlässlich des Bundeskanzlerbesuches in der DDR noch 50.000 Menschen in Berlin zusammen. Doch zur gleichen Zeit betonte Kohl in seiner Rede in Dresden: „Mein Ziel bleibt – wenn die geschichtliche Stunde es zulässt – die Einheit unserer Nation." Danach erlebten die Aktivist_innen immer mehr Ablehnung; als sie Flugblätter verteilten, waren ihre Parolen gegen den Ausverkauf der DDR längst übertönt. Der ‚kurze Herbst der Utopie' verlagerte sich zusehends weg von der Straße und den runden Tischen hinein in die besetzten Häuser. Diese waren also nicht nur Orte der persönlichen, sondern auch politischen (Selbst-) Verwirklichung; eine Antwort auf den um sich greifenden Nationalismus und marodierende Neonazis. Hier ließ und lässt sich bis heute die Systemfrage noch im Kleinen stellen.

(2) Statt die Neunzigerjahre dunkel zu zeichnen oder zu heroisieren, geht es uns um die Vergegenwärtigung vergessener Geschichte und ihrer Akteur_innen. Über sie wurde sich hinter „Einheits"-Diskurs, Naziterror und Ost-Defizitierung ausgeschwiegen. Zu eigensinnig waren sie und oftmals auch schlicht zu wenige. Ein Satz in einem Zeitzeug_innenbericht der „taz" zum jugendlichen Leben in der Provinz der Ex-DDR bringt die Marginalisierung in einem Satz auf den Punkt: „Es gab die aufrechten Antifaschisten, die Punks, ich wusste von ihnen, ich sah sie allerdings nie auf der Straße." Die Essenz aus diesen biographischen Erzählungen ist, dass sie die gleichen Bedrohlichkeiten und Ängste erfuhren, wie jene, die schwiegen, in die Metropolen oder gen Westdeutschland zogen. Doch den dagebliebenen unangepassten Antifaschist_innen eine Stimme zu geben, würdigt nicht nur ihre Entscheidung zur Gegenwehr und das tagtägliche, persönliche Risiko im Kampf gegen Neonazis. Der Sammelband betont zusätzlich, dass sie es

waren und sind, die den starren Verwaltungsduktus von Kommunalpolitik, den ausbleibenden polizeilichen Schutz und das demokratische Unvermögen einer paralysierten post-sozialistischen Gesellschaft aushalten mussten. Letztlich haben sie trotz der gesellschaftspolitisch prekären Bedingungen an zahlreichen Orten nachhaltige Selbstverwirklichung und Widerständigkeit realisiert. Die damaligen Handlungsgründe und -fähigkeiten im und für das Heute zu erschließen und zu transportieren ist eine Form politischer Bildung und Diskussion, die sinnhafte und praxisbezogene Lernprozesse ermöglicht und dem Verlernen vorbeugt.

(3) Dringend notwendig ist das allemal. Zwar endet der Sammelband spätestens vor den Problemstellungen und antifaschistischen Praxen gegen die rassistischen Mobilisierungen auf den Straßen und den Parlamenten seit dem Jahr 2013. Aber eines lässt sich gegenwärtig festhalten: Antifa zeigt an solchen Orten Kontinuitäten und durchsetzungsfähige Widerständigkeit, wo sie sich über Jahrzehnte gegen teilweise widrigste Umstände verstetigt hat, sei es in Rostock, Halle an der Saale oder in Jena. Dazu gehören neben dem Aufbau von Infrastrukturen die sprachliche und praktische Überlieferung und Aktualisierung subjektiver Handlungsanlässe und -weisen. Sich zu engagieren basiert auf persönlicher Betroffenheit und politischer Solidarität. Oder anders formuliert: Es bedarf des subjektiven und kollektiven Unmuts und Mutes zugleich. Eine Betrachtung solch wechselseitiger Dynamiken dürfte ein Mehr an praktisch relevanten Handlungsempfehlungen ermöglichen. Die Basis dafür sind Reflexion der eigenen Praxis, Generationenaustausch sowie Weiterentwicklung erprobter politischer Konzepte.

(4) Dadurch lässt sich zugleich wissenschaftlich Opposition beziehen gegen eine um sich greifende, von Innenministerien und Geheimdiensten alimentierte und genutzte Auftrags-„Forschung". Sie dient letztlich dem staatlich fixierten und politisch motivierten Programm einer pseudowissenschaftlichen Extremismusdoktrin und Deskreditierung antifaschistischer wie linker Kritik. Ob die darin involvierten Wissenschaftler_innen, beispielsweise vom „Göttinger Institut für Demokratieforschung", ihrerseits hehre Ziele verfolgen, sei dahingestellt, denn frei nach der Band „Kettcar" gilt immer noch: „Das Gegenteil von gut ist gut gemeint".

(5) Ein Garant für antifaschistische und linke Handlungsfähigkeit waren besetzte Häuser und ihre oftmals legalisierten Nachfolgeformate. Damit dies so bleibt, wird es auch in Zukunft ein hohes Maß an Widerständigkeit, Solidarität und Kontinuität bedürfen. Denn die sozialstrukturellen, und folglich kulturellen

und alltäglichen, Bedingungen werden nicht einfacher, so zumindest die Prognosen. Zum einen fährt die extrem rechte Partei AfD in Ostdeutschland hohe Wahlergebnisse ein und nehmen Neonazi-Zusammenrottungen und Krawalle zu. Zum anderen sind die Spätfolgen von Ausverkauf und Deindustrialisierung der Ex-DDR durch die „Treuhand" noch gar nicht absehbar. Der Diskurs um Abwanderung und infrastrukturelle Ausdünnung bewegt sich zumeist zwischen konsterniertem Schulterzucken und Durchhalteparolen, mit denen die ‚Seelen' in Ost- und Westdeutschland gleichermaßen in ihren Ressentiments besänftigt werden sollen. Dass die demokratische Zivilgesellschaft in zahlreichen Provinzen auf tönernen Füßen steht, scheint dabei außerhalb des Bedeutungshorizonts der politisch Verantwortlichen zu liegen. Die antifaschistischen Kämpfe im Osten der Neunzigerjahre könnten also von der Zukunft in den Schatten gestellt werden.

Zuletzt möchten wir uns für die herzliche, unterstützende, anregende und (selbst-)kritische Resonanz bedanken, die uns seit Erscheinen des Buches vor zwei Jahren erreicht hat. Ob in Rezensionen, Interviews oder auf den vielen Buchvorstellungen in Ost- und Westdeutschland sowie in der Schweiz: Die Besprechung des unabhängigen Antifaschismus im Osten war und ist für zahlreiche Engagierte Anlass für Rückblicke und aktuelle Bestandsaufnahmen. Davon zeugte auch die gleichnamige Tagung am 1. und 2. Dezember 2017 in Potsdam, die mehr als 200 Zeitzeug_innen, Aktivist_innen und kritische Wissenschaftler_innen zusammenbrachte. Wir hoffen, dass das Interesse hält, in den Gesprächen noch mehr unentdeckte Geschichten ausgetauscht werden, gegenseitiges Wissen weitergegeben wird und zukünftige Generationen von den Erfahrungen profitieren können.

Christin Jänicke / Benjamin Paul-Siewert / Dietmar Wolf

Nachwort zur Fünften Auflage – 2022

Als dieser Sammelband 2017 zum ersten Mal erschien, war es höchste Zeit, die unerzählte Geschichte des unabhängigen antifaschistischen Engagements in Ostdeutschland zu rekonstruieren und öffentlich verfügbar zu machen. Seither hat die wissenschaftliche und bewegungseigene Auseinandersetzung mit dem Aktivismus der Wendejahre an Fahrt aufgenommen und wohlmöglich konnte dieses Buch auch einen Beitrag dazu leisten. Zumindest waren die letzten fünf Jahre des ostdeutschen Antifaschismus geprägt von einer kritisch-solidarischen Rückbesinnung auf die Ursprünge der Widerständigkeit – gegen die Gewalt der Neonazis, gegen deren Verharmlosung durch die breite Bürgerlichkeit und gegen das jahrelange Versagen von Politik und Polizei. Das alles Weiterzuerzählen und hörbar zu machen, ist die Basis, um das Erlebte und die damaligen Zumutungen einerseits zu verstehen und andererseits aufzuzeigen, dass es in dieser Zeit sehr wohl antifaschistisches Engagement gab. So wurde unter anderem im Herbst 2021 in der Berliner Zionskirche – einem der Ausgangspunkte von Antifa im Osten – über die Bewegung damals und heute diskutiert. Und umso dankbarer sind wir der bekannten Schriftstellerin Manja Präkels für ihr aus dieser Zeit berichtendes und berührendes Vorwort zur fünften Auflage.

Wenn wir über die Wendezeit reden, gilt es also neben dem Untergang des vermeintlich „real existierenden Sozialismus", dem uneingelösten Versprechen der „blühenden Landschaften" und den „Baseballschlägerjahren" auch die Antifa-Bewegung Ost präsent zu haben. Denn ihrer Hartnäckigkeit und Kritik ist es mit zu verdanken, dass sich hier in den letzten Jahrzehnten vielerorts eine breite Zivilgesellschaft etabliert hat. Von Hausprojekten und alternativen Zentren, über Opferberatungen und antirassistische Initiativen, bis hin zu mobilen Beratungsteams, um nur einige zu nennen.

Dass es diese unterschiedlichsten Institutionen und so vielen Engagierten gibt, hat gute Gründe. Sie intervenierten während Polizei und Behörden versagten. Als im August 2022 Tausende an den 30. Jahrestag des Pogroms von Rostock-Lichtenhagen erinnerten, wurde auch gegenwärtig, wie real die Bedrohung von Rechts war und ist – und wie nötig deutliche antifaschistische Antworten sind. Was sich damals, zwei Jahre nach der sogenannten Wiedervereinigung im nationalistisch-rassistischen Wahn Bahn schlug und vom staatlichen Nicht-Handeln bestärkt wurde, wirkt wie eine Blaupause für die politische Gemengelage in Ostdeutschland von den Neunzigerjahren bis heute. Sei es das Pogrom von Hoyerswerda 1991 oder das Verbot der Antifa-Großdemonstration in Saalfeld 1997, das Untertauchen der NSU-Rechtsterrorist_innen 1998 in Jena und die folgende Mordserie, die unzähligen Todesopfer rechter Gewalt seit 1990 im Osten oder die Krawalle in Freital, Heidenau und Mügeln 2015. „Der Schoß ist noch fruchtbar" lautet eine Zeile des Songs „Stolpersteine" vom Chemnitzer Sänger Trettmann, der damit ein Bild von Geschichte und Gegenwart zeichnet, das auch angesichts dieser Zeitmarken immer noch an Gültigkeit besitzt. Dass sich in Thüringen im Frühjahr 2022 ein FDP-Mann mit Gnaden der AfD zeitweilig zum Ministerpräsidenten wählen ließ, reiht sich – wenngleich auf anderer Ebene – in diese historische Abfolge ein.

Als wir Herausgebende 2019 im Nachwort der dritten Auflage dieses Sammelbandes angesichts der AfD-Wahlerfolge davor warnten, dass die ostdeutsche Zivilgesellschaft immer mehr unter Druck geraten und die antifaschistischen Kämpfe der Neunzigerjahre von der Zukunft in den Schatten gestellt werden könnten, war die Covid-19-Pandemie noch nicht absehbar. Zwar bleiben die Umsturzphantasien der Neuen Rechten bisher eine dunkle Dystopie. Doch Massenmobilisierungen im Zuge der „Corona-Proteste", dynamisiert von der AfD, mit teilweise zehntausenden Menschen und einer Klientel weit über die Szenegrenzen hinaus, markieren eine neue Qualität. Das erinnert nicht nur an die Straßengewalt von damals, sondern erfordert Antworten für „morgen". Und wieder einmal offenbart sich vielerorts: Diejenigen, die sich den rechtsoffenen oder extrem rechten Marschierenden entgegenstellen, sind engagierte Antifaschist_innen, und die Polizei ist oftmals nicht in Lage oder nicht gewillt, deren Schutz zu garantieren. Mitunter mussten Proteste gegen die Corona-Aufmärsche aufgrund der Kräfteverhältnisse sogar abgesagt werden.

Hinzu kommen seit dem NSU neue rechtsterroristische Anschläge wie in Halle/Saale am 9. Oktober 2019 und vereitelte Attentate wie von den „Vereinten Patrioten" – mit führenden Köpfen in Thüringen –, die im Frühjahr 2022 aufflogen. Aber rechte und rassistische Gewalt ist mitnichten auf den Osten reduziert – ebenso wenig die unentbehrliche Solidarität mit Betroffenen, wie die Unterstützung zwischen den Überlebenden und Hinterbliebenen der Anschläge von Halle und Hanau zeigt.

Mittlerweile abgeschlossen scheint die Verfestigung der AfD in den ostdeutschen Bundesländern. Zwar scheiterte die Partei bisher meist bei Wahlen auf der

Kommunalebene. Doch in den Landtagen von Schwerin bis Dresden wird sie wohl für lange Zeit vertreten bleiben und das nicht trotz, sondern wegen ihres offen extrem rechten Auftretens.

All das zeigt: kontinuierliches antifaschistische Engagement ist weiterhin unabdingbar und die Suche nach politischen Konsequenzen aktueller denn je. Wenngleich die Ausgangslage dafür vor nunmehr 35 Jahren in der niedergehenden DDR deutlich prekärer war als heute, so ist eines gewiss: Die ostdeutschen Herausforderungen im Kampf gegen Rechts sind mit Sicherheit nicht weniger geworden. Wer darauf konsistente Antworten geben will, sollte sich auch die Erfahrung und Expertise der unabhängigen Antifa Ost vergegenwärtigen.

Benjamin Paul-Siewert / Christin Jänicke

Nachwort zur 7. Auflage

Acht Jahre nach Erscheinen der ersten Auflage dieses Sammelbandes wird stärker denn je deutlich, vor welch großen Herausforderungen die Antifa-Bewegung, die Zivilgesellschaft insgesamt und die parlamentarische Demokratie – nicht nur – in Ostdeutschland stehen. Manche sehen die Neunzigerjahre zurückgekehrt oder eine bittere Renaissance der Baseballschlägerjahre. Andere warnen, damit die damals omnipräsente Alltagsgewalt und Abwesenheit staatlichen Schutzes aus dem Blick zu verlieren oder langwierig errungene Fortschritte auszublenden. Umgekehrt ist aber sicher, dass 35 Jahre nach dem Anschluss der ehemaligen DDR demokratische Grundrechte und Parlamente unter immensem Druck von Rechts stehen – sich dadurch aber zugleich neuer Widerspruch und Gegenwehr bildet.

Zwischen Massendemonstrationen und AfD-Dominanz

Die öffentlich gewordenen Deportationspläne gegen Zugewanderte und politische Gegner*innen aus Kreisen der AfD und neuen Rechten führten im Frühjahr 2024 zur größten Protestwelle der Nachkriegszeit. Die über 1000 Demonstrationen gegen die AfD zählten in wenigen Wochen bundesweit über 3,3 Millionen Menschen. Wieder einmal zeigte sich: Wo in den letzten Jahrzehnten eine antifaschistische Zivilgesellschaft gewachsen ist, waren schnell Tausende mobilisiert. Neu war indes, dass auch dort mehr auf die Straßen gingen, wo die „Brandmauer" längst bröckelt: In Zwickau und Suhl, Lutherstadt-Wittenberg, Senftenberg oder Waren an der Müritz. Orte, wo AfD und Co. sonst Diskurse prägen und die Zivilgesellschaft zusehends unter Druck gerät.

Die AfD sitzt in nahezu allen Landtagen, stellt in Thüringen heute die größte Fraktion und führt im Osten die meisten Wahlumfragen an. Außer in Sachsen-Anhalt, wo die extreme Rechte dennoch die Devise 40 Prozent und mehr ausgegeben hat und nach der Regierung greifen will. Schon bei der vorgezogenen Bundestagswahl offenbarte sich, dass sie in einigen Landstrichen politisch und gesellschaftlich die Vormachtstellung hat. 50 bis 70 Prozent der Zweitstimmen sind keine Seltenheit und der prophezeite Zenit von einem Drittel der Wählerschaft ist mancherorts längst überschritten. Zwar schaffte sie es bisher nur, eine Hand voll Bürgermeister- und Landratsämter zu erringen oder macht in Kommunen mit internen Machtkämpfen und Inkompetenzen von sich reden. Doch was bleibt ist ihre mediale Präsenz und die Normalisierung nationalistischer und antidemokratischer Narrative.

Wenn „wir sind mehr" nicht mehr gilt

Das Motto „Wir sind mehr", das nach den aus AfD-Kreisen befeuerten Hooligan-Ausschreitungen 2018 in Chemnitz entstand, gilt nummerisch oder subjektiv immer öfter nicht mehr. Dort wo die Drohkulisse wächst, braucht antifaschistische Haltung mitunter Mut und den Rückhalt aus der Kommunalpolitik und öffentlichen Verwaltung, z. B. durch Bürgermeister*innen, Kultur- und Sozialträger oder Vereine. Wenn es das gibt, ist die Chance vorhanden, dass die demokratischen Stadtgesellschaften aus diesen politischen Auseinandersetzungen gestärkt hervorgehen. Grundsätzlich gilt: Je mehr Akteur*innen lokal gemeinsam Position beziehen, desto geringer ist die Angriffsfläche von rechts. Wo dies aber im Osten nicht der Fall ist, bleiben Antifa-Gruppen, unabhängige Jugendzentren und Demokratieprojekte wie früher die einzigen zivilgesellschaftlichen Akteur*innen; umgeben von Rechtsruck, Apathie und Rechtfertigungsdruck. Doch eines hat sich mit den „Nie wieder ist jetzt"-Protesten vergangenes Jahr gewandelt. Viele Menschen, die vorher nicht demonstrieren waren, gingen das erste Mal auf die Straße. Neue Ortsgruppen der „Omas gegen Rechts" entstanden abseits der Metropolen. Die Solidarisierung wurde breiter. In der langfristigen Rückschau existieren heute mehr zivilgesellschaftliche Initiativen als in den Neunzigerjahren. Dass dies alles entstanden ist, daran haben antifaschistische Gruppen, die hartnäckig vor der Gefahr von rechts warnen, mit ihren Anteil.

Was sie nicht verhindern konnten, war der Aufstieg der extremen Rechten in den Parlamenten. Zwar versetzten die Enthüllungen zum Potsdamer „Geheimtreffen" und die folgenden Massendemonstrationen der AfD einen Dämpfer. Doch ungeachtet dessen zeigen die Umfragen weiter nach oben. Mittlerweile verfügt die Partei über einen Personalapparat und finanzielle Ressourcen, mit denen sie besonders im Osten einen massiven sektenartigen Resonanzraum geschaffen hat, online und an einigen Stammtischen. Widerspruch an der autoritären Ideologie perlt wie an Teflon ab. Enthüllungen um Neonazis und Rechtsterroristen in den eigenen Reihen, die späte Verfassungsschutzeinstufung als „gesichert rechtsextrem" und die Debatte um ein Parteienverbot tun dem keinen Abbruch.

Zu lange konnten neofaschistische Propaganda und Fake News in die Köpfe der Bevölkerung einsickern.

Normalisierung und autoritärer Drift

Mit jeder neuen Krise – Coronapandemie und Ukrainekrieg, Inflation und Regierungsstreit – verfangen die Rechtsaußenparolen letztlich mehr und mehr. Auch weil Liberale und Konservative selbst auf Populismus setzten, in der Hoffnung Wähler*innen zurückzugewinnen oder gar als intendierter Rollback. Öffentliche und private Medienhäuser, manche Partei und der Rückbau der Brandmauer in der Kommunalpolitik haben gerade in Ostdeutschland an dieser Normalisierung unfreiwillig oder skandalgetrieben mitgewirkt.

Vielmals zu schwach ist das demokratische Fundament und die politische Bildung, gepaart mit einem verwaltungstechnischen Verständnis von Neutralität und Sachpolitik. Es fehlt an Selbstverständlichkeit für Gegenrede und Konflikte. Und an Solidarität bei Anfeindungen. Diese werden von der AfD und Neuen Rechten gezielt eingesetzt, um Angsträume à la „National befreite Zonen 2.0" zu schaffen und Widerspruch auszuschalten. Dabei kann sie sich auf Netzwerke und eine Anhängerschaft verlassen, die weit über die Grenzen und Machtpotentiale klassischer Neonazi- und Rassismus-Milieus der Neunzigerjahre hinausgehen. Eine Melange aus neurechtem Vorfeld, konservativen Wutbürgern und Populismus Affinen, mittelständischen Unternehmen und etablierten Lokalpersönlichkeiten, Verschwörungsgläubigen und Reichsbürgern.

Antifaschistische Demonstrationen und Selbstschutz können deren Mobilisierungen und Machtansprüche auf der Straße teils zurückweisen, an der Wahlurne aber nur wenig korrigieren. Zumal die AfD-Stamm- und Programmklientel bei der vorgezogenen Bundestagswahl erstmals mehr als die Hälfte ihrer Gefolgschaft ausmachte.

Diese Mischszene phantasiert von einer Regierungsübernahme und Abschaffung von Demokratie und Grundrechten für den „einen Volkswillen". Ganz nach dem Vorbild von Putin, Trump und Orban – und forciert von der AfD. Deren intendierte Rechtsverschiebung der politischen Landschaft in Ostdeutschland folgt einer Erzählung: „Heilung" des Skeptizismus durch vereinfachenden Populismus und durchgreifenden Autoritarismus. Das trifft auf fruchtbaren Boden, wo einerseits Transformationen über Jahrzehnte objektive und subjektive Strukturungleichheiten reproduziert haben, die wohl auch zukünftig nicht demokratiestärkend harmonisiert werden.

Neue Neonazi-Jugend mit alten Parolen

Andererseits sehen wir, dass dort wo schon vor Jahren rassistische Einstellungen vorherrschten und Republikaner oder NPD (jetzt „Heimat") hohen Zuspruch hatten, nun die AfD mit ihrer Propaganda leichtes Spiel hat. „Deutschland den Deutschen – Ausländer raus", die Springerstiefel-Chöre, unter denen in den Neunzigerjahren Pogrome von Rostock-Lichtenhagen und Hoyerswerda tobten, sind wieder en vogue. Chiffriert in den Parlamenten und ganz offen volksverhetzend als Hate Speech und Gewaltdarstellung in sozialen Netzwerken. Demokratiefeindschaft und Rassismus werden ungefiltert und ohne Alltagskorrektive auf Millionen Teenager-Smartphones gespült.

Besonders im Osten ist in zivilgesellschaftlich „entleerten" Regionen und katalysiert durch die blaubraune Omnipräsenz eine Neonazi-Jugend herangewachsen, die in Sprache und Habitus eine Turboradikalisierung vollzogen hat. Auf Schulhöfen gehören ostdeutsch-nationalistische Identität, White Power-Symbole und vulgärste NS-Verherrlichung, Grauzonen- und Rechtsrock wieder zur Normalität. Über hundert Kleinstgruppen im Stile der Freien Kameradschaften sind in kurzer Zeit entstanden, „Die Heimat" und „Der Dritte Weg" rekrutieren auf dieser Welle ebenso Jugendliche. Die Sicherheitsbehörden zählen Jahr für Jahr neue Höchststände an Szeneangehörigen, Straf- und Gewalttaten – Dunkelziffer unbekannt. Parallelen, die sehr wohl große Anteile der Neunzigerjahre in sich tragen.

Das gegenwärtige Muster ähnelt sich: AfD und neue Rechte spielen die Feindbilder in die Öffentlichkeit und die Gewalt nimmt ihren Lauf. Bis hin zu rechtsterroristischen Anschlägen und paramilitärischen Umsturzversuchen. Die in Thüringen und Sachsen entsprungene NSU-Mordserie hat zwar mit dazu geführt, dass Ermittlungsbehörden nunmehr vehementer durchgreifen. Eine nachhaltige Sensibilität und Ächtung rassistischer Narrative in der gesellschaftlichen Tiefe bleibt aber aus.

Obgleich Antidiskriminierung und Vielfalt heute größere politische Akzeptanz erfahren als noch 1990, dienen diese Errungenschaften den Reaktionären als neue Feindbilder. Hetze und Verbote von Regenbogenfahnen – wie auf dem Bundestag – sowie Neonazi-Mobilisierungen und Übergriffe auf Christopher Street Day-Paraden haben eine unheilvolle, wechselseitige Dynamik entwickelt. So wehen an einigen Orten in Ostdeutschland statt der Pride Flag ungeniert AfD-Fahnen. Oder ziehen sich Kommunalpolitiker wegen Anfeindungen zurück. Fast kein Tag vergeht ohne Meldungen über extrem rechte Vorfälle, auch begangen von Parteianhängern.

Nachwort zur 7. Auflage – 2025

Verbotsdebatte und Lichtblicke

Mittlerweile sehen 71 Prozent der Bevölkerung in der AfD eine Gefahr für die Demokratie. 53 Prozent befürworten ein Verbotsverfahren. Die Fakten dafür liegen auf dem Tisch, die Erfolgsaussichten überwiegen angesichts der hybriden neofaschistischen und autoritären Bedrohungslage das politische Risiko des Scheiterns oder Nichtstuns deutlich; eine Bestandsaufnahme, die mittlerweile von einem Großteil der Bewegung geteilt wird. Hieß die Kampagne zu den Gerichtsverfahren gegen die NPD noch „Antifa statt Verbote", lautet die Losung heute „AfD Verbot jetzt" – getragen von einer pluralen Zivilgesellschaft. Die parlamentarische Mehrheit für den Schritt zum Bundesverfassungsgericht wäre grundsätzlich gegeben. Trotzdem winden sich insbesondere CDU/CSU, während die Demokratie im Osten zusehends mit dem Rücken zur Wand steht.

Gibt es Licht am Ende des Tunnels? Möglicherweise. Aktuelle Jugendstudien zeigen uns bundesweit, dass in den neuen Generationen bisher ein genereller Rechtsruck ausbleibt. Fast die Hälfte sieht sich im linken Lager, 18 Prozent im rechten. Zudem ist die Demokratiezufriedenheit mit einer Drei-Viertel-Zustimmungsquote in der Gesamtschau relativ hoch. Und bei der Bundestagswahl hätte Rot-Rot-Grün eine linke Regierungsmehrheit erlangt, würden allein die Jungwähler*innen entscheiden. Wenngleich unter männlichen Jugendlichen und gerade im Osten die Demokratieverdrossenheit, Rassismus und Rechtsaffinität deutlich größer sind, aber hier ebenso wenig die Mehrheit prägen.

Zukunft von Antifa und Zivilgesellschaft

Im Kontext von NSU-Aufarbeitung und „Fridays for Future"-Streiks, Anti-AfD-Protesten und CSD-Solidarisierungen hat die Reichweite linker und antifaschistischer Deutungs- und Identifikationsangebote zugenommen. Das prägt „die" Antifa-Bewegung im Osten mit und verbreitet ihr politisches Engagement. Ein Fortschritt dabei: antifaschistische Gruppen, linke und migrantische Initiativen oder soziokulturelle Zentren sind heute seltener Ersatz für, sondern ein Teil von zivilgesellschaftlichen Netzwerken, die AfD und Neonazis nicht ihre Orte überlassen und im besten Falle gefördert und gewürdigt werden. Wie das Treibhaus Döbeln, dass 2025 mit der Theodor Heuss Medaille ausgezeichnet wurde.

Zum inneren Fallstrick der Bewegung könnte indes das Aufkeimen propalästinensischer Gruppierungen werden. Die Komplexität zwischen dem verheerendsten antisemitischen Massaker seit dem Holocaust im Jahr 2023 und den seither andauernden Militäreinsätzen der nationalistisch-autoritären Regierungen von

Israel und den USA scheint einmal mehr die Sehnsucht nach vereinfachenden Antworten und einem Freund-Feind-Schema zu verstärken. Doch eine Polarisierung zwischen „antiimperialistischen" und „antideutschen" Strömungen hat in der Vergangenheit vor allem eines: die Solidarität gegen Rechts geschwächt. Die Antifa-Bewegung zwischen Ostsee und Thüringer Wald täte im Angesicht der hiesigen prekären Lage gut daran, diesen Fehler nicht zu wiederholen.

Zugleich lastet die Repression gegen militante Antifaschist*innen auf einem Teil der Bewegung. Mit dem sogenannten „Lina E.-Prozess" und „Budapest-Komplex" haben die Strafverfolgungsbehörden von Bund und Ländern den Ermittlungsdruck stark erhöht, mitunter rechtswidrig. Das Bundesverfassungsgericht stufte die Nacht- und Nebel-Auslieferung von Maja T. nach Ungarn im Nachgang als illegalen Verstoß gegen EU-Grundrechte ein und wies die Rückholung nach Deutschland an – bis dato ohne Konsequenzen. Die Devise der Ermittler lautete wohl: Abschreckung um jeden Preis. Allerdings sorgte diese Praxis für eine Empörungswelle, bis in die Bundesrechtsanwaltskammer und Bundespolitik hinein. Vorgänge die symbolisieren, wie das Ringen um demokratische Grundrechte die kommenden Jahre prägen wird – in Ost wie West.

Autor_innenverzeichnis

Thomas Bürk, Prof. Dr. phil., promovierte über „Fremdenfeindlichkeit und Rechtsradikalismus in ostdeutschen Kleinstädten". Er hat die Leitung des Bachelorstudiengangs Soziale Arbeit (im Aufbau) an der IB Hochschule Berlin inne. Seine Interessenschwerpunkte umfassen Kritische Geographie und Neo-Nationalismus, Politische Ökologie, soziale Produktion von Raum, Stadtforschung sowie Sozialgeschichte der Vogelkunde/birdwatching.

Anne Hunger, 2012–2015 Master-Studium an der Humboldt-Universität zu Berlin im Fach Erwachsenenbildung/Lebenslanges Lernen; Masterarbeit zum Thema „Überlebende der Shoah und des NS und deren Bedeutung für das historisch-politische Lernen in der Erwachsenbildung"; aktiv in der historisch-politischen Bildungsarbeit, in antifaschistischen Initiativen sowie im VVN-BdA Berlin-Pankow e.V., aktuelle Projekte: AK Historisch-politische Bildung (HipoBil) und Jugendsozialarbeit.

Christin Jänicke, Sozialwissenschaftlerin (M.A.), ist wiss. Mitarbeiterin am Zentrum für Zivilgesellschaftsforschung im Projekt „Organisierte Zivilgesellschaft und rechte Interventionen" des WZB Berlin. Forschungsschwerpunkte: zivilgesellschaftlicher Umgang mit Rechtsextremismus mit Schwerpunkt auf Ostdeutschland, polizeilicher Umgang mit rechten Jugendlichen in den 1990er Jahren. Sie war verantwortlich für die Öffentlichkeitsarbeit des Vereins Opferperspektive und Länderexpertin im 2024 gegründeten Worldwide Antifascism Research Network.

Alexandra Klei studierte Architektur und promovierte über das Verhältnis von Architektur und Gedächtnis am Beispiel der KZ Gedenkstätten Buchenwald und Neuengamme. Derzeit ist sie am Institut für die Geschichte der deutschen Juden in Hamburg assoziiert und forscht zum Jüdischen Bauen in der DDR und BRD zwischen 1945 und 1989. Sie ist Mitglied des Forscherinnenkollektivs Space and Holocaust, Redakteurin bei „Medaon – Magazin für jüdisches Leben in Kultur und Bildung" und Kuratorin/Redakteurin für den „werkraum bild und sinn e.V." in Berlin.

Yves Müller, Historiker, arbeitet zu Männlichkeiten im Nationalsozialismus, zum ‚frühen Terror' der Nationalsozialisten, zur extremen Rechten nach 1945 und zur Geschichte der Arbeiter:innenbewegung. Er ist Mitbegründer des Zeithistorischen Arbeitskreises Extreme Rechte.

Hilde Sanft war Mitglied im Redaktionskollektiv des Antifaschistischen Infoblattes (AIB) in Berlin und arbeitet als Krankenschwester. Sie war in der autonomen Antifa-Bewegung der 1990er und 2000er Jahre aktiv.

Benjamin Paul-Siewert war Masterstipendiat der Rosa-Luxemburg-Stiftung im Studiengang Erziehungswissenschaft und bis 2017 wissenschaftliche Hilfskraft an der

Professur für Erwachsenenbildung / Weiterbildung und Medienpädagogik, Universität Potsdam. Arbeitsschwerpunkte: gewerkschaftliche und politische Erwachsenenbildung, Gewerkschaftsforschung, pädagogische Beratung, subjektwissenschaftliche Bildungstheorie, qualitative Forschungsmethoden.

Nils Schuhmacher, Dr., Dipl. Politologe, Dipl. Kriminologie, derzeit wissenschaftlicher Mitarbeiter an der Universität Hamburg, Fachgebiet Kriminologische Sozialforschung. Interessiert sich in unterschiedlichen Mischungsverhältnissen für Jugendkulturen, Protestbewegungen sowie die Beziehungen zwischen sozialer Kontrolle und abweichendem Verhalten.

Jakob Warnecke, Dr. phil., Historiker, war Promotionsstipendiat der Hans Böckler Stiftung, Forschungsschwerpunkte sind Stadtforschung, urbane soziale Bewegungen, Transformationsgeschichte Deutschlands seit 1990; Dissertation: Warnecke, J. (2019): „Wir können auch anders". Entstehung, Wandel und Niedergang der Hausbesetzungen in Potsdam in den 1980er und 1990er Jahren, Bebra Verlag, Berlin.

Benjamin Winkler hat Soziologie und Rechtswissenschaft an der Universität Leipzig studiert. Er ist Projektleiter bei der Amadeu Antonio Stiftung in Sachsen und befasst sich dort mit Verschwörungsideologien und Antisemitismus. Er war viele Jahre in Leipzig ehrenamtlich in antifaschistischen Projekten aktiv, u.a. beim Leipziger Ladenschlussbündnis, welches sich für die Schließung von extrem rechten Ladengeschäften einsetzte.

Marek Winter lebt in Potsdam und war Mitglied verschiedener antideutscher Zusammenhänge, die versucht haben, eine Kritik an deutscher Geschichtspolitik zu entwickeln und erfolgreich die eine oder andere Veranstaltung gesprengt haben, auf der deutsche Akademiker_innen, Künstler_innen und Politiker_innen die Wiedergutmachung Deutschlands feierten.

Dietmar Wolf war ab 1987 Mitglied der linken DDR-Opposition, April 1989 Gründungsmitglied der Antifa Ostberlin, Oktober 1989 Gründungsmitglied und 30 Jahre Redakteur sowie Mitherausgeber der Zeitschrift telegraph, 1990 Hausbesetzer und bis 1998 aktiv in diversen Antifa-Gruppen, ab 1999 und bis zur Durchsetzung 2004 aktiv in einer antimilitaristischen Gruppe gegen das Bombodrom und für eine Freie Heide in Kyritz-Wittstock-Ruppin, er lebt und arbeitet in Berlin.

Autor*innenkollektiv Terra-R
Das Ende rechter Räume
Zu Territorialisierungen der radikalen Rechten
2025 – 288 Seiten – 30,00 € – Print-ISBN 978-3-89691-137-7

„Die Kritik und Fragen, die der Band in Bezug auf den bisherigen Umgang mit 'rechten Räumen' ... aufwirft, sind absolut berechtigt. Die Autor*innen ... unterbreiten ... ein theoretisch und empirisch fundiertes Angebot und fordern zur Diskussion auf. Diese ist ihnen und uns zu wünschen – und dem Band viele interessierte und kritische Leser*innen." *Daniel Gerster* in Geographica Helvetica 80

Cindy Hader
Kein ruhiges Hinterland
Solidarität und Migration in Mecklenburg-Vorpommern
Herbst 2025 – ca. 295 Seiten – ca. 30,00 € – Print-ISBN 978-3-89691-147-6

Susanne Boehm / Jule Ehms / Bernd Hüttner / Robert Kempf (Hrsg.)
Making History
Zu Geschichte von links und zur Geschichte von Linken
Herbst 2025 – ca. 185 Seiten – ca. 25.00 € – Print-ISBN 978-3-89691-146-9

Diese Titel erscheinen auch Open Access

WESTFÄLISCHES DAMPFBOOT
Nevinghoff 14 · 48147 Münster · Tel. 0251-38440020 · Fax 0251-38440019
E-Mail: info@dampfboot-verlag.de · http://www.dampfboot-verlag.de

---

Information nach der Verordnung zur allgemeinen Produktsicherheit GPSR
Dieses Buch hat weder Beigaben noch ergänzende Funktionen und daher keine Bestandteile oder Eigenschaften, die ein mögliches Risiko für die Gesundheit von Verbraucher:innen (Artikel 9 Absatz 7 Satz 2 der Verordnung) darstellen können.